カナダ37日

バンクーバー — モントリオール往復行

鈴木 正行

学 文 社

目次

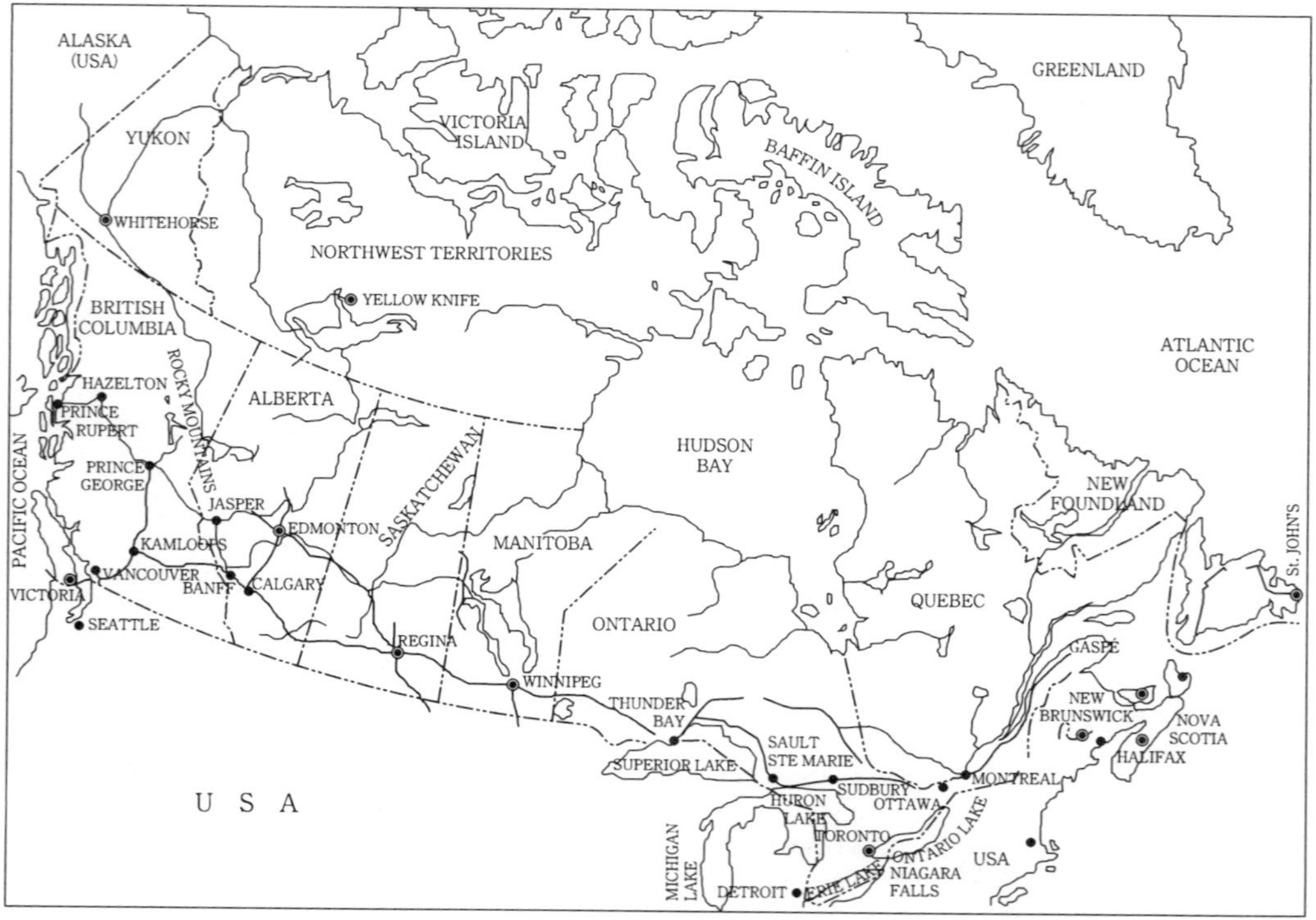
ALASKA
(USA)
YUKON
WHITEHORSE
VICTORIA
ISLAND
GREENLAND
BAFFIN ISLAND
NORTHWEST TERRITORIES
YELLOW KNIFE
BRITISH
COLUMBIA
ROCKY MOUNTAINS
HAZELTON
PRINCE
RUPERT
ALBERTA
PRINCE
GEORGE
PACIFIC OCEAN
JASPER
EDMONTON
SASKATCHEWAN
KAMLOOPS
VANCOUVER
VICTORIA
BANFF
CALGARY
SEATTLE
MANITOBA
HUDSON
BAY
ATLANTIC
OCEAN
NEW
FOUNDLAND
St. JOHN'S
QUEBEC
ONTARIO
REGINA
WINNIPEG
GASPÉ
NEW
BRUNSWICK
NOVA
SCOTIA
HALIFAX
THUNDER
BAY
SAULT
STE MARIE
SUPERIOR LAKE
SUDBURY
OTTAWA
MONTREAL
HURON
LAKE
TORONTO
ONTARIO LAKE
USA
NIAGARA
FALLS
MICHIGAN
LAKE
DETROIT
ERIE LAKE
U S A

カナダ全図

カナダ37日——バンクーバー——モントリオール往復行

日本発／カナダへ

アメリカ入国——十三年前にはなかったこと

一九九一年七月十九日、金曜。

ＪＲの成田空港駅がどのようなものか知らない。いや正確に言うと、その駅から空港ターミナルまでどのようになっているのか知らない。寡聞にして情報をもっていない。

これまでは京成線を使っていた。それでは終点の駅から、バスに乗り換えなければ、空港内に入れなかった。それを想像しているので、心落ち着かない。それは指定された集合場所には遅れて着く筈と、電車の到着時刻からだけでも既に判っていたからだ。現実にもしＪＲの駅からもバスに乗り換えなければならないとなると、さらに遅れてしまうことになる。

しかしこの不安は杞憂に済む。空港駅ホームからエスカレーターを利用して改札を出ると、少し進むとやはりエスカレーターがあって、それに乗って一つ二つ三つと階を重ねれば、そこはもう出発ロビーだったからだ。駅は空港ターミナルの地下にあった。

改札口を出てから集合場所の南ウイング四階まで五分で着く。従って予想したほど遅れずに済む。しかしこちらの乗る便の大方の客はやはり既にチェックインを済ませていたとみえて、幾重にもいる群れ——いくつもツアー名の並ぶそのカウンター前から——の後方に居ると、こちらの名前を呼んで、こちらを探して歩く係員のいることを知る。列の前方に居るのは、別のツアーの客達だ。

その係員によって、私は列に関係なくカウンター前まで進み行ってチェックインを済ますことができる。私のツアー名の客では私のみが未手続き者だったようだ。SAN FRANCISCO《サンフランシスコ》までの搭乗券に加えて、VANCOUVER《バンクーバー》までの乗り換え便のそれも受け取って、カウンターを離れる。

荷物のリュックは預けておく。成田からの降機地、サンフランシスコ空港では受け取らなければならないが、そこでの引き取りが済めば、次の降機地 SEATTLE《シアトル》では、自動的にバンクーバーへの便に乗り移してくれるという。いくらか不安はあるが、預けた以上このことを考えないことにする。

階段を下りてイミグレーションのフロア、その手前で空港使用料の二千円を支払う。いつも思うことだが、これはひどく高い。約十四米ドル（注、この当時、一米ドルは百三十八円）もするのだから。こんな国は途上国以外ではあまりない。羽田ならかからない金が、ここではそんなにも必要という。何かおかしいような気がする。

日本人が日本を出国することに何の問題もない。簡単にスタンプは捺されてそこを通過する。

あとはロビーで、いやその前に免税店を少しのぞく。安切符受け渡しの集合時間には遅れたが、出発時間にはまだ一時間半以上もある。

仕事を途中で抜けて——時間休暇をとって——帰宅し、それから空港へと休む間もなく動いて来たので、喉の渇きを覚え、スタンドでジュースを飲む（二百十円）。それから手荷物検査を通過して、搭乗ロビーへ向かう。ここはいつも通る処。

ユナイテッド航空（以下、UA）八二八便、サンフランシスコ行きは午後三時五十五分が定刻。搭乗もそれに合わせるように、三時半に始まる。

同四十分に乗り込む。ボーイング七四七型、ジャンボ機である。

定刻に飛び立てると思っていたが離陸したのは四時二十五分。三十分も遅れている。その時刻は反射的に時計を見て確認したが、疲れが出て半ば眠っていたから、夢うつつにしかそれを知らない。シートベルト着用のサインは目を覚ました時には消えていた（私はシートベルトは、その表示にかかわりなく、常に締めたままだが）。

午後六時、夕食が供される。機中での楽しみは、この機内食だ。まずまずの内容。それを終えるとまた目を閉じる。疲れは抜けていない。

十一時頃、もう一度食事がある。これは朝食。夜十一時に朝食とは異様だが、機内はアメリカ時刻で進んでいるので。従って日本との時差、十六時間戻さなければならない。すなわち二十三時から十六時間を引くと、午前七時なのだ。〝朝食〟で不思議ではない。

夜七時から（日本時間で）十一時という僅か四時間だが、その睡眠で一夜が明けたとして、アメリカ時刻朝七時に合わせて朝食とする。乗客の誰もがそれに納得している。

それから二時間後の九時五分、着陸する。同十五分降機し、荷物を待つ。

五分後、他のどのバッグよりも小さな緑のリュックが出て来る。

それを背負ってイミグレーションへ。アメリカ国内には滞在しないので、国内の住所欄を空白にしていたのがまずく、黒人の検査官は何も言わずにパスポートを検査ボックスそばに居る女の人に渡す。

十三年前（一九七八年）のアメリカ入国時にはなかったと思う。だがその後の日本人観光客の飛躍的な増加に伴って、このような日本人専門の係官を待機させるようになったのだ。日本人は英語をしゃべれないから、日本語の解る係官を置いている。情無いけれど、仕方のないこと。確かにその方がスムーズだ。

三カ月以内ならビザを必要としなくなったので——これも十三年前には考えられなかったこと——尚更、日本人の入国は増えている。女の係官はこちらがカナダへのトランジットなのを知ると問題なくスタンプを捺した。

二日ある一日

乗り継ぎ便のカウンターへ行く。そこでは係員の配慮から当初乗る便より早いフライトに切り替えられる。十時半発の一七〇七便。そしてシアトルからは午後一時二十五分発の一二〇二便とそれぞれ変えてくれる。

しかしそうはしてくれたが、シアトル行きが来ない。十時半が過ぎたところでやっと当該機は姿を現わしたが、同四十五分になっても出発ラウンジの係員に動きはない。

同五十五分、やっと搭乗できる。しかしすぐには飛び立たない。ここ発はいくらか遅れてもいいが、シアトル発の便に乗れないと非常に困る。

気を揉みながら待つこと四十分、十一時三十五分にやっと離陸する。これはシアトルまで一時間半であることを考えると、乗り継ぎ便へのギリギリのところだ。

午後一時五分、シアトル着陸。同十二分、降機。

急いで一二〇二便のカウンターへ行く。ゲートでは今まさに搭乗しているところ。チェックインして、同十六分にその機に乗り込める。

同機が始動したのは一時二十五分、定刻である。やはりサンフランシスコからの便がそれ以上遅れなくて良かったのだ。同三十九分、離陸する。

シアトルからバンクーバーまでは二十五分。これまでの二回のフライトより短かい。機内食などない。ただ飲み物の提供があるだけ。バンクーバー着陸、二時四分。

同十四分、機を降りてイミグレーションへ。ここでは若い女の係官にぶつかる。滞在日数を訊かれる。

「四十日間です」

「長いですね。仕事でもするのですか?」

「いえ、観光です」

「帰りの切符はもっていますか?」

「はい」

「そうですか、それを見せて下さい」

こちらの顔貌は学生には見えない。そしてどことなく胡散臭い。しかし学生《それ》は事実なので「職業」欄への書き込みはそれで通す。なおも不審気な相手を、帰りの航空券を見せて納得させる。アメリカに隣接する国……。

リュックがちゃんと継送されているか不安だったが、待つこと七~八分、それは出てくる。ホッとして到着ロビーのドアを押す。まず市中心部への行き方を確かめる。インフォメーションで簡単な地図を貰う。真っ直ぐに宿とするユースホステル（以下、ＹＨとも記す）を目指す。

市バスを二回乗り換えなければならない。この町の公共交通機関の切符は、市バスも、スカイトレインという電車も、シーバスという船も共通である。

二カナダドル（以下、単にドル）を出して、切符を買う。本来は一・五〇ドルだが、バスではお釣りは出て来ない――そうだとしても、もう少し安くても良いと思う（一ドル＝一二九・〇九円の率で、日本ですでに千二百ドル分両替している）。

日本のバスを想像していたのが間違いだった。しかし結局は二ドル分の元は取ったと思う。YHまでの三回のバスはその一枚の切符でまかなわれたのだから。

百番、二十番、四番と、バスを乗り換える。最後の四番のバスには Granville《グランビル》 橋手前の処から乗る。十分後、4th通りの JERICO PARK《ジェリコ公園》 で下車する。YHへの正しい停留所は、同公園に沿ってもう少し先まで行った処だったが。

ビーチに出てそこを左方向に暫く歩いてやっと探し当てる。しかしYH《そこ》は満員で、泊まれない。もはや午後五時を回っている。アフリカやその他の国々の旅行のお蔭で、こんなことがあっても挫けない。

4th通りに戻って、反対方向への四番のバスに乗って中心部に戻る。時刻が時刻なので、日が暮れるのか、と思うが、全くその気配はない。

Granville《グランビル》通りを、Dunsmuir《ダンズミュアー》通りを越えた処で下車する。別の安宿へ行かなければならない。

歩いてそこを目指すがダンズミュアー通りは途中で、歩道はなくなっている。その傍にあるスカイトレインの Stadium《スタジアム》 駅で電車に乗り、一つ先の Main Street《メイン・ストリート》 駅へ行く。切符はジェリコ公園から乗ったバス切符（トランスファー切符）が使える。

次に向かった宿（「Vincent's Backpackers Hostel」）も満室。何かのお祭りが今行なわれているという。仕方ない。再びスカイトレインに乗って、今度はGranville《グランビル》駅に出る。

"HOTEL"の看板はいくつも目に入るが、高い宿には泊まりたくないので、手持ちの案内書にある安い部類の宿を訪ね歩く。

Hamilton《ハミルトン》通りまで戻り、そこにある"DER MAR HOTEL"にやっと空きを見つける。値段も手頃（二十五ドルを二十ドルにまけさせる）なので泊まることにする。時刻は七時半に近く、いくらまだ明るいと言っても、もう他を探す気力もなかった。

随分時間を送ったが、まだ仕事をやったその日、七月十九日である。日付変更線を跨いでいるため、その日が二日あることでこうなっている。

洋式の風呂《バス》につかって、少しサッパリして、それから夕食へ歩き出す。

Pender《ペンダー》通りを東に行き、中華街へ。しかし気安くは入れず、Main《メイン》通りを左折してHastings《ハスティングス》通り、Cordova《コルドバ》通り辺をウロつく。夜のこの辺りは正しくダウンタウン。ちょっとおかしげな男女が居る。私にはしかしおもしろい処だが。

コルドバ通りにある"Only Seafood"という中華レストランで夕食を摂って戻る（フィシュ&チップス、八・五〇ドル）。歩き疲れた一日がやっと終わる。

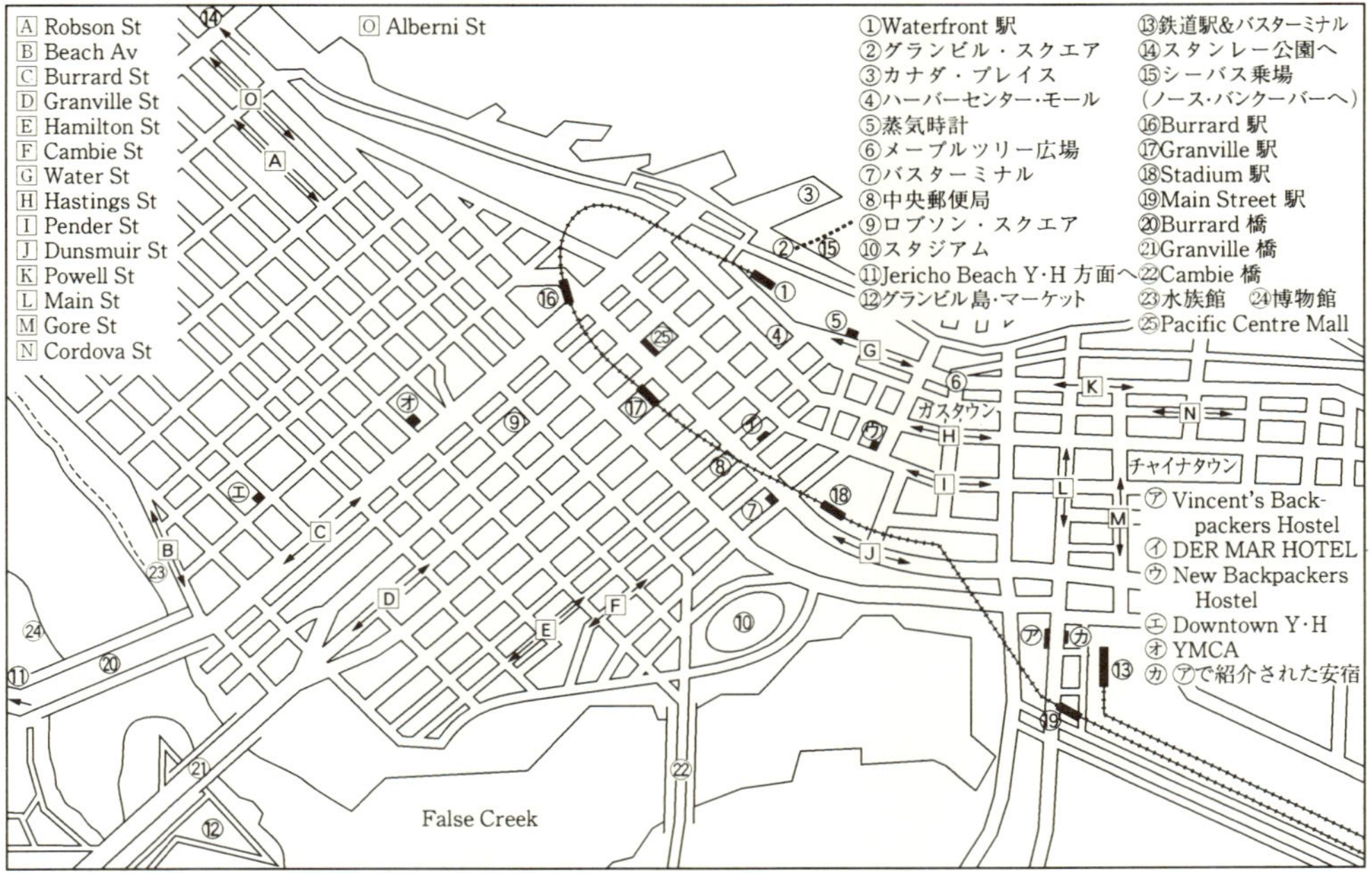
A Robson St
B Beach Av
C Burrard St
D Granville St
E Hamilton St
F Cambie St
G Water St
H Hastings St
I Pender St
J Dunsmuir St
K Powell St
L Main St
M Gore St
N Cordova St
O Alberni St
①Waterfront 駅
②グランビル・スクエア
③カナダ・プレイス
④ハーバーセンター・モール
⑤蒸気時計
⑥メープルツリー広場
⑦バスターミナル
⑧中央郵便局
⑨ロブソン・スクエア
⑩スタジアム
⑪Jericho Beach Y·H 方面へ
⑫グランビル島・マーケット
⑬鉄道駅&バスターミナル
⑭スタンレー公園へ
⑮シーバス乗場
（ノース・バンクーバーへ）
⑯Burrard 駅
⑰Granville 駅
⑱Stadium 駅
⑲Main Street 駅
⑳Burrard 橋
㉑Granville 橋
㉒Cambie 橋
㉓水族館 ㉔博物館
㉕Pacific Centre Mall
㋐ Vincent's Backpackers Hostel
㋑ DER MAR HOTEL
㋒ New Backpackers Hostel
㋓ Downtown Y·H
㋔ YMCA
㋕ ㋐で紹介された安宿
ガスタウン
チャイナタウン
False Creek

バンクーバー市内図

ブリティッシュ・コロンビア州

バンクーバー二泊／市内見物

気持ちのなかには『バンクーバーは一泊で発つ』というのもあった。いやそれの方が強かった。宿が予定していた処と違う為に、違ってしまった為に、その代金を考えると長居は無用のように思われた。それにこの町からの移動のバス発は午後六時であり、一泊としても、実質二日分の見物時間はあるからだった。加えて再び必ず戻ってくる町でもあったし。

だが翌日、ベッドから起き出せない。目は七時前に一度覚めていた。それから一時間程後にも時計を確認していた。しかしベッドから出ることはできない。

どうにか起き出したのが九時近くになっていたこともあって、今日の出発を諦める。自分の身体を劬《いた》わる。日本からここまで、結構ハードな行程だったから。それにスムーズには宿に入れなかったこともあるし。

もう一日泊を決めると精神的にとても楽になる。いつ部屋を出ようと構わない。但し、チェックアウト時刻の十時までには受付に報らせなければならない。

九時半過ぎて部屋を出る。

これまでの、アフリカ、東南アジア、中国、韓国、の旅行とは違った金銭感覚でいなければならない。それらの国々における一泊、一～二米ドルなんて、ここでは夢の話だ。日本的な感覚でゆく。一泊、二十ドルの宿を日本円に換算して、約二千六百円として、よし、としなければならない。中国、韓国を含めたこれまでの国では考えられない、米ドルにして十八～九ドルの宿である。もうこの旅行の当初から切り換えてゆかなければ、とてもスムーズな旅行はできない。

宿から歩いて一～二分の処にグレイハウンドのバスターミナルがある。明日のBANFF《バンフ》行きの予約をする。いや、まず日本で購入したカナダパスをそのバウチャーから実際の切符に換えなければならない。こんなことにもちょっとした時間がかかる。相手は確認の為にと、パスポートを要求し、そしてたぶんコピーを取る為だろう、奥の部屋に消えた。

数分後、受け取る。三十日間有効のそれが返却される。数年前のオーストラリア旅行時を思い出し、バスの座席を予約する。早い者勝ちと思ったからだ。しかし“Seat《シート》 Selection《セレクション》”といって、代金がかかるという。そうであっても決めた以上、仕方ない。その一ドルと、たぶん税金だろう七セントを加えたそれを支払う。この国はやたらと税金か何かのプラスされた――つまり額面以上の――金を要求する。そのことはこちらをひどく疲れさせる。食事をするのも、絵ハガキを買うのも、食料を買うのも。

見物に歩き出す。ガイドブックに沿って主な場所を訪れる。ダンズミュアー通りを行く。この

バンクーバー，カナダプレイス

町は碁盤の目の状に出来ているので判りやすい。地図を片手に動けば、初めての処へでもほぼ間違えることなく辿り着ける。

Burrard通りにぶつかって右折する。その通りを港辺まで行く。十三分で“CANADA《カナダ》 PLACE《プレイス》”に行き着く。帆の形をしたビルを見物する。

白人の余暇の過ごし方は豪華が似合う。埠頭に横付けされた大きな客船が人々の来るのを待っている。

土曜の今日、働く者より自由な時間を楽しむ者の方が多い。観光バスが、その建物の前に次から次へとやって来ては団体客を降ろしてゆく。その群のうちに日本人が含まれているのも、いつものことだ。

カナダ・プレイス、グランビル・スクエアからハーバーセンター・モールへと移動する。そのモールの地下にある“Food Fair”で昼食を摂る。イタリア、ギリシア、日本、中華、等々の各国料理の気安い店々がある。

迷った揚句、やはりチャイニーズの一つで食べる。こんな大衆的な処でも五ドルは越えてしまう。短期旅行者が食事処の穴場を見つけ出すということは不可能に近い。

Robson《ロブソン》通りに出て、この町の賑わいの一つのロブソン・スクエアを通る。そして西へ向かう。スタンレー公園へ行こうとしている。

同通りを西へ行った処に小綺麗な構えの魚市場がある。何気なく入ったのだが、ちょっとおもしろい処。階上には簡単な食事のできる数軒の店もある。中国人経営の店々が多い。その近くに日本料理店もいくつかある。この町には考えていた以上に日本料理を食べさせる店が多い。

『そんなに客が入るのだろうか?』

スタンレー公園、グランビル島

スタンレー公園内の動物園は無料だ。これまでのどの国の動物園とも従って雰囲気を異にしている。各檻々が一つ一つ独立していて、そしてその周りすべてに見物客は居るのだから。

果たして園関係者はどのようにして動物に近づくのだろうか——エサはどのようにして与えられるのだろうか。

スタンレー公園内のトーテムポール

動物園内にある水族館には、長い行列が出来ている為に入らない。園がどこで終わっているのかは囲いがないので分からない。自然に園外に出ている。車の通り道を越して、競技場に向かっている頃、雨が降り出す。午後三時十分前。

小走りして、競技場の傍にある売店で雨宿りをする。しかし、二十分待つが歇《や》む気配はない。予定を消化する為に競技場端にある草場を横切って、トーテムポールの立つ処へ行く。見処は一つ一つ回ってゆかねばならない。

スタンレー公園をどのような形で見物するか、定かには決めていないが、ひとまず海辺に沿って歩き出す。ナイン・オクロック・ガンやブロックトン・ポイントが海沿いにあるからだ。

前者の処を出たのが三時四十一分。雨の中、

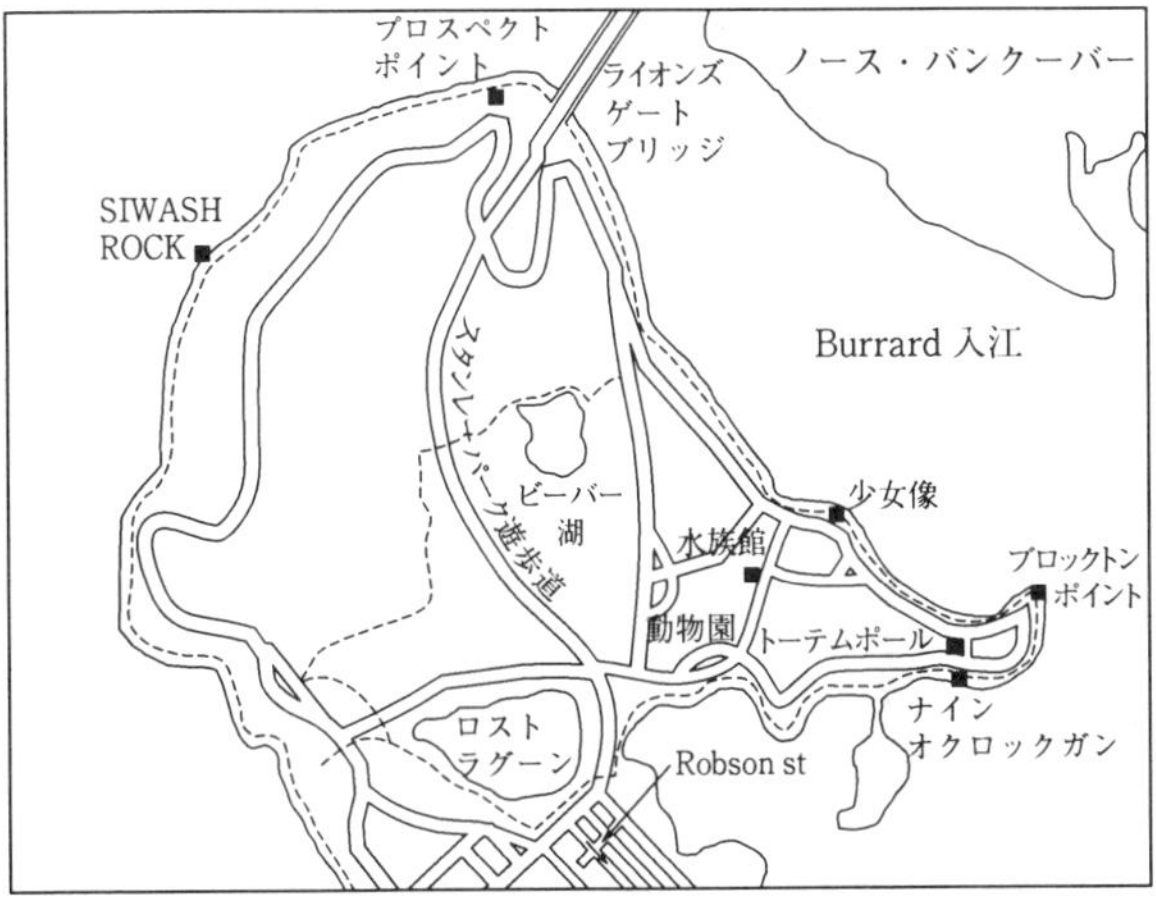

スタンレー公園

三分歩いてブロックトン・ポイントへ。同処を同五十一分に出て、海沿いに周回してゆく。途中、"WET SUIT"の少女の像前（四時三分）、ライオンズゲート・ブリッジ下（同二十八分）、SIWASH ROCK（同四十七分）と、それぞれ通過してゆく。内陸にある観光ポイントは従って見れない。

この雨の中、それでも歩く者、ランニングする者、自転車で行く者がそれぞれ幾人もいる。そのほとんどが私と同じように傘もささずに、濡れネズミとなって動いている。

赤ちゃんを乗せているベビーカーを押して、それでもその両親は急ぐ風もなく行く。日本人の夫婦なら決して雨の中を歩かないだろう。また日本でなら、〝こんなおじさんが〟と思うような人がジョギングをしている。ジョギングする白人はまるで何かに強迫されているとしか思えないような悲愴な表情をして走っている。

車の通る道路が左手に見えてくる。スタンレー公園一周が完了したのだ。午後五時十六分。八㎞を約二時間、雨の中、半袖ポロシャツ一枚で歩く。右手の動作がスムーズでない。特に指の動きは……、冷めたくなって動かない。

今日の予定はほぼ済む。しかし真っ直ぐには帰らない。途中で夕食を済ませてゆく。回り道をする風をして、そのチャイニーズ・レストランへ行く。日本料理店に入る気は全くないが、チャイニーズには入りたい。とにかく一日一食は、ごはんかラーメンを食べたい。

ライス類は値も張るが、ヌードル類は比較的安価だ。ただ値段通りで済まないのが厄介だ。この国にまだ慣れていないことを言い訳にして、チップを置かない。

このような習慣のある国の旅行はやりづらい。相手はもらうのが当然という顔で待っている。しかしこちらは渡す気はない。だから食事そのものよりも、そっちのことが気になって、味を感じない。感じなくさせている。つまらない話だが。

夕食を食べ終えても、まだ雨は歇んでいない。いや雲の状態から、歇む気配は見えない。再び濡れながら、宿への道を行く。

翌日も、昨日以上に起きられない。チェックアウトタイムの十時に、十五分しかない時刻にやっと目醒める。いくらか焦り気味で、洗面等を済ませる。すでにベッドメイクの始まっている中

Water 通りにある蒸気時計

を部屋を出る。あと少し寝過ごしていたら、ちょっと面倒なことになっていただろう。

宿を出てすぐにバスターミナルへ行く。そこのロッカーに荷物を預けて歩き出す。昨日見残した見処を見て歩く。そして見処でもないただの通りも散歩して歩く。どこを見るというのでもない。見処に付随してあるような場所を適当に、足の向くままに動いて行く。

幸い、今日は天気はいい。そして時間にも縛られていない。足の向くままに、そして休みたい時に、近くにあるベンチに休んだりして。

日曜の今日、普段よりさらに車は少なく、オフィス街も閑散としている。

午前中、ガスタウンを、そしてまた Water, Powell, Pender, Gore, Main 各通り辺のチャイナタウンをウロつく。

Water 通りと Cambie 通りの角に建つ蒸気時

計を、そしてそこより少し進んであるメープルツリー広場にあるギャシー・ジャックの銅像を見物する。

Powell 通りに面しては日本人経営の店々も数多くある。でも何か不思議な感じだ。中国人を見ても、

『ああ、中国にいる中国人と同じだ。あるいは香港にいる香港人と同じだ』

と思うのに、日本人の場合は、ひどく昔の日本人、戦前の写真に映っているような日本人を見ているようで。セピア色の彼等を見ているようで。同じ日本人だが、両者の間には大きなギャップが確かに存在する。

従ってなかなかストレートには入り込めない。カルチャーギャップというか、era=時代（年代）ギャップの非常に大きな奴だと思う。なぜか伏し目がちに彼等を見るようになってしまう。

ここでも当然のようにチャイニーズ・レストランで昼食を摂る。ランチ・スペシャルというのを（五ドル）。スペシャルとは、量のことだったのか、優に二人分はあるごはんと肉の量。聊《いささ》かすべてを食べることはできない。

ここでも食後の勘定時のチップのことが気になって、浮かない。こんなことならその勘定の中にチップを入れて請求してくれた方がいい。それなら容易に納得するだろう。

バスの出発時刻まで、まだ間がある。鉄道駅やスタジアムなどを見物したあと、グランビル島

バンクーバー，鉄道駅

へ行く。

グランビル橋を歩いて渡る。歩いて渡る者は自分一人でなくて、いくらかホッとする。

橋を渡り切るのに十五分かかる。逆算すると橋の長さは一km位あるということか。

かなりの高架橋になっていて、歩いて渡るのは視覚的にもちょっと厄介だ。

昨日の雨の中のスタンレー島一周の影響か、左足がちょっと痛い。このようなことも以前にあったように思う。歩き続けたあとには必ずこのような状態になる。でもだからといって、歩くことをやめる訳にはゆかない。

グランビル島は、新たに観光島として作られた町だ。ガイドブックによれば、一九五〇年代に各種工業の工場移転に伴ってこの島は廃れてしまったという。しかし〝新都市政策〟によって七〇年代に入って観光島化する計画がもちあがり、大きな資本が投下されて、現在のような商業地化したという。確かに今日ではその目的は見たところ達成されている。

日曜日、島は人と車で溢れている。今日ここに落ちる金はかなりのものの筈だ。

四時五十五分、島よりダウンタウンへの渡し船に乗る。一ドル二十五セントで、一分の行程。足のことを考えると再び歩いて橋を渡る気はない。下船場はBeach《ビーチ》通りの先端にある。

グレイハウンドのバスターミナルまで歩いて十五分。途中、中央郵便局に寄って日本宛の絵ハガキを出す。局自体は休日だが、私書箱のあるスペースは開いていて、そこで便りを書き、投函する。何日で届くのか？

アルバータ州

バンフ／日本への電話

バンクーバー発CALGARY《カルガリー》行きのバスは定刻より九分遅れの午後六時九分に発つ。

座席を一番前に選んだのは余計なことだったとすぐに気づく。一夜越えのバス行はむしろ中程が良い。停車町村に着く度に起きなければならない。加えてドアが開いたままなので、隙き間風で寒い。

午後八時半近く、HOPE《ホープ》着。夕食休憩。

「二十分の休憩」

とアナウンスされたが、実際には三十分止まっていて、出発。

KAMLOOPS　十一時十二分着。

ホープでは先を争って下車した客たちは、ここではほとんど眠っている。ここで運転手が交代する。

午前零時二分発。半分、眠っている。いやすぐに眠りたいと思う。しかし不自由な姿勢故、眠ったとは思えない。

二時過ぎ、どこかに停車する（夢うつつで、時間も場所も確認できない）。ここでも運転手は交代する。乗客としてはむしろそのように代わってくれた方が有難い。

真っ暗な中、しかし国道には、いや町に近づくと国道には、オレンジの街路灯が道を照らす。明かりを見るとやはりホッとする。

カナダのハイウェーはほとんどが片側二車線であり、そして対向車線とも間隔《あいだ》があいていることが多く、そういった意味でも日本とは違うことを知らされる。

そして何といっても、一番違うのは、それが無料ということだ。日本のようにチマチマしていなくて、国土と共に、その交通政策の豊かさを痛感する。

GOLDEN、四時二十五分着。もう薄明るい。停まる町毎に少人数の乗り降りがある。同五十一分発。


五時四十四分、“Welcome to Alberta”という看板を右手に見る。ブリティッシュ・コロンビア州からアルバータ州に入ったことを知らされる。もしここがそうなら、ここからは時刻を一時間早めなければならない。従って、六時四十四分通過となる。

六分後の六時五十分、LAKE LOUISE《ルイーズ湖》着。

早朝というのに、もう店々は開いている。これはどの国道でも言えることだが、そこに面して建つガソリンスタンドにはレストランや売店が付随していて、真夜中でもオープンしていることが多い。それだけ真夜中にも走る車が多いということだ。

ルイーズ湖発、六時五十七分。

そしてバンフのバスターミナル着、七時三十三分。四十分近く走っているのにあっという間の感じだ。半ば眠っていたようだ。

バスターミナル内で三十分程を過ごした後、インフォメーションで地図を貰って、宿へと歩き出す。まず荷物を置かなければ動けない。

朝の清涼な空気の中を歩くこと三十分、宿を見つける。ここではどうやらこのYHに泊まれそうだ。但し、チェックインには早過ぎて、一時間半をロビーで過ごす。身体を休める為にもちょうど良い。

十時前にチェックインをし、荷物を部屋に置き、市内見物へ歩き出す。時間に余裕があれば二泊するつもりだが、明日発つことにする。見物するにはそれでも充分な時間がある。明日の午後三時三十五分発だからだ。

バスの予約を入れて見物に回り出す。見物と言ってもこの町、大して動けない。博物館を四カ所（バンフ公園、ホワイト、ラクストン、そして自然史）と、メインストリートのバンフ通りをただブラブラしていればいい。半日もあれば済む。

実際、午前十一時から午後三時まで動いて、鉄道駅以下、大凡の処は見てしまう。このような

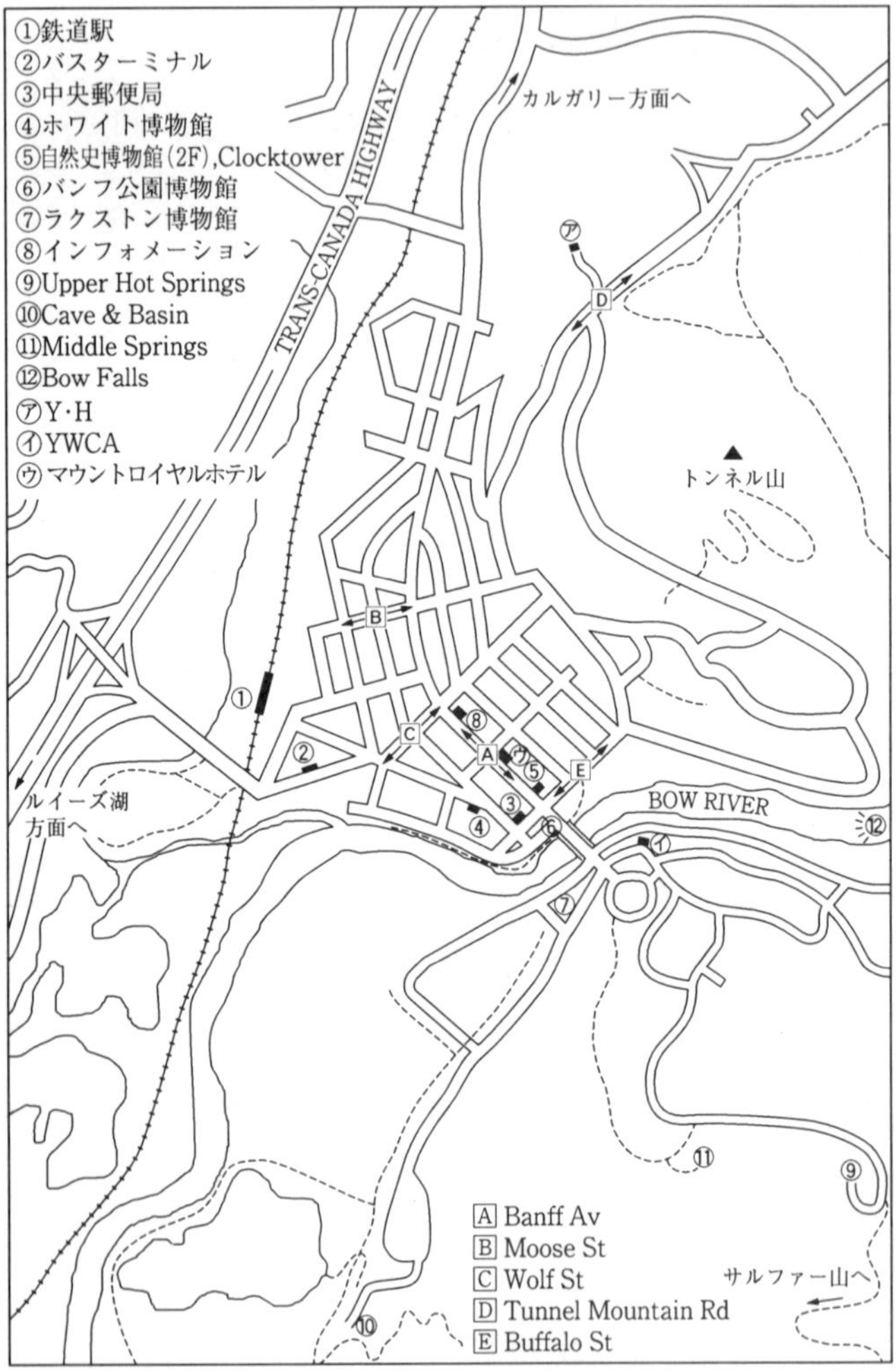
①鉄道駅
②バスターミナル
③中央郵便局
④ホワイト博物館
⑤自然史博物館(2F),Clocktower
⑥バンフ公園博物館
⑦ラクストン博物館
⑧インフォメーション
⑨Upper Hot Springs
⑩Cave & Basin
⑪Middle Springs
⑫Bow Falls
㋐Y·H
㋑YWCA
㋒マウントロイヤルホテル
TRANS-CANADA HIGHWAY
カルガリー方面へ
トンネル山
ルイーズ湖
方面へ
BOW RIVER
サルファー山へ
A Banff Av
B Moose St
C Wolf St
D Tunnel Mountain Rd
E Buffalo St

バンフ市内図

バンフ，鉄道駅

観光地では暢びりと日向ぼっこをしていればいい。

　午後三時半過ぎ、日本は朝の八時半過ぎだと思って、自宅に電話する。電話局からコレクトコールを申し込む。当初、係の女の人はそれを承知せず、ここで金を払えと言うが、

「金を多くは持っていない」

　と言って、受信者払いを納得させる。

　日本へは簡単につながる。母が出て、父の容態に変わりはないと聞き、ひとまず安心する（父は三カ月前より、電車で一駅先の総合病院に入院している）。

　一秒程遅れての会話だったが、要領は得られたので良かった。

　しかし電話局の女の人といい、今日訪れた郵便局の女の人といい、日本人と見ると金を使わせようとするのには辟易だ。郵便局の女の人は

八十セント額面の切手を八十六セントで売りつけた。アエログラムも同様だ（あるいは切手やアエログラムにも税金がかかるということなのか。そうであれば額面より、高くても仕方ないが）。こんな国は他にないと思う。カナダは豊かなようで、実はそうでないのかも知れない。これが日本人でなければこのような対し方はしないのではないか。なぜかこれらのことがあって、ひどく印象が悪くなったような気がする。

電話局から歩いて二十分で宿に着く。バンフでの時間もほぼ終わる。あとは明日の午後、確実にカルガリー行きのバスに乗り込めばいい。

翌日、宿のドミトリィで昨日一緒になった、二十歳になったばかりという日本人青年――昨年九月からカナダに来ていて、英語の学校に通っているという。今は夏のバカンスで学校はなく、というより今までの処は終了して、次のタームが始まるまでを利用して、バンフ、JASPER《ジャスパー》、EDMONTON《エドモントン》、カルガリーを回っていると。これから住んでいるバンクーバーへ戻るという――の話から、ここから近くにあるサルファー山と温泉へ行くことにする。バスの発時刻（午後三時三十五分）までにはいくらかの見物はできると計算している。

その彼は朝七時三十分発のジャスパー行きのバスに乗る為に先に起き出して発っていた。こちらはまだ眠っている。

もっと眠りたいのを断《た》って、八時二十分に起き出す。惰眠を貪っていればそれだけ行動は狭め

UPPER HOT SPRINGS で遊ぶ人たち

られる。時間に余裕のない旅行をしている以上、仕方ない。

宿を出るとバスターミナルへ行き、リュックをロッカーに入れて身軽になる。そして温泉（UPPER HOT SPRINGS）目指して歩き出す。

ダウンタウンより三㎞ということだが、いくらか道は登りになっている。朝まだ十時台と言っても、日射しは強い。何台ものバスや車が追い抜いてゆく。あるいは対向から下ってくる。歩く姿は自分以外ない。観光地を歩く度に感じる何かが追いかけてくる。自分に車は相応しくない。

二つの温泉

ダウンタウンの Bow《ボー》川に架かる橋を渡ってから四十分、やっと温泉への駐車場に着く。そ

サルファー山へのロープウェー

こを右に回るように登ってゆくと受付の建物があり、その右手一段下った処に温泉プールがある。

　白一色の肌の色の男女がプールに、そしてプール際に居て、日を浴びている。一枚写真を撮らせてもらってそこをあとにする。

　車道を戻って、すぐ先のロープウェー下に行く。そこにも多くの車やバスが駐まっている。皆、そのロープウェー（ゴンドラ）に乗ってサルファー山頂へ行く人々だ。かなりの標高差が下から見るとある。歩いて登りたいと思う。しかし時間が気になる。もし一時間ほどで登れるのなら、と思って歩き出す。

　しかし確かな登山道が判らない。杣道のような処をゆく。ロープウェー下の道を行くのが確実だが、何となく躊躇われる。

　結局それがまずかったのか、登り始めて十五分、それなりにあった杣道は消えている。そしてロープウェーも見えない。道に迷うことも懸念されて引き返すことにする。この時間のロスを考えると、改めて道を探して、歩いて行くことを諦める。自分なりにやるだけのことはやったと得心している。

ロープウェー代金は往復八ドルで、考えようによっては高くない。多くの家族連れや団体さんの並ぶ列の最後尾について、それを待つ。

どの山のロープウェーも見晴らしは素晴らしいものだ。そしてよくこのようなものを造ったと感心するのもいつもだ。

約七分で山頂駅に着く。すでに多くの観光客で溢れている。白人が圧倒的だが、東洋系も多い。大体が香港系の中国人、そして日本人だ。

バンフは保養地というか、日本でもかなり有名で、多くの日本人が訪れている。そのメインストリートには日本人経営の土産物屋や料理店もある。小綺麗な旅行者が居て、私のようないくらか胡散臭気な男女も居る。

日本人経営の店が多いということはそこに働く日本人もそれなりに多いということだ。彼等は彼等独特の匂いを持っている。それは本人の意識しないうちに身に付くものだ。だから彼等本人にはそのことは分からない。

山頂駅より、麓《ふもと》からみて右手方向に本当の山頂がある。そこへの道も踏み固められている。サンダルの子どもや老人でも登って行ける。岩肌が露出していて気をつけなければならないが。

サルファー山よりの眺望

頂きの小さな小屋の周りで人々は一息つく。そこを訪れた時、そのあまり広くもないスペースに日本人が、中年の婦人二人、夫婦とその小学生の子ども一人、それに若い女の子二人の、私を入れて計八人も居る。

白人も同じ位居るが、何となくまた不思議な気にさせられる。同じグループではない、皆任意でやって来た三組と一人（私）が偶然一緒になっている。世界中の主要な観光地には日本人は必ず居る。ましてここのような小綺麗で、現今では比較的一般化した観光地に於いては尚更に。何も驚くことはないのだが……。

山頂には一時間居て、下る。折角なのだが、時間が限られている。下りもいくらか並んでいる。下から水や食料がそれ専用のゴンドラに乗せられて送られて来る。

頂上駅では、所謂引き込み線のようなポイントチェンジをして、それを建物脇に寄せてゆく。すべて考えられた構築物。山頂での飲食代金が日本に比べて、あまり高くないのもこのことで頷ける。

ロープウェーを降りて、バスでダウンタウンに戻るつもりでいたが、発ったばかりのようで、シャトルバスの姿は見えない。五分待つが諦めて歩き出す。そのような気持ちがない自分がおかしい。結果的にはバスを待ってそれに乗っていった方が確実に早く着くことは判っているのに。歩き出して実際十五分したら、登って来るシャトルバスと擦れ違う。そしてさらに十分すると、追い抜いて行くそれを見送る。もはや仕方ない。下り道は登りよりいくらか楽なので諦めも早くつく。

ロープウェー下を出て四十分、ボー川に架かる橋前にある国立公園管理事務所の内庭に辿り着く。まだ二時前。何とかもう一つの見物箇所、"CAVE & BASIN"には行けそうだ。ダウンタウンより一・六kmというから、ここからなら一・二km位だろう。早足で歩けば十五分で行けるかも知れない。

そして実際そこには十五分後に着く。二時をいくらか過ぎたところ。

UPPER HOT SPRINGSに対してここはLOWER HOT SPRINGSと言われている。CAVEの小さな洞窟も見物する。無料というのが嬉しい。身体にハンディキャップのある人たちにも公平に利用見物できるように心配りされた設備になっている。

階段脇にはスロープが作られている。これはここに限ったことではない。公道や、町中にある

Cave & Basin 入口辺

公園でもそうだ。建物内のそれ程広くもない階段には車イスを乗せて上へ運ぶ機械も備えつけられている。アメリカでもそうだろう。たぶん西欧でもそうだろう。豊かさは他人に対する公平を見つめる。自分がそのような身になったことを考えると、やはり素敵な政策だと言わなければならない。

ここの温泉プールにも多くの人たちが居て、水浴を、そして日光浴を愉しんでいる。

三十分居て戻る。今日のバンフでの予定をすべて終えて。

足は重い筈なのに気持ちは満たされている。時間にも思っていたより余裕がある。

帰りにメイン通りのバンフストリートにあるマクドナルドに入って、ソフトクリームを食べる。税込みで六十三セントと、どこのそれよりも安い。量も充分でこの町ではこの店に度々入ることになる。気楽に利用できる処。

バスの出発予定時刻の二十分前にターミナルに戻る。すでに十人程が並んでいる。ロッカーからリュックを出してその列に並ぶ。しかし……。

定刻になってもバスは来ない。来なくても日本のように会社側からの説明はない。この辺は東南アジアもアフリカも中国も同じだ。だから、説明する、という行為《こと》は日本だけの特徴なのかも知れない。大人しく来るのを待つ以外ない。

十五分経っても来ない。並ぶ白人の中でカルガリーより飛行機でどこかへ行く人が居る。彼女が窓口に問い合わせる。しかしバスからは何の連絡もないので、どれ程遅れるか、判らないという。遅れるなら代替のバスを出すという処置はとられない。これも仕方ない。

四時を過ぎる。まだ来ない。とにかく大人しく待つ。

カルガリー／トラブル

バンフを発ったのは四時十七分。四十分余の遅れ。バスは三台連なって発つ。何なのかと思う。一台はすでに駐まっていたものだ。そしてそれには誰も乗っていない。そのバスに私は乗ることになる。並んでいた数人前までの客は別のバスに乗り込んでいる。何も説明もないので分からない。でも発ってくれればそれでいい。発てば舗装道を何の不安もなく進むだけだから。

C-Train とそのプラットホーム

車中、やはり眠る。すぐに眠ってしまう。走り出してハイウェーに入って十分もしないうちに。

一時間二十分後、カルガリーに着く。午後五時半過ぎだが、日はまだ高い。何も焦ることはない。

シャトルバスでC-Train《トレイン》の始発駅（10th通り駅）前まで送られる。そこでそれに乗り換える。シャトルバスに乗って来た客の多くが乗り換える。彼等に従って切符を買う――しかしこれは本当は不必要なものだった。一ドル三十五セント、無駄にする。たまにはこのような無駄があってもいい。うまくできているのだ。私の旅行はこのようなことの繰り返し。

シティホール駅で下車する。その通りを進行方向に進むこと三～四分。宿のインターナショナル・ホステル（YH）に着く。あまり人通り

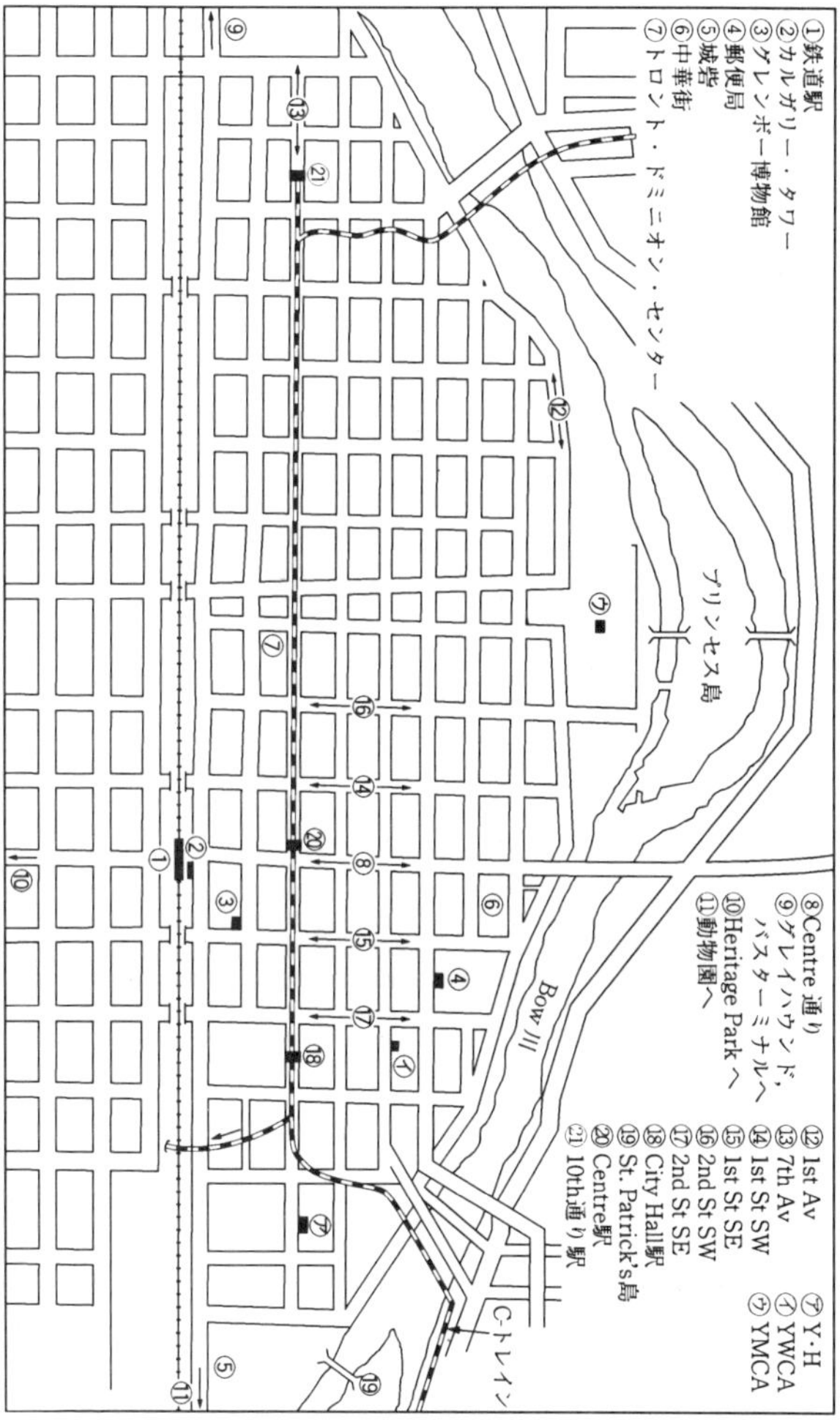
①鉄道駅
②カルガリー・タワー
③グレンボー博物館
④郵便局
⑤城砦
⑥中華街
⑦トロント・ドミニオン・センター
⑧Centre通り
⑨グレイハウンド，バスターミナルへ
⑩Heritage Parkへ
⑪動物園へ
⑫1st Av
⑬7th Av
⑭1st St SW
⑮1st St SE
⑯2nd St SW
⑰2nd St SE
⑱City Hall駅
⑲St. Patrick's島
⑳Centre駅
㉑10th通り駅
㋐Y·H
㋑YWCA
㋒YMCA
プリンセス島
Bow川
C-トレイン

カルガリー市内図

のない町。バンフとは表情を異にしている。ここは保養地ではない。普通の商業都市だろう。荷を置いて、夕食を摂りに町中に出て行く。ここでもチャイナタウンの食堂に入る。もうあまり逡巡はない。チャイニーズでの相場を知ることができていたから。

小エビの入ったワンタン風、具入りラーメン（三ドル）を食べて、戻る。本格的な見物は明日からだ。この町には二泊する。

何となく眠れぬ夜。昨日のバンフとは違う。大部屋は覚悟の上だ。人が居ては眠れない、なんていう繊細な神経は持ち合わせていない。バンフからここへ来るバスの中で寝た一時間が利《き》いているのか、ベッドに入って目を閉じても眠れない。

午後十一時には横になったと思う。八人部屋に時の経過と共に一人二人と合部屋客が入って来る。そのドアの音、衣摺の音、ベッドに入る音、を確実に聞く。あと何人入室すれば、すべてが揃って、そして物音はしなくなるのか。

午前一時を回った頃、一人の若者が入って来る。そしてその男の入室とほぼ同時に、どこからか音楽が流れてくる。まさかと思うが、外からではない。

男は部屋を出る。しかし音は止《や》まない。こちらは身体を起こして、音の源を窺う。窓辺の方から聞こえてくる。別の部屋からかも知れないと、当初は思った。しかしどうやらこの部屋から聞こえてくる。

男は戻って来る。そして何事か独り言を言っている。部屋にアルコール臭が漂う。すべてその男と共にやって来たものと識る。

男はまた部屋を出る。いい加減にして欲しい。ホステルと言っても、日本のユースホステルとは全く違う。消灯時間なんてない。門限が十一時ということをみても分かる。しかしこれは白人の国では一般的なことだから、このことをとやかく言うつもりはない。ただ個室ではないのだから、各自が最低限のルールを守ってゆかなければならない。私は怒りが沸々としてくるのを知る。

次にその男が戻って来た時、その男のベッドの近く、カセットテープの近くで眠る誰かが注意をする。しかし男は音を止める気配をみせない。酔っている男に正常の感覚を求める方が無理だ。

私は寝袋を抜け出すと、カセットテープの処に行き、その音を止めようとする。コードを抜こうとする。しかし充電式のそれのようで、音は止まない。カセットそのものを持つ。それを投げつけようとして、しかしやめる。こんな時にも、いくらか前後の見境はついたとみえる。しかし――。

その持ち主がカセットを取り返すと、その音を止めるべく、どこかのボタンを押す。それで音が止む。彼はそれでもってこちらが納得するものと思っていたらしい。

しかし私はその男の頭をヒットする。考えてみれば、やってはいけないことだ。どのようなことがあっても暴力に訴えては。だがその時、どうしてもそのような行動に出ざるを得なかった。それ程、男に対して腹が立っていた。

酔っぱらい相手に、二度頭をヒットし、そして尻を一度蹴る。あるいは相手の反撃を期待していたのかもしれない。そうなれば事は大袈裟になって、それなりの決着はついただろう。勿論こちらにも非があって責められるものとも思っていたが。

男は言葉でこちらを罵るだけで、手を上げることはない。私もそれ以上はしない。再びベッドに入る。しかし男は部屋を出際にこちらを向いて、さらに罵りの言葉を吐く。男も腹の虫は収まらないとみえる。部屋には他に少なくとも四人の男が居たと思う。だが最初に注意した男以外は何の反応も示さない。本当に眠っているのか、それともこのようなことに関わりたくないのか。

私は〝眠られないこと〟を覚る。もし酔った男がこちらのスキをついて、襲って来たらと考えて——襲って来ないとも限らなかったから。

男が出て行ったあと、注意した男が同室に居る友人と何か話している。彼もとてもこの部屋では眠られないようだ。

男が再び戻ってくると少しして注意した男が部屋を出て行く。そして数分後、その彼がホステルのスタッフを連れて来る。大男のホステルの人は、酔った男を起こす。懐中電灯を照らして説明を求める。男はまともに答えられない。ただ私が頭をヒットし、尻をキックしたことを盛んに訴える。事実はそうだから仕方ない。だがホステルの人は全くこちらを咎めようとはしない。

彼は強い言葉で注意している。がしかし、今追い出そうとはしない。私はホステルの人が部屋を出て行く前に、

「この男が居る限り、ここでは眠れない」

と訴える。そして部屋を変わることを願う。彼もこちらの希望をきいてくれる。そしてこんな夜中だが、私はとりあえずの荷物を抱えて、二階の大部屋へと移動する。これで少しホッとする。酔った男から離れられただけでもいい。そして新しい部屋では程なく眠りに落ちる。

翌朝八時二十分、リュックを取りに昨夜の部屋へ行く。そこには酔った男と、もう一人しか残っていない。他の宿泊者はすでに部屋を移ったか、宿を出たあとだ。その男が今日も泊まることのないことを祈って部屋を出る。

市内見物

今日の予定は“HERITAGE PARK《ヘリテージ公園》”へ行くこと。HISTORICAL VILLAGEということで、日本でいう明治村のようなもの。一八〇〇年代中葉から一九一〇年代にかけてのカナダの開拓者たちの生活が窺われる建物等が再現されているという。

宿を九時十九分に出、バスターミナルでシートセレクションをし、プラネタリウムにも少し寄って、十一時三分、10th通りの停留所からC‐トレインに乗り込む。

①鉄道駅
②城砦
③動物園
④国際空港
⑤プリンセス島
⑥バスターミナル
⑦Heritage Park
⑧Bridgeland Memorial駅
⑨Heritage駅
⑩Anderson駅
㋐Y·H
C-Train
Bow川

カルガリー全体図

そしてシティホール駅でＣ‐トレインを乗り換えて、約十分、ヘリテージ公園近くの停留所（ヘリテージ駅）に至って下車する。

そこからさらにバスに乗り換えて、同公園前に着いたのは十一時四十三分になっている。

正午少し前に入園する。料金六ドルはちょっと高いが、しかし入ってみればそれだけの価値はある。途中から園内にある施設の多くを見て回ろうとする。他所の見物はしないことにする。ここで一日の大半を送ってもいいとする。

歩いてみるのにちょうど良い広さ。またあちこちに飲食する場所もある。

昔のままの衣装を着た男や女や、労働者や農夫やポリスや看護婦、等々が居る。

園内を回る蒸気機関車も湖を航《ゆ》く観光船も本物で、どこまでが園内のアトラクションなのか、どこまでが本物の園の為の造作《つくり》物、労働なのか

Heritage Park の入口辺に止まる蒸気機関車

Heritage Park 内の観光船と船着場

同公園内の通りをゆく馬車

判然としない。逆にそれがこの施設の素晴しさだろう。

多くの家族連れは夏の暖かい陽光を浴びて愉しんでいる。身体にハンディを負っている者も、ここでも同様に愉しんでいる。ベビーカーに乗る赤ちゃんも多い。小学生の子供も、あるいは老人のグループも。

しかしここではバンフ程には日本人とは会わない。それが何となく嬉しい。一組の家族連れに会っただけ。東洋系の容貌の人たちは皆、香港チャイニーズだ。

香港の中国返還が決まった時点から、この国への移住が多くなったと聞くが、確かにその通りだと思う。中国人はどこの国——中国本国以外の——、どの地域でも問題なく生きてゆけると思う。また現在の中国で暮らすより、より快適だろうとも思う。香港の人たちが中国返還を前にして外国への移住を考えるのは当然のことだ。

四時半前に園外に出る。来た時と同じバス、同じ電車に乗ってダウンタウンに戻って来る。中心の観光は明日にする。明日、日中見物して、夜、次の目的地 REGINA《レジャイナ》に向かって発つ。まだ先は長い。

翌日。宿から数分も歩けば城砦に行ける。砦と言っても、今は何もない。新たに施設を作ろうとして、地盤の基礎工事をしている処。BOW《ボー》川の傍にのっぺら棒のそれがある。資料館とも言うべき建物で少し過ごし、橋を渡って動物園に向かう。できるだけ異った道を歩きたい。

渡ってすぐに、川に沿ってある遊歩道を行く。勿論、自転車もＯＫの道。河畔に一人佇ずむ。いや、芝生に坐る女の子も居る。何を考えているのか。

朝から何も食べていない。昨日、ヘリテージ公園内のパン屋で買ったクロワッサンが残っている。それを朝食代わりに食べるつもりで携えて来ている。しかし何か飲み物が欲しい。

遊歩道を外れて、車の通る道に出る。近くにあった"DELI"の看板の店屋に入る。二百五十㎖入りのチョコレート（ココア）を買う。六十五セント（約八十五円）と、思ったより安い。それを持って再び河畔へ。

ベンチに坐って飲食する。自転車のカップルが通る。犬を連れた若者が通る。やはりむしろイギリスに近い風情。

動物園へ通じる橋を渡る。渡ったすぐそこが入口（南口）ゲートだ。まだ十時前、園内に人はあまりない。

入場に際して貰った地図を片手に歩く。可能ならいつものようにすべてを見たい。と言ってもすべての動物を見たいというのではない。多くの道に己れの足跡を残したいというだけだ。

北アメリカに生息する動物、オーストラリアに居る動物、そしてユーラシアに存在するそれらと、それぞれ分けられてスペースがとられている。

そのほかに、爬虫類、鳥類の建物がある。中央には熱帯植物の温室もある。

お客を喜ばすように活発に動いてくれたのは白熊だけで、楽しみなライオンとかグリスビーはじっとしたままで動いてくれない。

大型動物では象が檻外に出されて、入園者が触《さわ》れるようになっている。キリンも親子連れで、その柵内にいる。

オーストラリアで見たエミューやカンガルーも居る。他には熊やラクダやシマウマや、カバ、ブタ、シベリアタイガー、等が見られる。

しかし一番目を引いたのは（引かされたのは）全く予想もしていなかった、日本ザルだ。それは偶然のことだった。園内地図にもその存在のことは載っていなかったし、そこの檻柵に掛けられた説明板を見ても理解していなかった。そのサルを見た時、だから、『日本ザルではないのか？』と、自分で自分に問うた程だ。そして説明板を改めて見て、確かに、

“JAPANESE MONQIE”

と出ていて、やはり、と得心したのだった。しかしそうなると何か、カナダに居る自分のようで、サルまで他人の目を気にして、オドオドしているみたいで。

時間の経過と共に多くの客が入って来る。大衆対象の施設の割には高額（七・五〇ドル、約千円）な入園料を取っているのに、この多さは何としたことか。土曜日でもないと言うのに。

いくらでも居ることはできたが、まだ見物しなければならない処が控えているので、午後一時に出る。この時刻ではまだ入園して来る家族連れも多い。

北口ゲートから出て、プリンセス島へ向かう。C‐トレインを一駅だけでも利用して良かったが、もう気付いた時にはすでに引き返すのを諦めるまで歩いていた――と言っても三～四百メートルで、戻った方が良いのは解っていたが、そういうのをあまり好まないので。

ハイウェーの脇の途中から歩道は無くなるが、それでも歩く。とにかく電車の線路に沿って行けばいい。

十五分で一つ先の駅、BRIDGELAND MEMORIAL に着く。そこの跨線橋を渡って遊歩道をゆく。いくらか気持ちが楽になる。抜いていったC‐トレインは一台だけだったから。

長袖を着ている者はあまり居ない。ジョギングしている者や自転車に乗る者などは上半身裸が多い。それでもこちらはその上着を脱げない。外国旅行ではいつでもこうなる。パスポートやT／Cなどを腹に巻いているからだ。上着を着ることによって膨らむウエストラインを隠しているのだ。これは仕方のないこと。たとえアフリカやインドでないカナダであっても、これ位の用心は必要なのだ。

電車の線路をくぐり、Centre《センター》 通りの橋とぶつかり、そしてさらに歩いてプリンセス島に架かる橋に着いたのは、動物園を出て四十五分後。

橋へ続く階段を昇る。この島自体が公園となっている。このような公園がどの町にもある。これもイギリス風。

島にも長く居ることはできず、中心に戻ってくる。次に行くのは GLENBOW《グレンボー》 博物館。この国

カルガリータワー展望台からの眺め

の博物館には、殊にその歴史に関する博物館には同じようなものが多い。それは歴史と言ってもせいぜい百年程しかないから、当然なのだが。

先住民族・インディアンとイギリス系カナダ人との戦い。それに纏《まつ》わる話。それはそれで歴史を感じさせるものだ。

日本の武具も陳列されている。ヨーロッパのそれと続くようにして置かれている。

ここでも、二階から四階とじっくり見ればかなり時間のかかるところを、一時間十分で切り上げる。あと一つ、予定の場所が残っている。

同博物館のすぐ近くのカルガリータワー。そこに昇る。エレベーターで百六十メートル昇るのに約一分、この速さが自慢のようだ。

どこのタワーでも、その展望台からの眺めは素晴しい。南アのカールトンセンターを思い出す。ここからの眺めも、そこと同じように、町の一角を外れれば、ただ荒野が広がるだけだ。

タワーを出てチャイナタウンへ行き、少し早い夕食を摂る。ここでは、夕食はいつもそこで摂っている。肉入りラーメンが三ドルで比較的安い。量も腹七分には膨れる。旅行中は贅沢は言っていられない。それで充分。

五時二十分に宿に戻る。

そのC-トレインのセンター駅付近には、あまりタチのよくない若者達が四六時中屯している。この辺りでしかこの町では、彼等は動きようはないようだ。どこの国の若者でも、若者は等しくその若さをどこかで発散させなければならないのだ。


午後六時まで宿に居て、出る。電車で終点の10th通り駅まで行き、そこでバスターミナル行きのシャトルバスを待つ。ほぼ定刻通りに来る。

六時三十分、バスターミナルには五分で着く。こちらの乗るバスの出発時刻まで一時間ある。ターミナル内のカフェテリアに入って時を過ごす。

どこでもバスターミナルにはこのような軽食のできる場所があるのでいい。発時刻近くまで過ごす。コーヒー一杯、七十五セントで。

サスカチェワン州

REGINA《レジャイナ》／カナダ王室騎馬警察

カルガリー始発、WINNIPEG《ウィニペグ》行きのバスは定刻より十一分遅れの七時四十一分に発つ。日本とこの辺が違う。余程のことがない限り、日本では少なくとも始発地では遅れたりしない。この国では（というより他の多くの国、といった方がいいだろう）全く時刻に正確に発とうとはしない。定刻の七時三十分になっても、まだ改札をしているのだから。本当に定刻に発とうとするなら、もっと早く改札をしていて良いのだ。しかしこのことを言っても仕方ない。大体お客の方でも定刻を過ぎても、駆け出すでもなくやって来るのだから。とにかくカルガリーを発つ。

各停車町村を経由してゆく。

そしてレジャイナのバスターミナルに着いたのは、翌朝五時二十四分。

トイレに入り、洗面等をする。まだ宿に向かうには早過ぎる。それでも過ごせる時間は決まっている。三十分程で歩き出す。できることなら早く宿に入って暢びりしたいものだから。

見知らぬ町では間違えずに辿り着く方が、稀だ。そしてここでも間違える。しかし朝早くのそれはむしろ望ましい。まともなら十数分で着くところを三十分かかる。それでも玄関ドアは開いていない。七時に開くところを三十分以上も早い。その扉の前にある椅子に坐って待つ。

その時刻になって開けてくれた宿（「インターナショナル・ホステル＝ＹＨ」、ドミトリィ、十ドル）の管理人は陽気だ。こちらの不自由な英語を気にもせず、話し掛けて来る。こちらはその度、短い返事をする。

八時十分、見物に出る。まずバスターミナルまでの時分を計る。そして目の前にある“POWER BLD”《パワービル》に入る。

その十三階に昇れば市街が一望できる。展望台がある訳ではないが、ある範囲の眼下を見降せる。

軽食のできる同階のラウンジでコーヒーを飲み、小休止。いや甘パンも食べて、朝食とする。カナダに入って朝の食事は抜いたり、さもなければ、コーヒーのみとか、ジュースのみで過ごしている。それで特に問題ない。

Hamilton《ハミルトン》通りを真っ直ぐ北に、鉄道駅へ行く。しかし開いていない。この国では鉄道は、日本ほど庶民の足となっていない。

隣接する郵便局へ。試しに切手を買う。八十セントの切手を二枚。果たしていくらとられるか。バンフなら、八十六セント掛ける2で、一ドル七十二セントだ。しかし……。

ここでは一ドル六十セントに七％の税金で十一セントプラスの一ドル七十一セント。同じ公共

①鉄道駅
②郵便局
③バスターミナル
④Cornwall Mall
⑤旧市庁舎,
大平原博物館
⑥ビクトリア公園
⑦市庁舎
⑧The Bay（デパート）
⑨レジャイナ大学
キャンパス
⑩自然史博物館
⑪ノルマン・マッケンジー美術館
⑫ワスカナ・プレイス
⑬州議事堂
⑭インフォメーション,
Convention Centre
⑮RCMP博物館方面へ
⑯ディーフェンベーカー邸方面へ
⑰Power Building
⑱Cornwall Centre
（Searデパート）
A Hamilton St
B Cornwall St
C 11th Av
D 12th Av
E Victoria Av
F College Av
㋐Y·H
㋑YMCA
㋒YWCA
ワスカナ公園
ワスカナ湖

レジャイナ市内図

レジャイナ，鉄道駅

機関でもこの有り様だ。このことをどのように解釈すればいいのか。聞くところによると、国自体の税金が課せられるようになったのは今年（一九九一年）の一月からだという。それまでは州のみの税金だったという。今は七カ月目、まだ過渡期に違いない。様々な対応の仕方があって、当然と言えば言えるが。

因みに、五十セントと書かれている自動販売機ではどうか、と思い試してみる。すると、四十七セント分の切手しか出て来ない。確かにそうだろう。でなければ、皆自動販売機で買ってしまうだろうから。

町中を、歩いて見物するつもりでいる。

そして、たまたま通りがかりに見つけた市バス案内所に入り、そこの壁に貼ってあったポスターに興味をひかれて、カナダ王室騎馬警察へ行くことにする。

同警察の略称ＲＣＭＰ（The Royal Canadian Mounted Police）行きのバスに乗り込む。11th通りとCornwall《コーンウォール》通りの交差する処から、六番のバスに。

各停留所に止まって、十四分、終点のそこに着く。降りた直ぐ脇の建物が博物館。騎馬警察の歴史が語られる展示物を見る。インディアンとアメリカ人、そしてフランス系カナダ人と、イギリス系カナダ人とが複雑に絡み合っている。一時間半、見学している。

十一時五十分に館外に出て、正面入口前の歩道を歩いて行く。広場の前に人々が数人坐っている。左横を見ると教会がある。

『この広場で音楽隊のパレードが行なわれるのだな』

と思う。ガイドブックには〝午後一時から〟とある。時間に追われていないので、その時刻を待つ。

三々五々、人々が集まって来る。どこにこれだけの人が居たのかと思う程の人が。

一時に十分程前から音楽が、左手道路から響いてくる。黒のズボンに薄クリーム色の上着をつけた音楽隊がやって来る。見物の人々の前を通り過ぎ、そして広場の角で左に折れると、端方を進み、建物正面辺で隊列を整えて、止まる。

次に広場左手、奥の方から赤の上着に黒のズボンの隊がやってくる。その後方に上下黒の制服の一隊も続く。これらの二隊は建物正面で止まる。

そして、セレモニーが始まる。号令を掛ける上官が出て来る。その掛け声でそれぞれの隊列は動き、止まる。いくつもの号令が繰り返される。その度、足を高く上げて、行動に折り目をつける。

カナダ王室騎馬警察の音楽隊

同警察隊の行進

RCMP 広場でのセレモニー

同　上

二十分余で広場でのセレモニーは終わる。人々は再び各所へと散ってゆく。大半は博物館に入って行く。

そしてそこの見学を終えた者は駐車場に止める彼等の車の中へと吸い込まれてゆく。こちらは市バスに再び乗る。

十八分後、町中央の12th通りで下車する。今日の予定は、あとは大平原博物館へ行けばいい。町の雰囲気は歩いて感じればいい。

探すその博物館は、CORNWALL MALL《コーンウォール・モール》の目の前の旧市庁舎の四階にある。それを知らずにいて、コーンウォール通りをビクトリア公園まで下っている。こういう無駄がいつもある。

館内の、昔の学校の再現スペースで、実際に坐ることの出来る椅子に坐って、その机で書きものを少しする。ちょうどよい塩梅の広さ。

午後五時十五分前に出て、帰路につく。宿は五時にならなければ開かない。適当にゆっくりと歩いて行けば、そんな時刻になるだろう。

途中、郵便局、ビクトリア公園、グレイハウンド・バスターミナルに寄っている。またYMCAの中にも入ってみる。その雰囲気をちょっと知るために。

宿に戻ったのは五時半を回っている。カギはかかっていない。

夕食はキッチンで作って食べようとする。食料を買いにスーパーマーケットへ行く。パン、挽き肉《ミンチ》、ジュース、チーズ、インスタントラーメンを買ってくる。近くにチャイニーズの安食堂がなければ自炊する。二日分の食料と思えば納得がゆく。オーストラリア旅行時を思い出す。インスタントラーメンの中にミンチを入れ火を通して食べる。同時にチーズをぬったパンもまた。そこにジュースだから、これはもう満腹。満たされた一夜は暮れてゆく。

市内見物、ワスカナ公園

レジャイナ二日目。

町中心には出ずに、宿よりさらに南方のワスカナ公園へ行く。歩いて二分でその北端に着く。最初に見える建物が自然史博物館だ。地球の成り立ちや動植物の生態が語られている。

そこを四十分で出て、人工湖のワスカナ湖畔へ行く。町中にこのような湖があるというのは気持ちを落ち着かせる。

湖辺を散策している人が居る。サイクルロードではジョギングやサイクリングしている人が居る。こちらはベンチに坐って、しばし身体を休める。

湖を半周するべく、湖畔に沿って進む。途中のワスカナ・プレイスでまた小休止。その中にインフォメーションがあって、さらに四階の小さなギャラリーを覗《のぞ》く。今日特別やらなければならないことはない。

橋を渡って左手にある芸術センターへ。しかし内部には入らない。入ることはできただろうが、

ワスカナ公園,“Water fowl display ponds”で遊ぶガチョウ

ガイドをして回ってくれる人の手を煩わせたくない。どうせそのような見学はできないのだから、建物をその外側から眺めればよい。

芸術センター前の水鳥の遊ぶ池＝Water fowl display ponds＝へ行く。放し飼いにされている多くのGoose（ガチョウ）が居る。オレンジ色の長いくちばしを持つ、白い水鳥も居る。動物園でなくともそれらの鳥を間近で見られる。それこそ、歩く道すじに居る。踏まないようにと、こちらが気を付けていなければならない程に多くのそれが。

湖畔を戻るように、右手にそれを見て進む。州議事堂に着く前にディーフェンベーガー邸を覗く。小さな家に、小さな書斎（?）だけの邸。これだけで生活していたとはとても思えないが。

再び車道を横切って、湖畔の木立ちの中へ。バーベキューのできるベンチがそここにあ

ワスカナ湖畔より州議事堂を

る。やはり白人の町。

そして州議事堂へ。二時間程前、対岸から眺めた建物。写真にもおさめたその建物に入る。大理石の柱で出来た重厚な内部。そしてそんな処に誰でも入ることができるというのもまた、白人の国だ。こちらは湖畔を歩いたお蔭で付いた靴の泥を気にしながら、見て回る。このことがこちらを長くそこに居させない。相手はこちらの足元に注意を払っていないから尚更に。

三十分で同議事堂を出て、橋を渡って町中へ戻って行く。もう予定はない。空腹を感じていたのでスーパーマーケット、"Safeway" に付随するようにある軽食堂に入る。

気楽な処なので、ずっとそこを動かない。テーブルも沢山あるので、長く居ても問題ない。ガイドブックを見ながら今後のスケジュールを考える。たまには足を休ませなければならない。

二時間居る。それから私にとっての中心に出てゆく。"The Bay"（デパート）の前を通り、鉄道駅前の"Sask Trade & Convention Centre"を覗く。何をする訳でもないが。

次にその前の"Sear"（デパート）に入って、続くようにあるCornwall Centre、コーンウォール・モールを通り、さらに続いてある"EATON"（デパート）を抜ける。五時まで、宿は開いていない。その時間潰し。

ビクトリア公園を横切る。そして、再び"Safeway"に行って、食料を買い込む。今日はあまり要らない。人参とビーンズの缶詰と牛乳と、サンドイッチ用のスライスハムだけを。そこから宿までを、もう迷うことなく歩く。

食料を買って宿に戻ると、何となく生活していることを思う。これがもう少し違った旅行（違った国の）だったらと思う。ここでは時間がちょっと遅い。また物価が高過ぎて、ちょっと辛い。

インスタントラーメンに、野菜の缶詰を入れて共に煮込んで食する。昨日のチーズもまたパンに挟んで。それからスライスハムも。それなりに優雅な食事。今日も満腹になる。

午後八時十二分に宿を出る。十分でバスターミナルに着く。九時発の、カルガリー始発《から》のバスの筈だ。だから早く来て、よい席を取らなければならない。

バスは二台ある。双方とも TORONTO《トロント》行き。乗ってもいいバスだ。待つこと三十分。やっと改札が始まる。それを待っていた乗客は、二つの扉の前に並ぶ。私は人の少ない方に行く。そして改札。

「ウィニペグまで」

「OK」

そして乗り込む。客は居ない。あと一方と、半々に分かれたようだ。

こちらのバスはいい具合にこのレジャイナ始発だ。誰も乗っていないから、好きな席に坐れる。ならば確かにシートセレクションは必要ない（予約をする時、席番号が記されてないことを問うと、必要なし、と言われていた）。

バスは定刻より三分遅れで、レジャイナを発つ。また次へ進む。

マニトバ州

ウィニペグ／見物へ

レジャイナとウィニペグ間には時差がある。時計は午前四時三十六分だが、一時間進めての五時三十六分にウィニペグに着く（以下、当地時間）。

宿に向かうのにはまだ早い。一時間程、ターミナル内で過ごす。夜は明けているので気は楽だ。宿のオープンを勝手に七時と決めている。レジャイナがそうであったからだ。それに七時から始めても、そのような施設では決して早くない。

六時三十五分、バスターミナルを出る。探しながら、ゆっくり宿へ向かう。しかしここでもその第一歩を間違える。正反対の方向に進む。地図の通り名を確認して間違いを覚り、Uターンする。早朝なので何も問題ない。むしろ時間が経っていい位だ。

七時三分前に〝Ivey House Hostel（=YH）〟に着く。だがそのドアに掛かるボードに書かれたオープン時刻は「七時三十分」。三十分間をどこかで過ごさなければならない。四～五ブロック行った先にあるバス停の囲いの中で時間を潰す。宿の前に居るのは何となくおもしろくない。

㋐ Ivey House
アシニボイン公園へ
空港へ
オズボーン橋
アシニボイン川
Juba 公園
The Forks 公園
RED RIVER
ボニファス地区
①鉄道駅（VIA, CN）
②バスターミナル
③郵便局
④市庁舎
⑤人類自然博物館
⑥ルイ・リエルの墓
⑦大教会堂
⑧ボニファス博物館
⑨イートン・プレイス
⑩アートギャラリー
⑪メモリアル公園
⑫州議事堂
⑬マクドナルド・ハウス
⑭カナダ最古の郵便局
⑮オールド・マーケット・スクェア
⑯Provencher橋
⑰Convention Centre インフォメーション
⑱Portage Place
⑲ウィニペグ大学
⑳Mid Town橋
A Main St
B King St
C Maryland St
D Portage Av
E Broadway Av
F Tache Av
G St. Mary Av
H Donald St

ウィニペグ市内図

七時三十分に合わせて囲いを出る。そして三十分少し過ぎに再び宿前に着く。しかし開いていない。白人のやること、五分位は仕方ない。

しかしそれが過ぎても開かない。

さらに十分程して白人の女の旅行者がやって来る。彼女も開かないことに訝りながらも、特別何の行動も起こさない。

二人して玄関前の階段で待つ。彼女は私が向かう東方向から来ていた。ケベックから今日はやって来たという。

「二日間バス中泊でシャワーを浴びられなかったのが辛い」

と話す。ニュージーランド人の彼女にとってカナダは兄弟のような国だ。彼女等にとってこのような国の旅行は、どんななのだろうか。同じ顔をして同じ言葉を話し、もともとはたぶん同じ方向（ヨーロッパ）からやって来ている。文化、習慣もほとんど変わらないのだから、外国に来ている気はしないのではないか。

八時二分、自転車で女の子がホステルにやって来る。旅行者にしては荷物が小さい。

彼女は自転車の前輪をフレームから外すと後輪と一つにし、その全体と、こちらの坐る階段の木枠の一部とにチェーンを回し、カギをかける。そしてこちらの脇を通って玄関に進み、そのキーを出して扉を開けた。このホステルの管理人は、この家屋には泊まっていないようだ。

「七時三十分になっているけれど」

州議事堂から前方の通りを

ニュージーランドの女の子は言う。

「ああこれは間違い。今は八時からなの。今日は数分遅くなってしまったわ。ごめんなさい」

数分のことなら気持ちを害しはしない。八時になっているのなら、なぜそのボードを変更しないのか。相手が日本人でないことで諦めて、こちらは何も言わない。とにかく今夜の宿はここで確保できたようだ（ドミトリィ、十二ドル）。

チェックインして、一時間程小休止して、九時五分、見物に動き出す。長くは建物内には居られない。十時には全員が退館させられるのだから。

見物箇所は決まっている。いつものようにガイドブックに沿って行なわれる。それ以外の処には当然行けない。ガイドブックにあるところといってもすべては回り切れない。

宿から Broadway《ブロードウェー》通りに出て右折し、中心に向かう。メモリアル公園にぶつかって少し進んで右折し、州議事堂を見物する。レジャイナのそれ同様、重厚な造り。今回はこちらの靴も綺麗なので気兼ねなく堂内を歩ける。

地下にあるトイレを借りる。議事堂内のトイレに入れるなんて、なかなかないことではないか。

その後、アメリカ人団体客への説明ツアーに（勝手に）添って動いていたので、長く居ることになる。説明内容の多くは解らなかったが。四十分間、堂内に居る。

次にマクドナルド博物館《ハウス》へ。入場料が三ドルとひどく高い。それに税金の二十一セントも加わる。この国は信じられない程、税金をふんだんに取る。その記載がないままにぶん取る。

この博物館、それなりに英語が理解できる者なら、説明の女の子に随《つ》いて回れば、多くのことを知ることができて、それを決して高くは感じないのだろうが、こちらにはその額は割に合わない。

こちらより数分早く入ったらしい四人家族の説明ツアーにここでも勝手に参加して動く。一階、二階、三階、そして地下と、結構動く。あまり広くないスペースに多くのものが飾られている。確かにこれだけ丁寧に説明を受ければ三ドルの価値はあるだろう。一時間弱居る。

鉄道駅はその博物館から十分の処にあるが、やはり開いていない。列車の本数が少ないので、それに合わせた時刻にしか開かれていない。

カナダ最古の郵便局

フランス語圏

鉄道駅より Main《メイン》通りを左手方向に歩いて行く。ボニファス地区に向かう。橋を二つ渡ってそちらへ。ここはフランス語圏。

喉が渇いていたので、近くのスーパーで牛乳（五百cc）を買って飲む。日中は日射しもある。食事は摂らなくても水分は補給したい。車が穏やかに往き交う。

カナダ最古という郵便局を見る。日曜日なので、開いてはいない。外から見物するだけ。前の道路が工事中で景色がちょっと残念。

同じ Tache 通りを北に向かう。Red《レッド》 River《川》 の前に来るとボニファス博物館がある。多くの昔のものが展示されている。

館内よりその建物の周りの方が優雅で豊か

ルイ・リエルの墓

だ。緑一色の前庭は、暖かい日射しを浴びて寛ぐのに最適だ。しかしそのようなゆとりは旅行者の身にはない。

博物館に続くように建つのは大教会堂 Basilica。堂内ではちょうどミサが行われている。当然にフランス語。配られたパンフレットもフランス語のみ。ここでは英語はない。意味は解らぬが、休息がてら二十五分居る。静かに坐っていれば問題ない。

通りを挟んである同教会の敷地内にあるルイ・リエルの墓を見てから、さらにレッド川辺を北に出て、Portage 通りに続く Provencher 橋を渡る。英語圏域に戻る。メイン通りに出て右折する。

人類自然博物館へ。博物館は見処だが、各都市のそれに入って少々食傷気味。

採光も室温もよく考えられていると思う。順路もうまく作られている。説明文も英仏の二カ国語並記だ。しかし博物館はたまに行くからいいのかも知れない。

同通りをさらに北に進み、Alexander 通り、Logan 通りを越え、左に折れてチャイナタウンを覗く。そこのスーパーマーケットに入る。

中国人しか居ない。白人が居れば異様だが、私が居ても何の違和もない。日曜であっても、ここは夜八時まで開いているようだ。中国に居る中国人の生活は大変だが、中国以外に居る中国人は、概して豊かな生活をしている。ここの中国人も皆、車でやって来ている。

King 通りから再び Portage 通りに出て、バスターミナル、アートギャラリーと覗いて、帰路にあったスーパーマーケットで夕食用の食料を買い込んで、宿に戻る。一日目の行動は終わる。

宿の食堂で、インスタントラーメンに肉を入れて食べる。外食はしない。

ウィニペグ二日目。

ダウンタウンより西へ五～六kmにあるアシニボイン公園へ行く。その位の距離なら、歩いてちょうど良い。宿前の Maryland 通りを南に行き、橋を渡り、Wellington《ウェリントン》 通りを右折する。そこからはほぼ一本道。途中のどこかで一本南の Academy 通りに出れば良い。

暢びりと歩いて行く。ウェリントン通りに面した家々は前庭のある小綺麗な家々ばかり。こんな家に住めたらいい、とふと思う。

踏切を二度越えて、二十分行くと公園の東口ゲートに着く。もうここからは広大な公園だ。自動車道もある。自転車専用道も、そして勿論遊歩道も。

英国調の公園。土地の多くあるというのはこのような公園を作れる。人が少なく土地の広いということは空地を多くし、従って車の必要性を高める。確かに車がなければ日常生活に不便を感ずるだろう。都会に暮らしているのでない限り、それはどこの町についても言える。車で数分も走れば、もはや家並は切れてしまうのだから。

公園内の動物園で三時間程を過ごす。このような大きな動物園が無料というのは白人の国ならではのことだろう。しかしその分税金が各所にかけられているのだから、州立動物園としては当然のことか。ここマニトバ州でも州税と国

アシニボイン公園内の動物園で象の背に乗る客たち

アシニボイン公園内のミニトレインとその駅

同公園内を走るミニトレイン

税とがダブルで徴収される。仕方ないとは言いながら、短期の旅行者にはひどく厳しい。

動物園を出て、ミニチュア・トレインに乗る。

一周、五分。汽笛を鳴らして、煙も吐いて進む。切符も本格的なもの。一人の若者が機関士になり、切符売りになり、改札係になる。すべて彼一人によって、この鉄道は動かされている。彼は公務員なのか、それともこの鉄道は彼の私物なのか。まさか後者《そう》ではなかろうが。

色とりどりのイングリッシュ・ガーデンを見て、そしてPortage通りのバス道路に出て、二十一番の市バス（一・一五ドル）に乗ってダウンタウンに戻る。帰りは歩く気はない。

イートン・デパート前で下車し、その内に入り、二階に上って、各ビルをつなぐ回廊を歩く。大通りを越えて、通路が渡されてある。小綺麗な商店がその内に入っている。

宿には、開扉時刻の五時に戻る。そして夕食を作って摂り、六時には出てバスターミナルへ。六時半のバスに乗り込む。トロント行きだが、こちらは途中のSAULT《スー》 STE《セント》 MARIE《マリー》で降りる。それでもこれまでのバス行では最長の二十二時間余を、バス中で過ごさなければならない。

乗ってしまえばあとは気楽だ。定刻より五分遅れの六時三十五分、出発《しゅったつ》する。ウィニペグもそれなりに終わる。

オンタリオ州

スー・セントマリー

これまでのバス移動行はそのすべてが、夕方か夜に発ち、そして翌朝早くに次の町に着くというものだった。従って日中の道路を走るということはなかった。ここでもし当初の予定通り、今日を THUNDER BAY《サンダーベイ》 泊にしていたら、やはりそういうことになったと思う。サンダーベイ着は翌朝四時（時差があって五時）だったのだから。

しかしその町の宿が市中心より十数㎞も離れているということを知って、数日前に予定を変更している。スー・セントマリーはさらに十数時間程走った処にある。

サンダーベイで一時間休んで、午前六時にバスは発つ。バスから見る光景は単調で、広大さだけが感じられるもの。ほとんど変わらぬ景色がどこまでも続く。

確かに時速百㎞で走れば、一時間後には百㎞先に至る。途中、速度の落ちることはほとんどない。無料のこのようなハイウェーがどこまでも続く。有料で渋滞ばかりの日本の高速道路。この差は何なのか。国土の広さだけがその要因ではないような気がする。

アメリカやカナダやオーストラリアでは、確かに車がなければ生活に不便だと思う。近くにはないスーパーに行く為に必要だし、たとえ近くにあっても食料等を一週間分、十日分とまとめ買いするのだから、その量は両手では持ちきれない程になる。車はその時、ひどく有効なものとなる。各スーパーにも必ず、広い駐車場はあるので、そういったことでも、このことを後押ししている――広い駐車場がなければ客は来ないだろう。

これらの国では女性でも高齢者でも――あるいは高校生、中学生でも――、誰でも運転している。車の利用度はひどく高い。

そして、この時ふと思う。彼等の異常なまでの肥満はこの車社会とも関係があるのではないかと。食べる物が豊富にある国で、食べるに委《まか》せていれば、太るのは当然だ。カロリー消費の基本とも言うべき「歩行」を彼等はしていないのだから。日本人の肥満とはケタ違いの人が多い。これは確かに車の普及、需要と相関している。

日中の国道を見る。乗用車、トラック、バス、ローリー、トレーラー、キャンピングカー、ありとあらゆる車種が行く。バイクもある。

そして昼頃から自転車をぽつぽつと追い抜いてゆく。

『やはり居るのか』

と思う。但し不思議と軽装備だ。とても全財産を伴っている風には見えない。十人位、同じようなサイクリストを、一時間余りの間に追い抜いてゆく。

三時頃、本物のサイクリストを抜く。前輪にも後輪にも自分の持ち物をすべて括りつけて、ペダルを漕ぐ男を。寝袋やマットが見られる。金髪、いやブロンドに近い髪を振って、ひたすら漕いでいる。そういった彼等はひどく哲学的だ。

己れの力だけを信じてひたすら漕ぎ続けている。こちらはバスから――寝ようが、ものを食べようが、何をしていてもいい――そんな彼等を見て、自然と頭が下がる。

夕方四時四十分、スー・セントマリーに着く。

宿へ向かう。情報にあるそのBay通りは、ある。しかし肝腎の宿はない。その番地表示も建物もない。

その該当番地辺りをウロつく。しかしない。車の展示場みたいな事務所がその番地に当たっている。その事務所に入って訊いてみる。

すると、「移転した」と言う。そして、今歩いて来た方向を指差す。バスターミナルの方向だ。

ここまでの間でそのようなサインはなかったから半信半疑だが行かねばならない。

そのユースホステルは、ちょっと外からは隠れるようにして、Gore通りの、とある建物の二階にあった。見つけてとにかくホッとする。

宿泊手続きをして部屋に入る。ベッドの指示はない。二段ベッドが四つ。八人寝られるが、空いていそうなのは二つしかない。

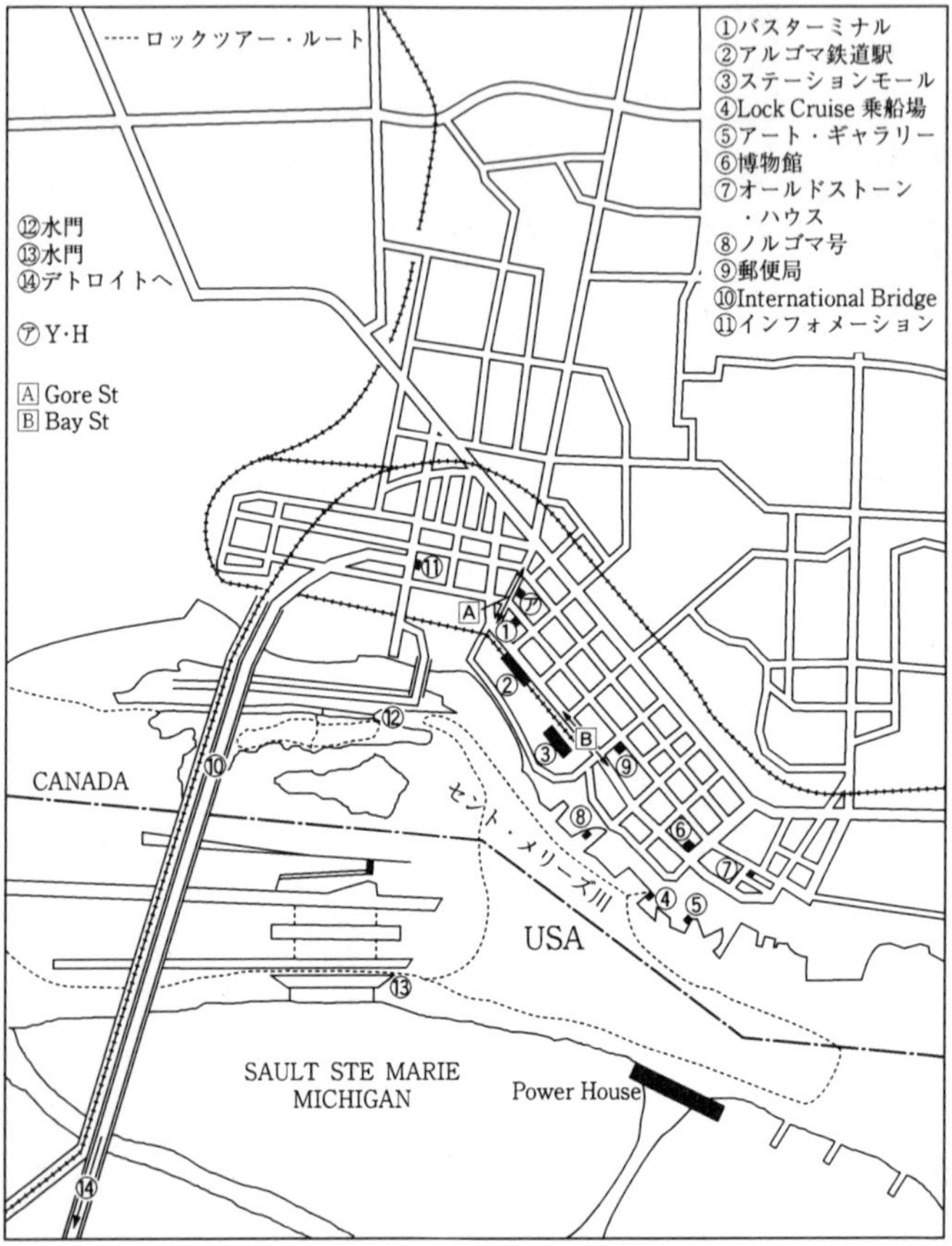

スー・セントマリー市内図

東洋的容貌の若者が居る。日焼けしていて、黒い。一応、

「中国人ですか?」

と英語で訊いてみる。実際、日本人の可能性の方が強いが、日本語で話し掛けて、解らない振りをされるより、この方がいいと思えて。

「いえ、私は日本人です」

と英語で返って来る。

「ごめんなさい。ベッド、空いているのはどれですか?」

と日本語で確認する。彼もしかし、

「定かには分からない」

と言う。それでベッド上に私物らしきものがあれば、そこには誰かが居る筈だからと、何もない一つのベッドに荷を置く。

バンフ以来の日本人と口をきく。彼にマーケットのある場所を訊いて、買い物に行く。自炊するようになって、これが一つの日課になっている。

湖(川)辺に際して建つステーション・モール内にいくつもの店屋があり、その中にスーパーマーケットもある。夕食と明朝食分の食料を買って宿に戻る。

途中、AGAWA《アガワ》峡谷へ行くアルゴマ鉄道の駅に寄って、切符も購入する。そうと決めてしまえば必然的に行動は決まってゆく。四十一ドル五十セントは大きな額だが、再びは来ないだろうか

ら、使う時には使わなければならない。

六時半前には宿に戻って、そして夕食を作って、食する。

日本人の若者、G君は自転車でこの国を横断している。今日バスから幾人ものサイクリストを見て、些か感傷的になったが、同じ国の若者がそのようなことをやっていると知って、何となく嬉しい。勿論そのような日本人は間違いなく居るとは思っていたが、実際に出会うとは思っていない。アフリカでも、五年前のオーストラリア旅行でも出会っているが。

G君は東北の大学に通う学生さんで夏休みを利用して、この行に挑戦している。カナダ横断だが、起点も終点もアメリカで、シアトルから始まってニューヨークで終えるという。日焼けしているのも頷ける。そしてその痩身も何となく理解できる。背も高く、最近の日本人は、その点では外人にひけを取らない。こんな処にも、より逞しさを感じる。

彼はこれから〝ナイアガラの滝〟を目指して進んで行くと言う。そこでアメリカへの国境を越えるとも。明早朝六時には目覚めて出発したいが、

「ここ数日疲れて、なかなか起きられない」

と言う。この町に来るまでがかなり厳しい行程だったらしく、雨に打たれて、テントと寝袋がびしょ濡れになったこともあると。

また、道悪や登り坂での苦労話を聞くと、そのような疲労が自分のことのように思われてくる。

「ゆっくり疲れを癒していたいが、八月十五日にはニューヨークを発たなければならず、それに

間に合うように先へ進まなければならない」
と言う。六時起床をこちらも心に止めて、眠りに就《つ》く。そんな日本人に出会って、何となく心暖かだ。

翌朝、目覚しを貸していたが、その六時になる前に目覚め、G君を起こす。私も八時のアルゴマ鉄道に乗らなければならないので起き出す。早い分には問題ない。

YH前に立つ，出発の朝のG君

洗面等を済まして彼の準備を見る。自転車に括る彼のすべてを見つめる。自転車修理用の工具類もそのバッグに収まっている。食料も衣類も寝袋もテントも。

宿の前の空き地でそれらのバッグを愛車に括りつける彼を見つめる。何かを、愛おしく思う瞬間だ。彼は車と荷物をそう思い、私は彼と車をそう思う。自転車は〝競技用〟ということで、タイヤの幅が一般のより細い。そんなタイヤで二〜三十kgという重量を負担して、坂道でも悪路でも進んでゆく。確かにサイクリストには彼等だけの世界がある。

七時になる前にG君は発ってゆく。無事を祈る。


七時半、アルゴマ駅へ行く。すでに多くの客が乗り込んでいる。買った切符には車両番号だけが書かれていて、座席番号はない。だから当該車両であればその中のどの席にも坐ってよいのだが、逆に言えば、遅く行けばあるいは窓側の席はないかも知れない。

発車三十分前だが、ちょっと見た処、出入口のその左右両側の席しか残っていない。その進行方向左側の席に坐る。一人なのでどこでも良い。窓側の席でさえあれば。

車両番号は十番。後ろにあと二両ある。一番からたぶんあるのだろうが、それだけで十二車両。途中の六両目と七両目の（あるいは五両目と六両目か、定かではないが）、その間に三両、食堂車とビュッフェ車が挿《はさ》まっている。従って全部で十五車両。それを二連の蒸気機関車で引っぱる。結構見栄えのする姿だ。これもまたこの鉄道の売り物だろう。

但し、雲行きがあやしい。いや八時五分、発車して間もなく、雨が降り出す。こんなものだろう。自分が何かを見ようとする時、自然はそのような歓迎の仕方をする。私はそれでもまだいい。濡れたくなければ列車中に居ればいいのだから。

しかし今朝発ったG君は濡れながらも漕がなければならない。私は旅行はしたことはないが、通勤用に自転車に乗っている。だから雨降り時の大変さを知っている。逃れようがないのだから、立ち止まることはできないのだから。雨が降ったからといって、歩を進めないでいられるのは日程に余裕のある者だ。余裕のない者は雨であっても、何があっても進んでゆかなければならない。

私は自分の為というより、今はG君の為に晴れてくれることを祈る——しかし距離的に離れた処に居る彼が、雨に打たれているかは定かではないが。

峡谷散策

進行方向左側に坐った為に途中の鉄橋をうまく見ることはできない。いやたとえ右側に坐ったとしても今日のこの天候ではよい絵とはならなかっただろう。

雨降る中、それでも列車は定刻の十一時三十分にCANYON《キャニオン》駅に着いた。ここで二時間が客に与えられている。

自由な散策時間。しかし多くの客は席を立とうとしない。そぼ降る雨の中に降り立とうとする者はまだ居ない。

私はラチもないので降りて行く。ドシャ降りではないのを幸いに、『霧雨模様なので問題ない』

と、車中で配られたパンフレット（地図入り）を頼りに歩み出す。今、列車が来た方向へ少し戻るように歩み出す。目指すは“BRIDAL VEIL FALLS”（「花嫁のベールの滝」）。

霧雨は続くが、ジャンパーの襟元に隠されているフードを出して髪に被せて。気休めだが、雨を避けている感触はある。

木立ちの中を歩くこと十五分。小径の行き止まりにそれの

BRIDAL VEIL FALLS

展望台がある。

川を隔てて細い流れの滝がある。特別、何というものでもないが、これをこのような観光客用に名付けたとしたら、その商魂が素晴しい。それにしても恰好の滝が駅近くにあったものだ。

木の柵の脇に備えられている訪問者名簿のノートに名前と住所を書き込む。勿論今日のような雨の日対応の部厚い透明のガラスの下にそのノートは置かれている。

日本語で名前を書き、ローマ字で住所を書く。前の人の日付は七月三十日だ。今日の最初に訪れたのは私らしい。実際あの列車から降りて私より先に歩いて行った者は居ないから、当然といえば言えるが。

十二分居る。新たな見物人（白人）が来たのをシオに、来た道を戻る。すでに小雨もあがりかけている。

戻り道では、三々五々やって来る人たちと擦れ違う。皆濡れることも覚悟して来た人たちだ。老人は居ない。若者か家族連れか中年か、という人たち。見るからに年寄りはまだ列車から降りられないでいるようだ。

駅まで戻らず、途中で道を左に折れ、線路を横切って〝BLACK BEAVER FALLS〟へ行く。まず、その〝SOUTH〟の滝に着く。

これは先程の「花嫁のベールの滝」と違って、川を隔てていないので間近に見ることができる。しかしこれも木々の間に隠れる感じで、そしてそれ程の水量のある滝ではない。

それと少し離れてある〝NORTH BLACK BEAVER FALLS〟もまた同じ風だ。ただこちらの方は段差のある滝。どちらの滝も一分も見つめていれば、皆歩を進め出すといった程度のもの。

散策道に沿って進む。天候が天候だけにパッとしないが、もしこれが快晴なら、正しく〝森林浴〟といった態の小径。

樹間を十数分歩くと小橋が現われ、それを越え、そして道を左に折れて行くと〝OTTER

CREEK FALLS"に出る。

これは、「滝」というより、むしろ清流が樹間に幅広に高低差をもって流れ落ちるといったもの。前二つの滝とは趣きを異にしている。ここも数分で踵を返す。ここに魚のエサの入った自動販売機（?）があるのがちょっと異様だ。

散策道の本道に戻って、左に進んで行く。次に行くのは"LOOK OUT"（展望台）だ。これはこの峡谷全体を高い処から見ようというもの。

階段の総数は三百七十二段。それがずっと続いているのではなく、途中、土の小径になって再び木の階段が現われるといった道である。

三百七十二段はけっこうの数だ。少し齢を重ねた人は休みながら登らなければならない。小さな子どもも大変だろう。途中、小休止用の展望処があるが、そこにはあまり人は立ち止まっていない。

三百七十二段目のメインの"LOOK OUT"は、それなりの広さを持つ舞台となっている。峡谷の対岸が大きな視界となって現われる。キャニオン駅やそこに止まる列車が小さく見える。このような施設を作ったから、このようなツアー列車を組むことができたのだろう。このキャニオン駅周辺を開発したからこそ、この鉄道会社に大きな利益をもたらすことができたのだ。

十二両の客車にそれぞれ八十人の客が乗ったとして千人近い。一人が四十ドル支払ったとして、単純計算すれば四万ドル。日本円で（一ドルが約百三十円として）五百二十万円ということになる。

展望台からの眺め。CANYON駅と列車を

一日に五百二十万円の売り上げがあるとなれば、このようなツアー列車を運行するのも当然ではなかろうか。

他にはこの鉄道は一日一往復の定期便があるのみなのだから。逆に定期便の売り上げより、この観光客相手の運行の方が現実には重きのあるものといっていいのかも知れない。

と、そんな余計なことを考えながら、雨のあがった三百七十二の木の階段を下りて行く。

二時間という時間は見物するのにちょうどよいと思う。一時間ではすべてを回るのは短いし、三時間では時間をもて余す。現実に見処だけを見て回る分には一時間もあれば充分だが、家族連れでは食事もするだろうから、二時間がちょうどうまい時間だと思う。

列車の止まる駅辺には十二時五十六分に戻る。そして線路の前後、その周辺を歩き回って

CANYON駅に止まるツアー列車

時を過ごす。

列車は定刻より十一分遅れの午後一時四十一分、キャニオン駅を発つ。往きも五分遅れだったが、この国では定刻より五分位遅れるのが普通のようだ。この五分というのは気持ちの余裕というものらしい。そんなにキッチリしていては、心に余裕のない証拠といった風情がある。このことに日本人はなかなか馴染めないが、時間キッカリに出れる筈なのに出ないところを見ると、そう考える以外ない。誰しも時間に遅れることもある。そういう人を救う為に、五分位余裕を見てあげようよ、という感がある。

その方がいいかも知れないが、日本の感覚ではちょっと馴染めないものがある。しかしカナダに居る限りはカナダのやり方に従う以外ない。だから五分位は気にしないようにしている。

列車の人となると、また雨が降り出す。いずれにしても、いい天候ではない一日だった。

帰りは蒸気機関車だけが移動して、客車は元のまま、従って十号車は前から三両目となる。先に乗り込んでいた客が、シートを回して前後を逆にしている。進行方向に変えているのだ。私が来た時坐っていた席は向きが変わっていない。従って、次の席と向かい合うようになっている。そこに人が坐っている。あえて向かい合いたくないので、別の席を探す。いい具合に向かい合わない席で、まだ誰も坐っていない席があり、そこに坐る。みんな来た時と違う席に坐っているようなので、気にしないことにする。

列車が動き出せばもうあとは自然に終点に着くのを待つだけだ。三時間半、眠っても良い。何も考えずとも良い。景色はあまり見えない。


定刻より五分遅れの五時五分にスー・セントマリーに着く。

宿に戻る。しかし十数分してまた動き出す。日はまだ暮れないので、身体が自然に動き出す。

明日は水門めぐり＝"LOCK CRUISE《ロック クルーズ》"をする。その乗船場の下見に行く。明日この町を発つが、それは夜の九時過ぎで、丸一日観光する時間がある。

そのツアーは朝十時と昼十二時三十分と午後三時に出ることを知る。料金は十二ドル五十セント、プラス税金の八十八セント。

案内所《インフォメーション》の地図に掲げられていた場所とは少し違っている。そこは今工事中で、少し移動した処に、仮の発着場がある。そのクルーズツアーに乗ればこの町での主な観光は終わる。

帰路、ステーション・モール内にあるスーパーマーケットで買い物をして宿に戻る。一日を、予定を消化して終える。

日本への電話、二回目。そして水門《ロック》ツアー

翌朝、二度目の国際電話を自宅に掛ける。今回は電話局に行かず、またコレクトコールにもせず、二十五セント硬貨で町の公衆電話から掛ける。掛ける前に従って二十五セント硬貨を大量に用意しなければならない。やはり銀行へ行くのが早い。

八時には開いていたのか、九時前に行ってもそこは業務を開始していた。G君から大体の料金を聞いていたので十ドル分を換える。二十五セント貨が四十枚である。この国では二十五セント貨はその十ドル分が一パックになっていて、その包みのまま手渡たされる。しかし何となく四十枚にしては少ないような気がして、十枚分が数えられる程、その包みを破く。それの四倍の長さを確認してやっと納得する。これで準備は整う。

しかしこの町ではあまり公衆電話を見かけない。

グレイハウンドのバスターミナルへ行く。そこで掛ける。

まず二十五セントを入れて零《ゼロ》を回す。すると硬貨は落ちて受け皿に戻って来るが、交換台は呼

び出している。十度程呼び出して、やっと相手は出る。

「日本に国際電話したいのですが」

「あなたはクレジットカードを持っていますか？」

「いいえ」

「じゃ、どのようにして支払うのですか？」

「クオーターを沢山持っています」

「本当ですか？」

「本当です」

「では七ドル六十セント分を入れて下さい」

「はい、解りました」

「あー、ちょっと待って下さい」

「先に日本への番号を聞きましょう。確かにあなたが話したい相手が出るかどうか、確認してからにしましょう」

「はい、解りました」

「では、番号を教えて下さい」

「日本の」

「日本はコードは八十一番でしたね」

「……」

「どうぞ言って下さい」

「東京で3《スリー》、そして×××の、××××、これですべてです」

「OK、しばらくこのまま待って下さい」

私は、なかなか親切な交換手だと思う。先にコインの投下を言って来ても、そうしただろう。いや、そうしなければならない。だがこの交換嬢は相手が出てからでいいという。もし番号の聞き間違いによる、正しくない相手への電話だったり、あるいは真に話したい相手が不在だったりした場合は、金の支払いを免除する、といった風にも受け取れる心遣いをしてくれている。こんな対応がたまらなく嬉しい。

一分もしないうちにつながる。向こうから母の声が聞こえてくる。こちらも日本語で話し出す。

「OK、あなたの話し相手ですね？」

交換嬢が割って入る。

「そうです」

「ではまず、三ドル八十セント分入れて下さい」

私は落ち着きを失って、二十五セント硬貨を数えることもなく、何回も投下する。交換を通しているのだから途中で切れることはないのに。

三ドルで十二枚。四ドルで十六枚。たぶんそれ位入れた時に、

「入れました」

と答える。正確ではないので、確信はもてないが。

「本当ですか?」

と、交換嬢は問う。

「はい」

こちらも仕方ない、そう、答える。

「OK、それでは——」

この間も母が話し掛けて来ている。こちらも日本語で、答えている。

「NO、NO、ちょっと待って」

交換嬢が、母の話を中断する。しかし日本とはコンマ何秒程の間があるので、二人の声がダブル。私は交換嬢の声にも耳を傾ける。

「ではあと、三ドル六十セント入れて下さい」

「はい」

私は再び、それ位の硬貨を投入してゆく。この時も一枚一枚数えてはいないから、大体の処で、

「入りました」

「本当ですか?」

「はい」

「ではこれから三分間話ができますから、どうぞ」

と言って、彼女は消える。それでやっと日本との間で、邪魔の入らない会話ができるようになる。

比較的鮮明に聞こえる。何もこのことを取り立てて書くこともない。あの、日本とは地球の裏側にも当たるアフリカはウガンダ、あるいはガーナから掛けた時にも鮮やかに声は伝わって来ていたのだから。

家の方の様子にも、大きな変化はないということで安心する。そして逆にその三分が長く感じられる程に、話すこともなくなって、しかしちょうどの頃合いに自然に通話は切れた。


一旦宿に戻って、荷物をまとめる。しかしバス発の時刻は夜九時過ぎなので、荷物は置いて残りの見物に出かける。スー・セントマリー博物館、オールドストーン・ハウス、そして川べりにあるアート・ギャラリーへ。

ロッククルーズの発時刻は十二時三十分。それに合わせて、アート・ギャラリーを出る。その船着場は目と鼻の先にある。十五分前だが、すでに多くの客が乗り込んでいる。

ここでも定刻より七分遅れて出港する。定刻の十二時三十分になって暢びりやって来る客がいる。たぶん日本ならそのような客は切符売り場から船まで形だけでも小走りに来るのだろうが、

LOCK TOUR の船より水門内を

ここでは悠然と平然とやって来る。それを迎える乗組員《ふねのもの》も他の白人も、それを何とも思わない。習慣が国民性をつくるようだ。いや、国民性がそのような習慣を築いていったのか。

船はカナダ側の川畔をめぐり、その説明をしたあと、いよいよ国境線を越えてアメリカ側へ。

時をほぼ同じくして出発したアメリカ側からの同じツアー船がやって来る。

その二隻が水門に入ってゆく。そして水門壁際に二隻がロープで固定されるのと並行するように、入って来た側の水門は閉じられてゆく。それが済むと、水門内に水が下から流れ込んで来る。水位はどんどん上がり、船自体も上昇してゆく。

五分で水位はスペリオル湖側と同じになり、そしてそちら側の水門が開く。二隻の観光船はそちらへと泳ぎ出してゆく。

LOCK TOURの船より国境に架かる橋を

両国籍の船が同じコースを通ってゆく。同じような船に、同じような風貌風体の客が乗っている。説明している言葉も同じ。揚げる旗も双方共が二つの国のそれを閃《ひらめ》かせている。

水門はアメリカ側陸地に接してある。だからカナダ船に乗る客は一旦はアメリカに入境している。その気になればその陸地に降り立つことも可能なように、船は接舷されている。

しかし日本人が考える程、カナダ人にとってアメリカは外国でも何でもない。ただ隣にたまたまあった国というだけに過ぎない。遠い国でもなければ、行けない国でもない。近くて近い国なのだ。

両国に架かる〝国境の橋《インターナショナル・ブリッジ》〟の下を通り、カナダ側、製鉄（Algoma Steel）工場前辺までを遊覧して船は引き返す。

同船より水門の閉まる処を

来た時とは逆に今度は水門で水位を下げて、ヒューロン湖側に入ってゆく。

水門ツアーの船を眺める多くのアメリカ人が居る。それを見るように作られているプラットホームがある。入る時以上に、アメリカの町側の水門に接して通るので、一般人たちがより間近に見える。暖かな日ざしを浴びて、どこまでも長閑かな景。

ツアーは二時間の予定だが、十七分オーバーして午後二時四十七分に出発地点に戻って来る。

ほとんどの乗客達は下船すると駐車場にある各自の車に乗って帰ってゆく。三時発のツアーに乗る客がすでに私たちの帰りを待っている。彼等の車も多く駐まっている。私はいつものように、一人歩いて次の処へ向かう。

湖辺を左に進んでノルゴマ号へ。しかし同船は博物館としての開示はやめているという。も

水位が下がってヒューロン湖側の水門が開く

はやこの町での予定はない。残りの時間を日本への絵ハガキ書きに当てる。

"Sears"から"Zellers"という、デパートからデパートへと続くショッピング・モール内にある、テーブルの椅子に坐って書く。出発時刻は遅いので、ゆっくり書ける。水の近くにある町は何となく心を悠ったりとさせる。

それを書き終えた六時三十分を過ぎても、まだ明るい。同モール内にあるスーパーに寄って食料を買い、そして宿に戻る。

夕食を作り、食し、八時五十五分、バスターミナルへ向かう。次はトロント。

トロント

夜九時半過ぎの夜行バス。乗り込んだ客の大半がすぐに眠りの態勢に入る。途中の停車町で止まっても誰も降りる者はいない。休憩に煙草を吸いに、という者もあまりない。

確か SUDBURY という比較的大きな乗り換え町に着いた時にも夢うつつで、どの位停車していたのか知らない。

窮屈な姿勢での一夜越えでも、そうしなければならないとなれば、眠ってしまうものだ。時々身体の位置を、苦痛を和らげる為に変えながら。

トロントのバスターミナル着は七時十一分、定刻より二十分程遅い。しかし早朝の遅れは旅行者にはむしろ有難い。

トイレで洗面をして、地理を確認して歩き出す。宿とするＹＨは歩いて十分の処にある。七時四十四分に着く。受付はまだ行なわれない。

「チェックアウトの十時を過ぎるまで、空きがあるかどうか判らない。ですからここに名前を書いて下さい。もし空けば、その場所を提供できますから」

大都市の宿、このようなこともあるだろう。それ用の紙を見ると、一人だけ名前が書き込まれている。私は二番目。だからたぶん大丈夫だろうと解釈して、その十時までの時間を有効に使うべく、リュックをホステル内にあるコインロッカーに入れると、町中に泳ぎ出す。

しかしあまり遠くへは行けない。バスターミナルに戻って、そこの椅子で今後の予定を少し考える。どのように通ってゆけばいいか。MONTRÉAL《モントリオール》以降をどうするか。

GASPE《ガスペ》半島か、NOVA SCOTIA《ノバスコシア》州か、あるいは PRINCE《プリンス》 EDWARD《エドワード》 ISLAND《島》か、それらのど

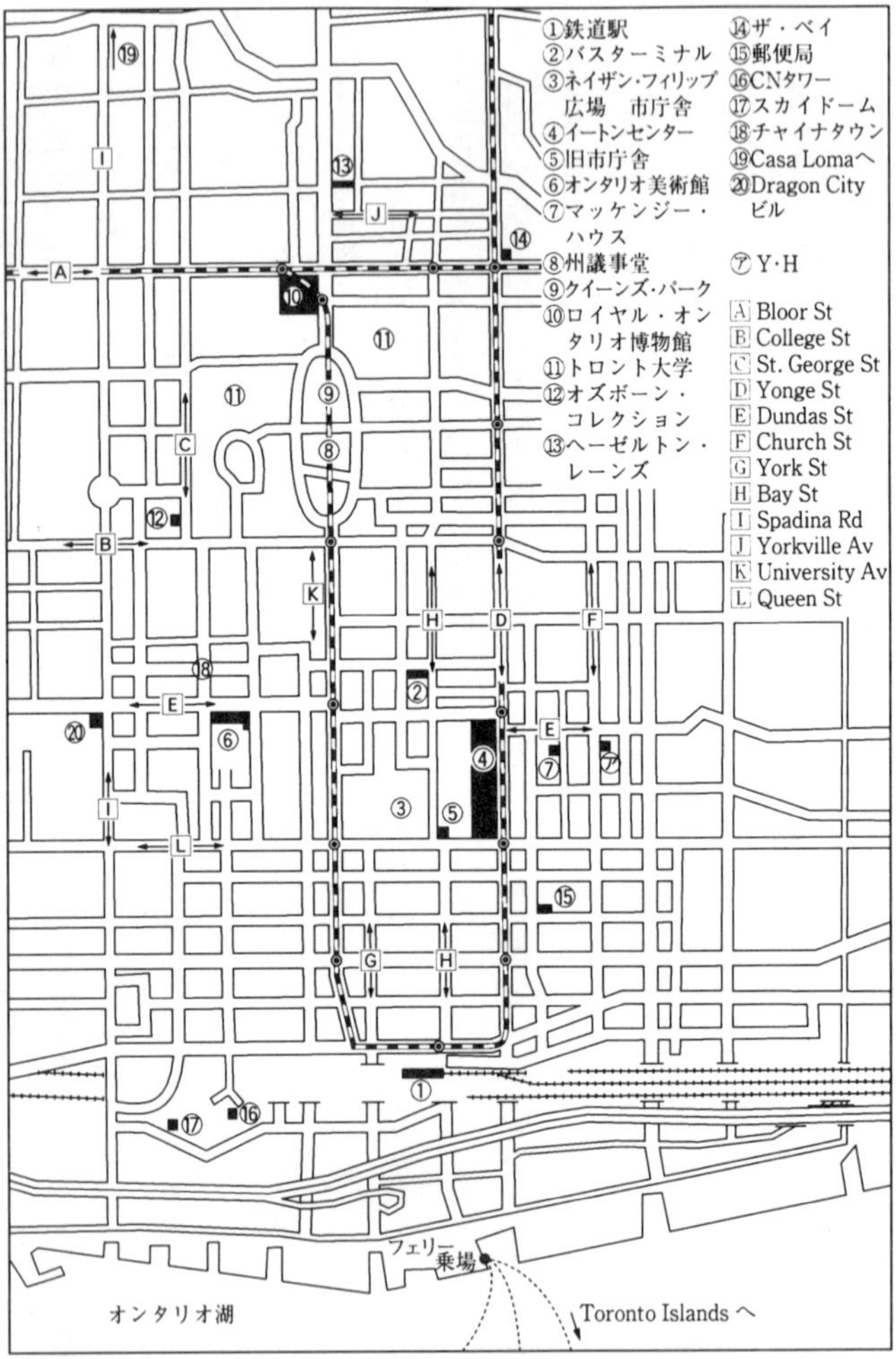
①鉄道駅
②バスターミナル
③ネイザン・フィリップ広場　市庁舎
④イートンセンター
⑤旧市庁舎
⑥オンタリオ美術館
⑦マッケンジー・ハウス
⑧州議事堂
⑨クイーンズ・パーク
⑩ロイヤル・オンタリオ博物館
⑪トロント大学
⑫オズボーン・コレクション
⑬ヘーゼルトン・レーンズ
⑭ザ・ベイ
⑮郵便局
⑯CNタワー
⑰スカイドーム
⑱チャイナタウン
⑲Casa Lomaへ
⑳Dragon City ビル
㋐Y・H
A Bloor St
B College St
C St. George St
D Yonge St
E Dundas St
F Church St
G York St
H Bay St
I Spadina Rd
J Yorkville Av
K University Av
L Queen St
フェリー乗場
オンタリオ湖
Toronto Islands へ

トロント市内図

れかには行ってみたいという思いがある。だが日程的にどうなるかがまだ読めない。果たしてどの位の日数を残してバンクーバーへの帰途につけばよいのか。八月十一日で間に合うのか否か。トロントの次はNIAGARA FALLS《ナイアガラ フォールズ》、そしてその次のOTTAWA《オタワ》までは決まっている。問題はそれ以降をどうするかだ。一気にQUEBEC《ケベック》まで行って、そこからどれか一つの方向へ向かうか。しばらくしても結論は定かには見えてこない。

バスターミナルに四十分居て、Bay通りを通って、市庁舎前のネイザン・フィリップ広場に出る。左側には旧市庁舎の重厚な建物がある。新市庁舎は敢えて〝ニューアート〟の、アンバランスな対照形をしているという。芸術家、造形家の考えることは市井の者には理解できないものがある。

ネイザン・フィリップ広場に面して建つ，旧市庁舎

Queen 通りを右に行き、最初のYork 通りを左に折れて、高層ビルの立ち並ぶオフィス街を横目に見てさらに南下する。左に道なりにカーブして行くその先に、鉄道駅がある。

この旅行では鉄道は無縁のものだが、できれば駅は確認しておきたい。生活の匂いが普通は感じられるのだが、この国ではそれはむしろバスターミナルが代替している。しかしこのトロントの鉄道駅には人の出入りも多く、居てもそれなりに楽しめそうだ。

十分で駅舎をあとにする。すでに十時に近い。宿に戻るべく、そちらの方向へと進んで行く。狭い範囲だが、ちょうど方形を描くように一周している。

できることなら同じ道を通りたくない。また可能な限り、大きな円、あるいは方形を描くように見物をすることを心掛けている。歩く距離はその分長くなるけれど、それがいい。見処が遠くにあればある程、その外周は広がってゆく。

宿には十時十五分に着く。すでにフロントの周りには同じようにリュック姿の旅行者が大勢居る。日本人らしき東洋人の姿もある。

十時三十分から泊まれる者の名前が呼ばれる。最初に、女の子の名前が続けて五人呼ばれる。男と女とはそのベッドの数からして違うのだろう。多くの旅行者が不安顔でその声を聞いている。私は比較的穏やかだ。順番通りなら、まず泊まれるだろう。二人分の空きがないことはないと思っているから。

男の名前が呼ばれる。最初のそれは、たぶん私の前に書いてあった者だろう。ということは次は私の……。

そして確かにこちらの名前が呼ばれる。カウンターの前に進んで行って、その手続きをする。こんなに大変なら二日連泊しようと考える。そしてそれを告げる。しかし、

「今は連泊は受け付けていません。ご覧の通り多くの人が居ますから。もし続けて泊まりたいのなら、また明朝七時までに申し出て下さい」

それを納得しない訳にはゆかない。とにかく今日の宿は確保できる。と同時にこの大都会を一日や二日で見物し回ることは不可能だと覚る。ならば一日でもいいと勝手に決める。二日でも三日でも充分でないのなら、一日でもいい。まして宿の確保が不確定なら、明日出てしまうのもいいのではないか。連泊が受け付けられなかったことをむしろ幸いに思えばいい。その分、次のナイアガラで二泊すればいいのだから。


シャワーを浴びてサッパリして、町中へと本格的に歩き出す。"EATON《イートン》"センター前には、髪を特徴的にカットした若者が幾人も屯している。そして同じくその建物角には人力車夫の若者がラジカセの音楽に合わせて、軽いステップを踏んでいる。彼等の俥に乗る客が果たしているのだろうか、と余計な心配をしてしまう。

Yonge通りを北へ向かう。Yorkville《ヨークビル》通りまで進んで行くつもりだ。

途中にあったマクドナルドに入る。ソフトクリームを食べる。バンフでもそうだったが、この

店では比較的安く（一ドル未満で）それが食べられる。一ドル以下なら日本円に換算しても安いと思う。それに口に冷めたいものを入れるのは暑い時には気持ち良い。冷めたい飲み物では何となく物足りない。ソフトクリームは最適な食べ物だ。そこに十五分居る。道路辺に面した椅子に坐って道行く人々を無為に見つめている。

Bloor通りも越えて、"THE《ザ》 BAY《ベイ》"というデパートを右手に見て、二つ目の通りがヨークビルだ。左折する。小綺麗な商店が並ぶ。別に何を買うというのではない。ガイドブックに紹介されているから訪れたに過ぎない。こんな処は実際、一人で歩くものではない。素敵な異性と歩くのが相応しい。

ヘーゼルトン・レーンズという高級ショッピングビル内もちょっと覗いて、それから南に道をとって"ROM"と呼ばれるロイヤル・オリエンタル博物館《ミュージアム》へ行く。各町の見処として博物館は訪れているのでここもなのだが、確かに規模は大きい。

中国のコレクションを見るとどうしても、よくこれだけのものを集めた、いやどこからかもって来たものだと感ぜずにはいられない。このことはこの博物館に限ったことではないが、あまり歴史的関係のない国の事物をコレクションしていると、ついそんな風に思ってしまう。中国やエジプトの事物の多くの国外流出はよく語られることであったから。

さらっと見ただけだが、二時間半近く居る。日本の焼き物もあった。そこではつい、足を止めてしまう。日本のがこの程度に飾られている分には確かに好事家からの提供と言っていいだろう。

中国のそれとは、質量共に比べものにならない。

博物館を出て、州議事堂脇を通り、College《カレッジ》通りを右折する。さらにSt. George通りを右折して少し行った処にあるオズボーン・コレクションという児童図書館を覗く。何の変哲もない図書館だが、ここもガイドブックに記されているから覗いてみる。係の初老の婦人が一人、来館者の応対に追われている。

カレッジ通りに戻り、右に曲がって Spadina 通りを左折する。そして四ブロック下った Dundas《ダンダス》通りとの斜め前、角にある Dragon City（龍城）ビル地下に入る。そこにあるチャイニーズの軽食堂の固まる中の一つの店で食事を摂る。値段も手頃なので、予定外の食事とする。鳥肉ライスにスープ付き（税込みで三・二〇ドル、約四百二十円）。このトロントにもっと居れば、一日一回はこの店で食事をしただろうと思える程に気に入る。

ダンダス通りを東に進めば、自然にバスターミナルに行き着く。そしてそこを過ぎて行けば、宿の方向だ。

トロント。

たった一日の見物もこれで終える。それでも得心のゆく見物。明朝にはナイアガラへ向かうバスに乗る。それで何の不足もない。大都会故にあまり長居はせずにいた方がいい。自然の流れがそのようになっているのだから。

宿に戻って、そして各部屋に続くドアを受付の人に開けてもらい（自動ロックを解除してもらう。

このホステルでは宿泊者といえども勝手に入室できないようになっている――しかし実際には一人一人の顔を覚えている訳ではないだろうから、泊まっていない者でも、そのドアの処に立って「開けて下さい」と言えば、たぶんロックは解除されたと思う)、部屋に戻る。

部屋内にもコインロッカーがある。廊下にもある。それだけ盗難が多いということか。やはり長くは居ない方がいい町かも知れない。

午後七時半にはもう宿の外には出ない。そして十時には眠りに落ちる。明日はいよいよナイアガラ・フォールズ。

ナイアガラの滝／SCENIC TUNNELS

小雨模様。折りたたみ傘を出してさしてゆく。折角持って来たのだから利用しない手はない。しかし宿からバスターミナルまで十分もかからない。七時半前には着く。

切符を購入する。八時発のそれに間に合う。いや充分余裕がある。ナイアガラへの便は一時間に一本ある。

初めて金を出して切符を買う。この区間にはカナダパス(＝バスパス)は利用できない。会社が違うからだ。パスの会社もそこに行っていることは行っているが、ひどく大回りをして行く。それに途中からは一週間に二便しか行っていない。諦めて金を出して行くことにする。金より時

ナイアガラ・フォールズY·H

間の方が今は大事だ。

Gray Coach Busに乗れば、二時間弱でその滝への町に着く。バスに乗った頃には雨もあがっている。

バスはすぐにハイウェーに入り、そこへの道を辿る。無料のハイウェーがどこまでも続く。ナイアガラ・フォールズのバスターミナルに着いたのは九時四十四分。そして宿のインターナショナル・ホステル（YH）着は九時五十一分。とても有効に動いている。

三十分休んで見物に動き出す。バス行の疲れは全くない。

宿を出て右手に歩いてゆくと、River《リバー》通りにぶつかる。それを右に進んでゆく。リバー通りというとおり、ナイアガラ川に沿っている。ナイアガラの滝に近づきつつあることを実感する。

十分するとRainbow《レインボー》橋が見えて来る。そし

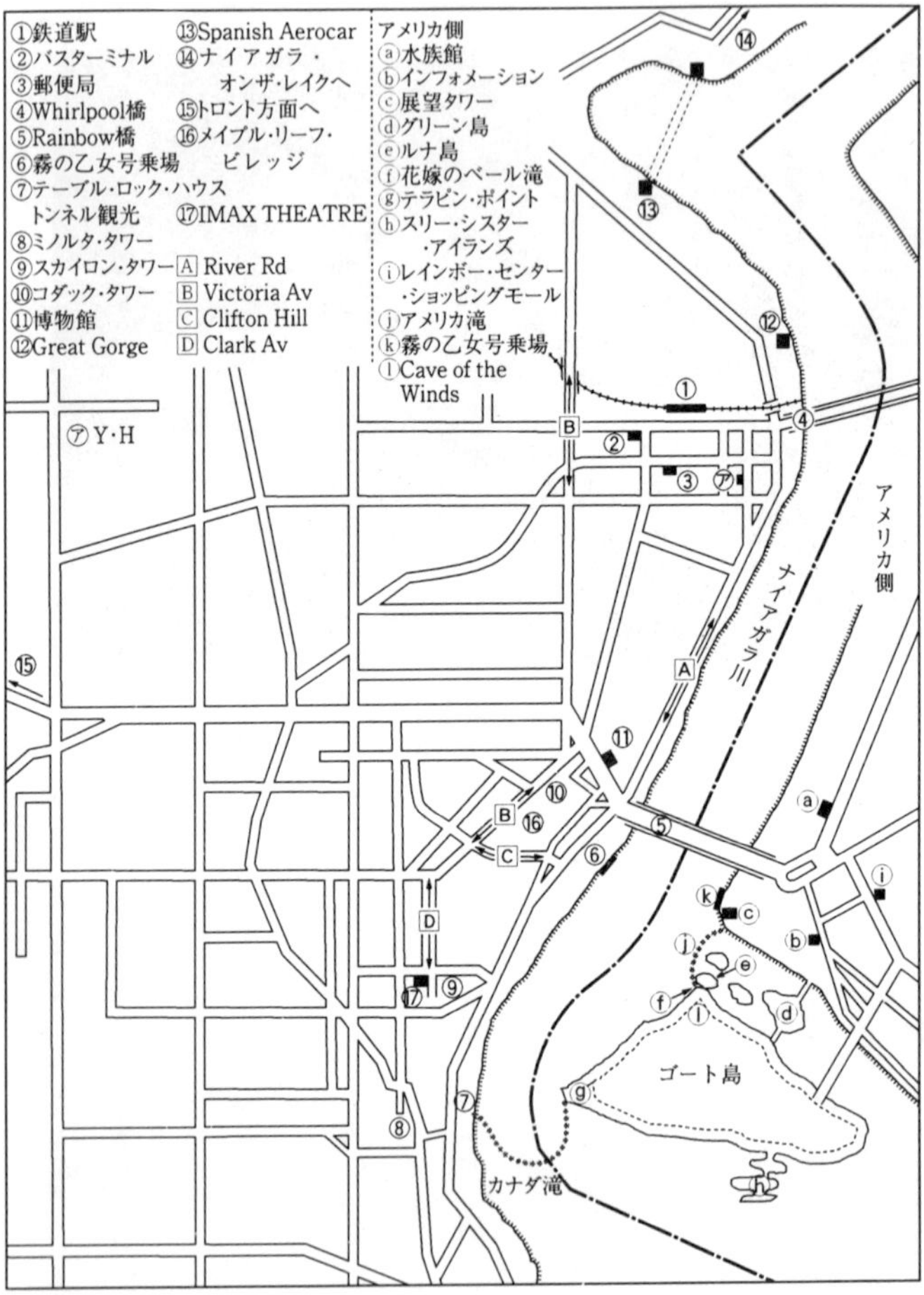
①鉄道駅
②バスターミナル
③郵便局
④Whirlpool橋
⑤Rainbow橋
⑥霧の乙女号乗場
⑦テーブル・ロック・ハウス トンネル観光
⑧ミノルタ・タワー
⑨スカイロン・タワー
⑩コダック・タワー
⑪博物館
⑫Great Gorge
⑬Spanish Aerocar
⑭ナイアガラ・オンザ・レイクへ
⑮トロント方面へ
⑯メイプル・リーフ・ビレッジ
⑰IMAX THEATRE
A River Rd
B Victoria Av
C Clifton Hill
D Clark Av
アメリカ側
ⓐ水族館
ⓑインフォメーション
ⓒ展望タワー
ⓓグリーン島
ⓔルナ島
ⓕ花嫁のベール滝
ⓖテラピン・ポイント
ⓗスリー・シスター・アイランズ
ⓘレインボー・センター・ショッピングモール
ⓙアメリカ滝
ⓚ霧の乙女号乗場
ⓛCave of the Winds
㋐Y・H
アメリカ側
ナイアガラ川
ゴート島
カナダ滝

ナイアガラの滝 周辺図

ナイアガラの滝，アメリカ滝

ナイアガラの滝，カナダ滝

107　オンタリオ州（ナイアガラの滝）

てアメリカ滝もまた視野に入る。

宿を出て二十分後、そのレインボー橋に――いや、その橋下に、といった方が正確だ――着く。アメリカ滝が正面に見え、そしてカナダ滝＝Shoe horseが右手前方に見える。幅広い瀑布があがっている。カナダ滝の方は水煙によってその全容は見えない。

川に沿って歩いて行く。多くの観光客が居る。車で来ている者がほとんど。駐車場が車道を挟んで大きく広がっている。

シャトルバスが走る。ピープル・ムーバーという緑色のラインを付した二車両連結のバスが行く。そして多くの観光バスが。世界的な観光地に相応しい賑やかさ、華やかさがある。

一番のハイライトの「霧の乙女号」にはまだ乗らない。全体を先に見つめてみたい。

カナダ滝を見るテーブルロックハウス辺で小休止する。

そしてScenic《シーニック》 Tunnels《トンネルズ》に入る。ロックハウス内にある切符売り場でそれを購入し、切符を渡す処を通ると、黄色い簡易なビニールカッパを――どうやら中国製だ――渡される。それを各自が着る。

このカッパを渡す男の人には瞬時の判断力が要求される。それは客の身長を見てそのサイズを決めるからだ。長身の人には大きなもの、子供には子供用のを渡す。

私のサイズは、外人の女としては普通なので、たぶん用意されているカッパの中で、最も多い数のものの一つだと思う。それを渡される。

着込んだ者から順番にエレベーターで下に降りて行く。その順番待ちが五分。エレベーターを降りたら、真っ直ぐに行って途中で右に折れる。勿論そのまま真っ直ぐに行ってもいい。しかし誰もが右に曲がって行くので、私もそうする。

十メートル歩くと左への穴があいている。しかしそこにも行かない。まずこの道の行き着く処まで行く。

さらに十数メートル、T字路にぶつかって左に折れる。二十メートル程先に滝の落ちるのが見える。凄絶だが全体が見えないので、何とも言いようがない。

滝を真近にするが、何となく物足りない。これ以上接近するのは確かに危険なのは判るが。

皆一分程でそこを離れる。来た道を戻って先程覗かなかった途中の洞穴へと行く。ここも前の処と趣きは変わらない。飛沫がいくらかこちら側にも入ってくることが違う位だ。黄色のカッパはここまでなら大して必要ない。

次にエレベーターから真っ直ぐの方向に、右に曲がって行く。ここでは見物を終えてエレベーターで上へ向かう人たちの列が出来ている。

その人たちと擦れ違って進む。この洞窟《トンネル》の意味はこの道の先にあるテラスかも知れない。滝より僅かに離れた処に作られたテラスから滝を右手に見る。アメリカ滝も見渡せる。そしてこちらの滝にやって来る「霧の乙女号」たちを。

いくらかカッパがここでは役に立っている。しかし確かに使い捨て、あるいは持ち帰り自由な

SCENIC TUNNELS に作られた“滝を見るテラス”

同上“テラス”から見る「霧の乙女号」二隻とアメリカ滝

――そんな安手な――カッパで用足りる。

客たちは誰もがカメラを出して、ここでは写真を撮る。私にとって一つの場所が終わる。

三十数分間、トンネル内に居て、再びエレベーターに乗って上にあがる。戻りはちゃんと、その扉が開くとショッピングハウスの中に導き入れられている。商魂逞しい限りだ。

ナイアガラの滝／「霧の乙女号」

テーブルロックハウス辺にあと暫く居て（十二時三十分まで）、今度は滝を上から見るべく、三つのタワーへ向かう。勿論三つどれもに昇るのではない。ただ観光箇所として、その三つの下に行ってみなければならない。

まずミノルタ・タワーに行く。そこまでの道が上手く択《と》れず、結構時間を喰う。七十五セントのケーブルカーを利用すれば、数分でその近くに行けたのだが、極力そのようなものは利用しない。

二十五分かけてやっとその下に至る。滝への眺めはタワー上に昇ってみなければ判らない。しかし昇る気はない。

近くの軽食店でホットドッグとコーヒーを買って昼食とする。昼食はいつもこんなものだ。カナダ人たちも、いや白人たちは大方が、こんな時にはこんな程度のものしか食べていない。パンを主食にしている者たちだから、それも当然だろう。しかし彼等はよく食べる。太る筈だ。

次にスカイロン・タワーに向かう。これはミノルタ・タワーからさして遠くない。ゆっくり歩いても十分で行ける。タワー下のスペースは様々な遊びのできる娯楽施設だ。大人も子供も楽しめるゲームがいくつもある。

ここも昇らない。ガイドブックに、残るもう一つのコダック・タワーは〝無料〟と書かれているからだ。

スカイロン・タワーを出て車道を跨ぐ橋を越すと、"IMAX THEATRE"がある。ナイアガラの急流下りに挑戦した過去の人々の様子が映し出されるらしいが、勿論見ない。あまり興味はない。

そしてClark通りからここでの繁華街、いや歓楽街といった方がいいだろうVictoria通り、Clifton Hill《クリフトン・ヒル》に出る。コダック・タワーへのつもりが途中の観覧車に誘われてAmusement Parkに行ってしまう。ここが「メイプル・リーフ・ビレッジ」であることを後に知る。

多くの娯楽施設がある。ギャンブル要素の強い遊びも多い。勝てば金が儲かり、失敗すれば摩《す》る。バスケットボールでシュートが入れば何かがもらえるとか、射的とか、ミルク缶へのボール当てとか、これらは大人が挑戦するもの。子供には、純粋に遊び目的のゴーカートとか、揺れる乗り物とか、日本の遊園地にあるようなものがある。

私はいつものように、楽しむ彼等を横目に見て、中央にある建物の内に入って行く。ここにも多くの店屋があって、人々を飽きさせない。食べ物屋もあれば、アクセサリー店、土産物屋とか

町中を，コダック・タワーを望む

が。

そして二階——Amusement Park から入った場合は一レベル下がった処——からタワーへのエレベーターが出ている。この建物自体がコダック・タワーだったのだ。外から見上げていないので、そうと気付くまで時間がかかる。

しかしその入塔料が五ドルと知ってやめる。塔に昇らずとも、滝の眺望を充分、満喫できるような気がしたからだ。自身を納得させるのはこういう時には早い。

午後四時半過ぎにそこを出て、「霧の乙女号」に乗るべくそちらに赴く。もう他にやることはない。

切符売り場でそれを購入する。八ドル三十セント。確かにハイライトだけあって高い。しかし十ドルと言われても払っていただろう。これは完全に売り手側に料金設定権がある。いいものを

「霧の乙女号」の乗船景とアメリカ滝

企画し、実施したものだ。

回り通路を下って、エレベーターに乗る。

エレベーターを降りて乗船場近くの建物で、青色のカッパを借りる。ここでも係員が身長を見て、サイズに合ったカッパを配る。ここでは部厚い本物のカッパだ。

ここまでは待つこともなく順調に進んだが、ここから乗船までが待たされる。船が戻って来なければ乗れない。

アメリカ側からも同じような船が、同じようにカッパを着ている客を乗せて発船している。

待つこと六分、乗船が開始されて、船が実際に出たのはカッパを着てから十数分のち。それでも早い方かも知れない。

船はまず、アメリカ滝に近づく。英語とフランス語で交互に説明がある。勿論テープの声だ。

アメリカ滝では止まらない。ただ近付くだけ。ブライダル・ベール滝下に、歩くアメリカ側の見物ツアー、“Cave of the Winds Trip”の人たちの黄色いカッパが鮮やかだ。

　それを見つめながら船はカナダ滝へと向かう。そしてその馬蹄形《Shoe horse》をした滝の中央部に船は入って動かない。進みも後退もしない。ここがこのツアーのハイライトだ。滝の飛沫が乗船客にかかる。かかるからこそ意味があるのだ。皆写真を撮ろうとして、その瞬間を待つが、水が入ることを考えて、諦める者も多い。

　七～八分そのように動かずのままでいる。人々が納得ゆくまでの時分とは、たぶんその位なのだろう。すべて計算されている。

　フードをかぶって、飛沫から皆逃れている。毎日毎日ほぼ二十分から三十分間隔で同じ位の客を乗せて出発する。すごい稼ぎの船である。

カナダ滝（Shoe horse）の中央部より，アメリカ側の「霧の乙女号」と，アメリカ滝を望む

一回に百五十人から二百人は乗せているだろう。発船から下船まで、二十五分。

カッパを元の処に戻して、そして再びエレベーター待ちを六～七分して上にあがる。この〝ナイアガラの滝〟に来た最大の目的を終える。もうこの町を離れても問題ない。しかしあと一日居る。新たな目的が出来ている。

カナダ側からの見物はほぼ済んだ。残るはアメリカ側での観光。果たしてそれが可能かどうか、とにかくそれは明日になってみなければ判らない。

一旦宿に戻って夕食を摂る。そして九時過ぎ、夜の滝を見るべく再びそこへ行く。イルミネーションによって滝は確かに浮かび上っているが、想像していた程ではなく、いくらか期待外れ。しかしこれも経験として必要なもの。

多くの観光客が昼にも増して居る。アメリカとカナダの演出者達は客を飽きさせないツボを心得ている。そして客に金を吐き出させる――。

やはりこんな処には誰かと来るべきだ。一人では侘しい。一人では勿体ない。

片道三十分の道を二往復する。それが自分の旅行。

十一時半近くなっていたので、宿の門限に間に合うか心配していたが何とか大丈夫だった。あと一日居る。それが済めば残りは少ない。

Spanish Aerocar, Great Gorge

翌日。晴れた日、快晴。

今日一日見物すれば、この滝ともお別れ。充実した時間を過ごさなければ、と思う。宿より昨日とは違った左手方向に出、そしてすぐの角を右折する。左に曲がればダウンタウンだが、右にゆけばリバー通りにぶつかる。そちらへ行く。

ナイアガラ川に沿って滝とは逆方向に歩いて行く。八時少し過ぎだが、滝へ向かう車はある。宿を出てから五分程でアメリカとの間に架かる国境の橋"Whirlpool"のたもとに着く。車はほとんどチェックらしいチェックも受けず、そこを越えてゆく。もしかしたら私もまたこの橋よりそちら側へ入国するつもりだ。いや、もしかしたらではなく、あと数時間後にはこの車道を渡ったそこよりトライしてみるつもりだ。

橋のたもとよりさらに川に沿って下る。

二分で"Great Gorge"入口に着く。しかしまだ開場には早く、そこへの鉄の柵で閉じられたままだ。

さらに川に沿って下る。あと一つの観光箇所"Spanish Aerocar《エアロカー》"という川面上空間に張られたロープウェーに乗る為に。そこには八時半に着く。

ここでもオープンまで三十分も間がある。どの施設も九時かららしい。日本ならたぶんこんなピークシーズンなら、日が昇ると共に、いや少なくとも八時には始業しているだろう。始業せずとも、その九時ちょうどには一番の客を受け入れるような準備をしているに違いない。しかしここでは……、まだ時が少し早い。

駐車場に沿ってさらに下って歩く。ただの時間潰し。木柵を越して、青草の上に坐る。

こんな時に考えることと言えば、これからの日程のことばかり。最も有意義に動いて回るにはどのコースを通って、どの町にどれ位滞在してゆけばいいかということ。バスパスとの兼ね合いもある。もし時間にもパスにも制約されていなかったら、気に入った町には四日でも五日でも、いや一週間、十日でも逗留《とど》まっただろう。そんな旅行を再びしてみたいと思う。しかし今はどうにもならない。

九時十分前にその切符売り場に戻る。売り場の女性はその小さな建物の中に居るが、釣り銭の仕分けをしていて、まだ売る様子はない。私を含めて十名近い客がそれを待っている。日本人の家族も居る。また日本人のカップルも居る。私を含めて日本人は動き出すのが早い。限られた時間を有効に使おうとしているのだ。

ピープル・ムーバー——滝の見処を結んで運行されているバス——の切符もここで売られる。ロープウェー（エアロカー）の係の女性は九時ギリギリになってやって来る。確かに時間内だ。誰も上役など居ないのだからこれで問題ない。

九時を十分回って、その切符は売り出される。四ドル二十五セント払って、赤色のそれに乗り込む。

箱内には、左右に折りたたみ式の座席が中央からそれぞれ外向きに据えられてある。片側、大人で八人が坐れる。計十六人と先程やって来た案内の女の人を乗せて動き出す（実際には客は子供も含めて、十二人しか乗っていない）。

私は切符を三番目に買ったので、進行方向右側の席に居る。右側の方がナイアガラ川を遠望できる。ここはV字型に川が曲がっている処だ。その双方の川の流れを見ることができる。逆側に坐った者は流れが停頓し、今は小さく渦巻くそれと、緑の陸地しか、そのままの状態では見えない。身を振り返らせて見ればいいが、安全上、箱内で立つことはできない。

案内嬢が中央の短い通路上で周囲の説明をし

ナイアガラ川の渦巻きと，エアロカー

ている。

エアロカーは五分ゆっくり動いて、対岸の陸地に十メートル余の処で止まる。そこにはカナダ国旗がひらめき、その下の見物台には三人の観光客が居てこちらを見つめている。

エアロカーはそこより引き返す。乗客は椅子を折りたたんで時計回りに回って、左右を交替する。そうでなければ逆に坐った者が納得しないだろう。

こちらは帰りは川の流れの急カーブを、それに伴う今は大きな渦巻きを眼下に見つめる。そしてまた、少し目を転じて、湾の入江のような川辺を見る。そこには何とテントを張ってキャンプしている者が居る。どのようにしてそこまで降りたのか知らぬが、変わり者はどこにでも居る。いや、日本人より外人（白人）の方が変わり者は多い。

四分で元の処に戻って来る。

エアロカーを降りて"Great Gorge"へ向かう。一つ一つ済ませてゆく。

エアロカーから十二分でそこの入口に着く。今は鉄柵もなく、土産物店も開いている。

しかし切符売り場に人は居ない。ここでは九時半過ぎまではまだ早朝か。そちらに客がいないので、土産物店に居た女の子がやって来ると、切符を売る。四ドル。

下に降りるエレベーターは土産物店内にある。私一人とその係の女の子だけが乗って下る。確かに時間が早いのだ。

エレベーターを降りて、通路を歩き川辺に出る。そのテラス手前に、川（滝）下りに挑戦した人々の記録を記したボードがある。写真もまた飾られている。泳いで挑んだ者、樽でやった者、ボートを使った者など様々だ。今から百年も前にこのようなことを考えたことにちょっと驚きを覚えるが、やはり人間は興味をもったものに対しては、とことんやり通す動物のようだ。たとえ命を落とそうとも、命と引き換えであったとしても――男だけでなく女の人にも挑戦者は居る。

テラスに出ると、左手に遊歩道がある。それに沿って歩く。

川が真近に見えるがその水辺には、間に木柵があって、それを乗り越えなければ行けない。行き止まりに水辺際に下りる処があるが、水に触れるということは、その木柵越しでは無理だ。たとえ木柵から身を乗り出したとしても無理だ。しかしここでやらねばならぬことが一つある――いや本当はその瀑布からのものを望んでいたのだが。

ナイアガラの〝水〟を持ち帰ること。ここで汲み取らなければ、もう水に近付くことはできない。それで木柵を越えて行く。そして水辺で持参の水筒を取り出す。

川の流れはひどく早い。手が届かない処では汲めない。靴を、ジャンパーの袖を、時計を濡らしながら、やっとの思いで汲み取る。しかし水筒に八分目程しか入らない。水の勢いが激しく、口元まで入らない。それが不満だが、この流れでは仕方ない。それに靴、靴下は濡れ、人の目も気になっていたから。

木板で床敷きされた狭い展望スペースのベンチに坐って、靴と靴下を脱ぎ、しばし乾かす。しかしとても無理だ。靴下は濡れたままで、靴を履いて戻る。

その途中にもう一カ所、水辺に降りられる処がある。

こちらの方がいくらか流れが緩くなっている。水筒の口元まで入れるべく、再び水辺に行く。

それでやっと口元ギリギリまで水を入れることができる。

ビニール袋でしっかり包む。日本で考えていたことを、それなりに完了する。

アメリカ入国をするのにこの水筒は不要だ。一旦宿に戻る。

十時五十分、その水筒を置くと再び宿を出て、Whirlpool 橋に向かう。果たして、うまくゆくのか。

アメリカ

入国

Whirlpool 橋口には五分もかからずに達する。カスタムの建物がある。しかしそれは全く車用のもので人間は歩道に沿って、先方へ歩いて行ける。車用のその小さなカスタム小屋の係官とそれでも目を合わせないように、ソッポを向いて歩いて行く。いくらか不安がある。後ろから呼び止められはしないかと。向こうのレインボー橋には大勢の歩行者が居るというのに、この橋には私以外誰も居ない。

二分で渡り終える。すぐ歩道と続くように右側にイミグレーションの建物がある。建物の狭い前歩道を行けば行けるが、ロープで通せんぼしてある。従って必然的にその手前にあるドアを開くことになる。アメリカの出入国管理事務所。

両国間に時差はないが、柱に掛かる時計が自然に目に入る。十一時四分前。二分、私の時計の方が遅れている。その柱時計に腕時計の時分を合わせる。ここはアメリカ……。

建物内には一人の軽装の中年の男が先客として居る。多くのパスポートの束がカウンターに置かれている。団体で入境して来たらしいその団体の姿は見えないから、すでにバスか何かで入っているのだろう。それらしき人影もないということは、止め置かれる、という心配はないから、それらの人達は先に入国してどこかを見物しているのだろう。この両国の関係はそんなものだ。パスポートと思ったのはＩＤカードで、カナダのものか、それともアメリカとごく親しい関係の国のに違いない

係官はカウンター前に三人居て、三人ともその束の処理に当たっている。私が入った時にはその大方の処理は終わっていて、ドアに一番近い処に居る係官が、その束を手に取りながら、口を開く。

「What's citizenship?」

「日本人です」

「日本です」

「今、どこに住んでいるのか?」

私はパスポートを提示する。相手はそれを見つめて、

「何しにアメリカに入るのか?」

「私は旅行者で、このナイアガラを見物したい」

「どの位長く居るつもりか?」

「いえ、今日のうちにカナダに戻ります。半日程です」

「どの位長く旅行しているのか?」

「今、二週間程です」

「いつ日本に帰るのか?」

「今月、八月の二十四日です」

「本当か?」

「本当です」

「航空券を持っているか?」

「はい」

「じゃ、それを見せて」

これは予想ずくのこと。それを取り出して相手に見せる。できることならアメリカに入ってそちら側からも滝を見物したい。だから逆らわない。素直に応ずる。相手の印象を悪くすることもない。

「八月二十四日、バンクーバー発……」

「……」

「OK、じゃこの用紙に記入して」

と言って、入国審査カードを渡す。姓名とか住所とか、生年月日、パスポート番号とか、通り一遍の記入事項は問題ない。しかしその裏面にある質問項目が正確には理解できない。だが、答えの選択はYES、NO、で出ている。要するに犯罪歴とかの――他に、かつて米国に入って強制退去されられたことがあるか、とか禁じられているモノを所持しているか、とかの――設問なので、途中からすべて「NO」にチェックを入れる。そしてそれで問題ない。

「君は日本で何をしているのか?」

とその間に問われてちょっと迷ったが、

「学生です」

と答えている。年齢を見れば疑われても仕方ないが、事実は事実だし、働いていることを言う方が説明を要する。それにアメリカでは「学生」が年齢と対比して見られることは日本のようにはないので、その点は楽だ。

「何を学んでいるのか?」

「文学です」

「文学……か」

それ以上の質問はない。文学という語感はアメリカではどのように響くのか。その辺のことは判らないので、彼のその"litelature"といった言葉の中に何があるのか、推測しようもない。

パスポートとその入国審査カードを持って彼は奥の部屋に入る。そしてパソコンをはじき出す。何か私の事蹟を調べているようだ。どれ程の情報が私についてアメリカに入っているのか。韓国でのことが、ふと頭をよぎる。私の韓国での情報が、その誤ったままの形でアメリカにもインプットされていれば、入国はできないかも知れない。

二〜三分待つ。私は過去に三回、アメリカに入国している。いずれも勿論不正には入っていないが、出国を記録されているのは一回しかない。アメリカは出国に際してはほとんどチェックをしない。空路で出る時にはその航空券を搭乗カウンターでボーディングカードに変えた時、自然に出国となってしまうようだ。

質問事項に、〝かつてアメリカに何度入国したことがあるか〟、そして〝もしあるならそれはいつのことか〟、との問いがあったら、ちょっと面倒臭いことになっていただろう。

「君はグアムに行ったことがあるね」

ちょっと意外だった。しかしグアムのことを問われているのが、ある意味では至当なのかも知れない。それは旅行社の手配によっての入国だったから。あと二回は個人的なイギリスとメキシコからの入国だったから。

「グアムでは楽しかったかい」

「ええ」

しかしそれはもう何年前のことか。かれこれ二十年近くも前のことになる。最も古い、そして最初のアメリカへの記録を問われて、いささか面映ゆい。しかし相手はこちらの入国を拒否する風はない。

「ここだけ訂正するよ」

と言って、生年月日の欄の記入行が違っていたのを、相手自らが書き直す。

「これじゃ、名前の続きになってしまうからね」

言われてみれば、その通りだ。私は名前に引き続いた右側の行欄に生年月日の数字を書き込んでいた。

彼はそして、パスポートにそのカードの半券を切ってホッチキスで止めると、それをこちらに返して寄越す。どうやら入国出来たようだ。

この時一人の短パン姿の初老の男——こんな感じ《スタイル》の男がこの観光地には多い——が建物に入って来る。何か係官に言う。

「どこの市民権を持つ者か?」

と私の時と同じ質問をする。

「カナディアン」

「何しに来た?」

男は何か短い答えをちょっと首をすぼめ気味に言う。

「いいだろう」

(この言葉の裏には〝マァ仕方ない〟といった感情が込められている)。

「サンキュー」

と言って、私より先に出て行く。パスポートは勿論、IDカードの提示もなく、そのカナダ人はアメリカ側へと入って行く。ひどくゆるい入境の光景。南の国境、メキシコでは考えられないことだ。そこではかなり厳重な入国審査が行なわれているから。二重にも三重にも、ゲートを、チェックを越えなければアメリカ入国はできなかったのだから。

私はそのことを思い浮かべて、そして比較して、何がこのような違いを生んでしまったのかと考えない訳にはゆかない。

捕まっても捕まっても不法に国を越えようとするメキシコ人、及び中米のラテン系の人々。一方正式には不法であっても、それを黙認して入境を許可するここでの係官。民族と経済的豊かさが大きく関係している。

私はお愛想に、特別訊く必要もない、

「お金の両替はどこですればいいのですか。銀行はありますか?」

と問う(実際には、米ドルを持っているのだが)。

「大丈夫、ダウンタウンに行けば両替できるよ」

「ありがとう。これでレインボー橋を越えられますよね」

「問題ない」

いささか卑屈になっている自分を知る。どうしても白人に対してはそうなる。ひどく滑稽で、愚かなことだが。

ナイアガラの滝、アメリカ側

八月四日、日曜、午前十一時十二分。イミグレーションを出る。そこに居たのは十数分。入《はい》れてしまえば僅かな時間だったということだろう——それに、カナダの出国印が無くても入れている。

アメリカに僅か半日でもビザなしで入れるなんて、一昔前では想像もできないことだ——帰りの航空券さえあれば今では、九十日間はビザなしで滞在できるというのだから、日本という国も随分信頼されるようになったものだ。

橋辺の状況を記録するために写真におさめる。確かに入国したことを記《しる》すために。アメリカは気分的にはひどく大きい。

カナダ側から見えた川越しの車の流れ。その

Whirlpool 橋を渡ってアメリカ側から見た検問所辺

アメリカ側，展望処から見る Whirlpool 橋

道路を歩いている。ナイアガラの滝に向かって。途中十三分の処に“Look Out”（展望処）がある。今来たWhirlpool橋がよく見える。

さらに十分歩くと、水族館に着く。もうここからはアメリカ側の観光ポイント内だ。

水族館から七分でレインボー橋下に至る。カナダ側の橋下を通った。そして同じ橋のアメリカ側からもそれを眺める。橋上には相い変わらず、多くの乗用車、バスが行き来している。

アメリカ側の滝見物を始める。まず“Visitor's Center”をチェックする。しかし有効な情報等は何もない。

そこを出て“Observation《展望》 Tower《タワー》”に行く。カナダ側からもよく見えたナイアガラ川に突き出すように造られたタワーだ。

五十セントで、そこに入るためのトークン（コイン）を買わなければならない。二～三年前

アメリカ側，水族館前から見る Rainbow 橋

に書かれたガイドブックには「二十五セントを入れてはいる」とあるが、五十セントになっているし、実際の硬貨ではなく、それ用のコインになっている。

それはつまりたぶん二十五セント貨が問題なのだ。アメリカとカナダはほとんど同じ紙幣、硬貨体制をとっている。従ってアメリカでは当然、アメリカの硬貨クオーター（二十五セント）を使って欲しいのに、いくらか価値の低いカナダ貨でもたぶん利用できたのだと思う。その弊害に対抗する為にこのようなトークンに変えたのだろう。

カナダ側ではコインは「アメリカと同価値」と言っているが、アメリカではカナダ貨はおよそ八十%の価値しか認めていない。つまりカナダの二十五セントはアメリカでは二十セントの価値しかないということだ。これでは確かにアメリカにとってはおもしろくないだろう。まして五十セントに値上げしても、それでもカナダ貨の使用を許していたら実質十セントも安く入らせるということになるからだ。

そういえば、Whirlpool 橋を渡り切ったそこにも入境料として二十五セントを入れなければならなかったが（ガイドブックでは十セントだが）、そこではカナダから入って来たのでカナダ貨の二十五セントでOKだった。

（だが――これは後段で再び書くが――逆のアメリカからカナダに入った時にはカナダ貨ではブザーが鳴って、そのバーは開かなかった。カナダ側ではアメリカのクオーターが欲しいということだ。もし本当にカナダ側が〝同価値〟だと言うのなら、このような措置はしておかないだろう。この辺が本音と建前のあるところだ。しかしこの時カナダ側の係官はそれでも結局は通してくれたのだが。この辺のカナダ人の心理は微妙かつ、複雑である）。

エレベーターで下にくだる。ここでもエレベーター待ちが五分ある。世界に名立たる観光地。それ位の待ち時間は当然だろう。

アメリカ側の「霧の乙女号」（船名は両国とも“Maid of the Mist”と言って同じ）はここよりさらに料金を支払って乗り込む。この料金も双方が話し合って決めているようだ。大体アメリカ側の動向に合わせているようだ。普通なら、二十五セント単位で決められている値が、カナダ側の「霧の乙女号」の場合、八ドル三十セントと、ひどくこの国らしからぬ額をはじいていたことで窺うことができる。

Observation Tower 展望台より，アメリカ滝とカナダ滝（右後方）を望む

それはアメリカ側の乗船料を知って得心できる。アメリカ側は六ドル七十五セント。これは二十五セント単位の法則に合致している。アメリカ側のこの金額に対応させる為には八ドル三十セントでなければならなかったのだ。普通のカナダの値決めに従えば、当然八ドル二十五セントでいいのだが、この五セントの差がカナダ側の意を示しているといえる。見物する内容は双方の船共全く同じだから、その代金に差が出てはならないのだ。

　アメリカ側の「霧の乙女号」には勿論乗らない。展望台からアメリカ滝とカナダ滝の壮絶なる瀑布を、またそこでの人々の乗船景を見ただけで充分。

　確かにカナダ側に比べればこちらの方が乗船客はいくらか少ない。しかしそれが戻って来て、再びエレベーターで上にあがる際にはエレベーター待ちは十五分にもなる。

それに当たって私も暫く待たなければならない。

川辺に沿って歩く。日曜日ということもあるのか、多くの家族連れがその芝生で昼食を広げている。時刻は確かに午後一時を回っている。

アメリカ滝とカナダ滝とを分けているゴート島に行く。その手前にあるグリーン島への橋を渡る。もうここからの眺めはカナダ側にはなかったものだ。ガイドブックにはカナダ側からの眺めの方がよいとあるが——確かに滝そのものの全体を正面からとらえるならば、それは言えるかも知れないが——、現実には滝をいくつもの角度から見る場合には断然、アメリカ滝からの方が変化に富んでいる。そして、滝というか川というか、その水に接近できるのもアメリカ側の方からだ。

グリーン島でもその水辺に行ける。しかしこの島は、見物のメインではない。数組のカップルが居るのみで、多くの観光客はそのままゴート島への橋を渡って行く。

ゴート島に入って遊歩道を右手に行く。滝に近付いて行く。アメリカ滝の脇に小さくある〝ブライダル・ベール滝〟。それを作っているルナ島に渡る。

ほんの小さな橋を渡ると、ほんの小さなその島になる。ここでの光景もアメリカ側に来られたら、間近に見れるものだ。アメリカ滝の〝メイン・フォール〟とブライダル・ベール滝の双方とも、その真横から見える。

十分程ルナ島に居て、ゴート島に戻る。

次は同島にある"Cave of the Winds"という洞窟に行く。

三分後に着き、まず切符を買う。そしてその左手にある建物内に入って、切符と引き換えに、靴と手荷物を入れる黄色い袋を貰う。

それを持ってここでの靴を貰いに行く。サイズを言って、ツアー用の靴（モカシン風）を貰う。但しアメリカでのサイズを知らないのでその旨を告げて、係員が出してくれたのを受け取ったままでだが——彼はこちらの体格を見てそれなりの大きさのを出してくれる。

カッパも同時に貰う。ここではカナダ側の"シーニック・トンネルズ"に入った時のような、使い捨ての簡易なものではない。「霧の乙女号」に乗った時と同じような部厚い、返却しなければならないそれだ。それだけ滝の水をかぶる量が多いということか。但し、色は黄色い。

Cave of the Winds

靴とショルダーバッグを入れた袋を一時預けに預け、番号札を貰って、その建物を出る。下へ降りるエレベーターは少し離れた処にある。

カッパにモカシン風の靴を履いてそこへ行く。同じ道を、その見物を終えた人たちが、中には髪を濡らした人もいて、戻って来る。靴の方は誰もがびしょ濡れだ。私はカメラだけをカッパの内側に入れて持って行く。

ここでのエレベーター待ちはない。エレベーターに乗ったのは私を含めて五人。他の四人は家族連れだ。

一分弱で下に着く。そして洞窟を抜けるとカナダ滝とアメリカ滝との間に挟まれた空間に出る。右に沿って行く。少し行くと木で出来た遊歩道となる。左回りの一方通行だ。

左方向に、川辺に下りる感じで行く。まだ滝は降りかかって来ない。

最初の展望処。ちょっとしたスペースがある。そこでアメリカ滝の瀑布をゆっくり見物する。ゆっくり見上げられるのはこの場所のみだ。あとは進めば進むだけ、水しぶきを浴びることになり、見物ではなく、実体験となる。

滝下へと進んで行く。カッパの襟元をちゃんと閉める。しかし裾の方はどうにもならない。靴は履き替えているからいいが、Gパンを膝まで捲っておくべきだった。

しかし今更上げられない。すでに水を含んで脹脛《ふくらはぎ》にぴったりとくっついている。それに背を曲げればそれだけカッパと身体に空間が出来、そこから水は侵入する。Gパンの裾が濡れる位かまわない。むしろこんな時はそれの方がよい。ただカメラが、写真は撮りたいが、当然構えればレンズに当たる。

しかしとにかく濡れてもいいから、その間合いを見て一枚は撮る。それ以上はやめる。

Cave of the Winds で，アメリカ滝を

第二展望台で、暫く居る。そこから狭い階段を昇った処が、本物の瀑布の下の展望スペースだ。

カナダ側から「霧の乙女号」に乗った時、アメリカ滝の下にいる黄色いカッパ姿の人々を見て、

『あそこを歩いてみたい』

と思ったものだ。カナダ側の〝シーニック・トンネルズ〟の見物よりはるかに滝を実感できると思えたからだ。

そして今実際にそこに立って、想像通り〝滝に打たれている〟という実感がある。他の客たちもそうらしく、インドあるいはパキスタン系の男はカッパのフードをあえて外して、髪を濡れるに任せて、滝に当たっている。

皆がこのスペースではビショビショだ。しかしこれがいいのだ。多くの水量が落ち当たる度

に小さな歓声を上げる。私も一旦そのスペースを出かかって再び戻る。一方通行だから本当は後戻りしてはいけないのだが、もう一度その瀑布を浴びたくて。

フードの端《へり》から落ちる水が顔に流れ、口元にしみる。飲もうと思えば飲める。だがカッパの、それ独特の臭さがいくらか気になって、味を感じる程度にして、飲みはしない。

これ程滝と間近になるのならば、やはり水筒へはこの滝の水を入れるべきだったと悔やむ。しかしアメリカ入境を確信していた訳ではなく、もしカナダ側だけで終わったら、ほかには取りようはなかったのだからと——滝より少し下った地点のものだが、同じ流れの水に変わりはないと——、得心する。

滝下には二十分程居る。別に規則はないからもっと居てもいいが、それで充分と思う。

戻りの木製の遊歩道には赤味がかったオレンジ色のカッパを着た若い男女が居る。その背に書かれた文字を見ると"staff"とあり、もしもの事故に備えての監視員であることを知る。

しかし若者故か、それとも事故もないと思っている故か、その木の柵に尻をのせて、特別客を見つめている風もない。彼等には日常の光景に過ぎない瀑布なのだ。

戻りはエレベーターを少し待つ。列をつくっているのではなく、たまたま上がったばかりだったからだ。

このナイアガラの滝に来て最も印象に残る経験は、たぶんこの"Cave of the Winds"だと思う。これが三ドル五十セントなら、シーニック・トンネルズ＝五ドルに比べると、かなり安いように思われる。

髪が濡れても、Ｇパンが濡れても、見物を終えて来た者の顔には満足感がある。それで溢れている。「霧の乙女号」よりも、今朝の「エアロカー」よりも、"Great Gorge"よりも印象に残るものだと思う。アメリカ側に入境できて本当に良かったと思う。

THREE SISTERS ISLANDS／そして出国

靴を履き替え、川辺を望む道を引き続き通って行く。

次は"TERRAPIN《テラピン》 POINT《ポイント》"と言って、カナダ滝の縁に来る。カナダ側からカナダ滝の縁を、そのテーブルロックの処で見た。今はアメリカ側からカナダ滝の縁を見る。水量を感じるのはカナダ側からだが、落ちる角度を感じるのは、こちらアメリカ側からだろう。

皆がガイドブックに影響されて（?）、一セントや五セント硬貨を投げ落としている。私は勿論そんなことはしない。

カナダ側に比べて撮りたいシーンが沢山あり、予定外のことでフィルムが足りなくなっている。

ここまでの移動で、

『これなら余る』

と思い、少し無駄気味に撮った処もある。そのことが悔まれる。でも仕方ない。アメリカに入れたから感じることであって、入れなければ予定通りだったのかも知れないのだから。

テラピン・ポイントを出てゴート島をさらに左回りに進む。次の観光箇所は“THREE SISTERS ISLANDS”。

三つの島に架かるそれぞれの橋を渡る。それぞれに流れがあり、それがいずれカナダ滝となって流れ落ちる。その行く方が見える。水の流れは早いが、ここでは穏やかさもある。小さな島三つに、それでも訪れる観光客はあとを絶たない。

ここでも水辺に立つことはできる。カナダ側との違い様はどうしたことか。再度書くが、滝だけの全容を見るのならカナダ側だが、ナイアガラ川と滝そのものに触れるのなら、アメリカ側の方が間違いなく優れている。滝とそのプラスアルファを言うなら、アメリカ側からの光景の方がはるかに雄大だ。

ゴート島を一周する。

そして再びグリーン島への橋に出たのは三時三十二分。あとやることは絵ハガキを出すこと。しかし日曜故に郵便局は休みだ。それ故、大きなホテルを探す。

グリーン島を出てそこから見える一番大きなホテルを目指す。だがそこはそれを扱っていない。あるいは泊まり客でなかったからかも知れない。ただフロントの男は、

「Rainbow Center Shopping Mall《モール》へ行けば、切手を扱う処はあるかも知れない」

と教えてくれる。

三分後、同モールに入る。確かにいくつもの店が開かれている。そして絵ハガキの置いてあるデパートのような処で訊く。

「切手なら一階にある。土産物屋で売っているよ」

早速階段を降りて、その土産物屋へ行く。

いい具合にそれはある。但しここアメリカでもカナダ同様、額面四十セントの切手が五十セントと言う。十セントは税金と。果たして本当だろうか。以前アメリカに来た時にはこのようなことはなかったように思うが。しかしとにかく切手を購入できて、便りを出せる。

同モール内にある軽食堂のテーブルに行ってそれを書く。四人へ、一時間半かかる。

時刻は五時半。これでアメリカでの予定も終わる。カナダ側の宿へ戻るのもいい頃だろう。

町角にあるポストに投函して、レインボー橋へと進む。人々が歩く方向へ。

橋際にそこへの出口がある。いや、入口と言った方がいいのか。とにかくアメリカ側の係官と何の接触ももたずに橋を渡って行ける。

ゲートを通って橋を渡る。

本来はどの道を通るのだったのか。アメリカ出国の記録はない。そのことの後ろめたさからパスポートに止められていたアメリカ入国時に付けられた半券を橋の途中ではがす。カナダ側では何のチェックもないと思って。しかし……。

二十五セントのゲートを越えて（ここでブザーが鳴ったことはすでに書いた）、そしてカナダ側の

アメリカ側，Rainbow 橋の検問所辺を

イミグレーションへ。皆が〝通りすがり〟といった感じで係の女の子に何かを見せて、あるいは口頭で何か言って、そこを通り過ぎて行く。ほとんど足を止める者は居ない。

私の番が来る。パスポートを渡す。係官は受け取ると頁を捲《めく》る。何か探している。そして、

「こんなカードはありませんか？」

と、私が先程はがした半券を示す。私はポケットに入れておいたそれを出す。

「そう、これです」

と彼女は言って、パスポートに挟む。アメリカ側の入国記録カードがそのままカナダ側のカードとして通用する。〝アメリカにこの日一日だけ入国を許可する〟、というそのカードが。勿論よく見ると、〝滞在期限十月十八日まで〟と、カナダ入国から三カ月の日付も記されているが。

私のような両国への入国者が多いからか、カナダ、アメリカ両国では二回の手続きを省く為にこのような処理をしているらしい。何もこちらが勝手に気を回すことはなかったのだ。たとえばアメリカの係官と接触しても何のチェックもなく、そこを出られたのだろう。その半券はパスポートに付されたままだったのだろう。

オンタリオ州

ナイアガラの滝→オタワ

その半券を提示すれば問題なく、再びカナダ側に入れた。そしてまだまだ見物客の多い川辺を宿へと向かって行く。この町での見物も終えたという満足感で歩みはいくらか軽い。

夜、スー・セントマリーの宿で一緒だったサイクリストのG君と再会する。『もしかしたら会えるかな』と思っていたが、あるいは一日ズレてしまうかとも思っていたので、その無事な進行を喜ぶ。

彼にはもう一人の日本人サイクリストも一緒だった。ナイアガラに着く二十km程手前の地点で偶然会ったという。この大陸を自転車で回る者とその途上で出会うことはひどく稀なことだろう。まして同じ方向に進むのであれば尚更に。

もう一人の青年はアメリカ国内をシアトルからニューヨークに向かっているという。始点と終点の町が同じだというのも偶然である。

G君はカナダに上ってカナダを横断している。もう一人の青年、Y君はアメリカ国内を回って、そしてナイアガラだけを見る目的でカナダに入って来たという。私にとって羨望の〝自転車行〟、そんな二人に会って、より嬉しくなる。

話は尽きないが、夕食後、時はすぐに経って零時近くになり、宿の人に消灯を告げられる。二人と、もっともっと話していたかったが、日本での再会を約束してそれぞれのベッドに入る。

オーストラリアでも韓国でも、いやアフリカでも自転車で旅行する者とは会ったが、その度に彼等の、その強靭な精神力を思う。日本人もまだまだ捨てたものではない。

翌朝二人に挨拶をしてゆきたかったが、部屋が違うこともあって——それに朝は誰もが忙しいこともあって——言葉を交わすことなく発つ。このことはいくらか心残りだったが。

八時三十五分発のバスに乗るべく、同十分過ぎに宿を出る。グレイコーチラインのバスで再びトロントに出る。しかしもうトロントには泊まらない。一気にオタワに向かう。

二時間後にトロントのバスターミナルに着く。定刻では一時間の待ち合わせでオタワへのバスが出る。

グレイハウンドのバスパスだがオタワ、そしてモントリオールまでは別会社の Voyageur《ボヤジャー》 にも乗れる。それの十一時半発のオタワ・イクスプレスに乗る。

定員の四十三名が乗り込むと、定刻前に発車する。この辺が面白いところだ。イクスプレスだから途中から乗る客もないので、このようなことができるのか。十分以上も前（十一時十八分）にトロントを発つ。日本ではちょっと考えられないことだが、しかし日本では考えられないことはいくつもあるので——それだからこそ、金を使って旅行しているのだが——、それに早い分にはむしろ構わない。これまではいつも定刻より遅く発って不満を覚えていたのだから。

途中、午後一時四十分に休憩を十二分とって、やはり定刻より五分早く（三時五十五分）、オタワに着く。どの町でも着いたらまず宿に向かわなければならない。

バスターミナルを出たのは四時五分。市バスに乗って宿のあるダウンタウンに向かう。

しかしターミナル前に見えるバス停に行ったのが間違いで、そこは同じ番号でも逆方向に向かう停留所だった。そこに立つ人に訊いて、その間違いに気づいて正しい停留所に向かうが、その時ちょうどバスは発ってしまったところ。ほんの十秒程の違いか。

そして次のバスはぴったり三十分間来ない。こんなに待たなければならないとは夢にも思っていない。月曜日の筈なのにおかしいと思うが、町中に着いても人影はまばらだ。

バスの時刻表（ボヤジャー社）を見ると、八月五日、月曜日は“Public holiday”となっている。グレイハウンドの時刻表には“Heritage day”となっている。その休日なのだ。故に市バスが三十分に一本の運行であったとしても仕方ない。

市バスの四番に乗ってダウンタウンの中心、RIDEAU《リドー》 CENTRE《センター》 前に着いたのは十分後の四時四十六分。そこから宿となるYHは歩いて二〜三分。

宿に着いて、チェックイン出来ても実際に部屋に入れるのは五時から。こうなると市バスを三十分待ったというのも、大してマイナスになっていない。

①バスターミナル
②自然科学博物館
③国立美術館
④コンフェデレーション公園
⑤国立芸術センター
⑥郵便局
⑦インフォメーション
⑧国会議事堂
⑨オタワクルーズ乗場
⑩カナダ戦争博物館
⑪ネピアン・ポイント
⑫日本大使館
⑬⑲市庁舎
⑭リドーセンター
⑮オタワ大学
⑯マクドナルド・カルチェ橋
⑰アレキサンドラ橋
⑱文明博物館
⑳Portage橋
㉑チャイナタウン
㉒Laurier橋
㉓Chaudiere橋
㉔Drill Hall
㉕リドー運河クルーズ乗場
㉖造幣局
㉗滝
A Wellington St
B Rideau St
C Slater St
D Laurier Av
E Somerset St
F Kent St
G Metcalfe St
H Elgin St
I Booth St
ⓐY・H
ケベック州
(Hull)
州境
オンタリオ州
ジャック・カルチェ公園
オタワ川

オタワ市内図

オタワ，国会議事堂

休日ということでどこも閑散としている。スーパーマーケットも休み。メインストリートのRideau《リドー》通りにもあまり人影はない。ただどうしようもない鼻つまみ的な若者がそのバス停辺に屯している。これは大都市ではどこでも見られる光景だ。バンクーバーでもカルガリーでもトロントでも……。若者はエネルギーの発散を何かに求めているのだ。

明日行く日本大使館の場所を確認し、そして国会議事堂の前広場を少し歩いて行動を終える。半日バスに乗っていた日はこれ位でよい。

日本大使館／典型的な館員

翌朝、たぶん業務開始は九時だろうと考え、それに合わせるように途中寄り道をして日本大使館へ行く。

八時十六分に宿を出て、LAURIER橋を渡り、Elgin通りを越えて、Metcalfe通りで右折する。すぐその先のSlater通りを再び右折してElgin通りにまた出る。

同通りを左に進み、コンフェデレーション広場（公園）に出て、同広場を通ってリドー運河のクルーズ船乗り場辺に行く。まだ運行には時刻的に早いようだ。いくつもある小さな水門に沿って下って行く。

スー・セントマリーで"LOCK TOUR"に加わったのでその仕組みは解っているつもりだ。あれをうんと小さくしたもの。小型船しか勿論通れない水門。

オタワ川になる処まで行く。ちょうどそこで小船が水門をのぼる処に出くわす。それをしばし見つめる。実際最初の水門内に入ると、水が流れ込み、次の水門の水位と同じになる。オタ

水門開門と小型船

段差状の水門

ワ川の水位とはかなり違って高くなる。それを繰り返して、リドー運河と同じになって、運河《そこ》を航行することになる。その逆もあって、オタワ川をクルーズする。そのクルーズ乗り場が脇にある。

九時近くまでそれを見つめている。そして日本大使館へ。ゆっくり歩いて途中、国立美術館、戦争博物館、造幣局の前を通ってゆく。朝が早い為か、ここも閑散としている。

九時十分、同大使館に着く。一国の首都にある大使館、確かにりっぱな外観をしている。敷地面積もかなりあろう。門衛のような者も居る。しかし玄関までは誰でも入れる。そしてそのドアも問題なく開く。

入って右側の扉を押す。左側はビザ・セクションとなっている。小綺麗な部屋に部厚いガラス越しの受付がある。そこに女の子が居る。

何となく取っ付きづらい印象を与える。なぜ受付にそのような部厚いガラスが必要なのか。何か不測のことを恐れているのか。それとも国の出先機関としての権威付けか。後者ならいやらしい。前者なら、いやカナダと日本の関係が前者である筈はない。カナダ国内の状況に限って言っても、何も不安定要素はない筈だ。

ガラスの向こうに居る女の子（女の人というには若過ぎるようで）に話し掛ける。

「おはようございます。手紙を受け取りにきたのですが」

「ああそういうご用件なら、向こうのビザ・セクションの方へ行って下さい」

言葉は丁寧だが、その響きはひどく冷めたい。別に暖かさを期待している訳ではないが、もう少し違った言い方もあるだろうに。しかしそんなことはこの建物の造りを見ても判断できる。

一旦、入口に続く処に出て、そしてビザ・セクションの窓口へ。ここもまたガラス越しだ。男の係官が二人居る。こちらが窓辺に立つと、一方の男がやって来る。

「おはようございます」

とこちらが言っても、相手は明らかに胡散臭気にこちらを見る。全く自分の方が高い処に居るという意識がありありだ。しかしこんな相手をこれまで何人も見ている。なるべく平静に言う。

「すみません、手紙が来ていたら受け取りたいのですが。旅行者なのですが」

この「旅行者」という言葉に、こちらの思いがある。こちらの身分をこちら側から明らかにする。相手はそれで、一種の安心を受ける。

いる。

もうこの言葉で、そしてそれを言う表情で、相手の程度《たち》が知れる。ひどく険しい顔付きをしている。

「そうですが……」

「なぜ、ここの住所を使ったのですか」

もはや何を言っても仕方ない。こんな大使館員の方が多いのだ。確かにカナダは先進国だから私のような旅行者は居ないかも知れない。居ても手紙の受け取りに大使館など利用しないだろう。それこそ中央郵便局止めでも、YH気付でもいいのだから。しかし私は大使館、あるいは領事館にしたいのだ。そしてそこに居る館員の応対を見てみたいのだ。日本の対外的な顔である日本人がどのような人種であるかを観察したいのだ。

そしてこのような応対をされればされる程、次の手紙の受け取りも是非、日本の国の出先機関にしたいと思うのだ。

相手は続いて、

「勝手に使われては困るね」

とでも言いたかったのか。しかしそれでも彼はそれを口の中で呑み込んだ。

「なぜって、いつでも大使館気付にしているのです」

私は当然いくらかムッとしている。そしてパスポートの表紙裏には何て書いてありますか、と

「手紙ですか」

言うのを逆に呑み込む。言っても仕方ない。相手も抑えているらしいのだから。

「じゃ、ちょっと待って。来てないとは思うけれど。名前は？」

「×××です」

「ちょっと待ってね」

そして確かにほんのちょっと待つと、

「来てないみたいですよ」

実際、調べるまでもなく、大使館気付の手紙など、これまで一通も来てなかったのかも知れない。それなら調べるまでもないことだ。

「分かりました。すみません」

私は何か言おうとしてやめる。どのみち手紙が来ていないことに嘘はないだろう。

「もっとよく見て下さい」

と言っても始まらない。アフリカ、それこそザンビアとかジンバブエ、いやケニア辺りだったら日本人旅行者への手紙が何通も来ていて、見誤る、ということはあるだろう。しかしほとんど、あるいは一通も来ていなかったら見誤りようもないのだから。

ひどく重い気分になりながら、大使館をあとにする。正直に言えば、その手紙を楽しみにしていたから――これはすでにどこかで書いたことだが、旅行に出ると、日本よりの便りがひどく嬉しいものなのだ。その便りがあるが為に旅行を続けている、といった風もある位なのだから。

しかし今、その人たちが絶対に出している、という確信はなく、むしろ出していない可能性も五割方あるのだから、館員の返事も当然と言えばいいえるだろう。

気を切り換えて、オタワ市内見物に動き出す。大使館よりさらに進んで、マクドナルド・カルチェ橋を渡る。予定外だが、フランス語圏のケベック州、HULL《ハル》に入ってしまう。いずれ見物に来る処。

橋を渡るとすぐ左手にジャック・カルチェ公園が広がる。そこのベンチでしばし休息をとる。今後の行動の進め方を考える。いつだってすぐに変更されてしまうことだが、その都度考えなければならない。まだ先は長いのだから。

市内見物／国会議事堂見学

公園を横切るようにしてアレキサンドラ橋下を通って、文明博物館前に至ったのは十時半になっている。

とても大きな博物館。大き過ぎて、一～二時間の見物では無理と覚って無料で見られる地上階にしか行かない。ここは博物館というより多目的劇場といった方がいい。そして確かに何かがどこかの部屋で上映されている。中国、秦の始皇帝の看板が出ていたから、あるいはそれだったのかも知れない。十七分間で出る。

フランス語圏側の市庁舎にちょっと寄り、その前の道を PORTAGE 橋に向かって歩く。そこへの手前の交差点を真っ直ぐに渡ってさらに行く。

次の CHAUDIERE 橋を渡る。オタワ川がこの橋の右手先方で滝となっているからだ。しかし橋自体が工事中で右側の歩道は歩けない。橋左側の歩道から工事作業の光景越しに、その小さな滝を見る。これも見物の自己満足以外の何ものでもない。

橋を渡って英語圏に戻る。橋から伸びる Booth 通りをずっと進む。

十七分で——その間ちょっとしたアップダウンがあるが——Somerset《サマーセット》 通りにぶつかる。そこを左折する。少し行った辺りからチャイナタウンが始まる。どの町でも中華街を覗いてみたい。トロントに比べればだいぶ小さいが、しかしそちらが巨大過ぎるのだろう。小じんまりしたチャイナタウン。

その通りに面してあるチャイニーズのような、そうでないような店で昼食を摂る。フライドライスだが、どうやら中東系の店である。

店内も全くチャイニーズではなく、むしろ〝パブ〟といった態の薄暗さ。入ってから、失敗した、と思うがここで食べる。味は可もなく不可もなく、量はマァマァで、三ドル五十セントは納得できるものか。一時十六分に店を出る。

サマーセット通りを Kent 通りまで行ってそこを右折し、バスターミナルに行く。宿から同ターミナルまで歩いても行けない距離ではないが、しかしリュックを背負ってではやはり少し遠いか。市バスがなければ当然歩くのだろうが。

ターミナルに二十四分間居て、道を自然科学博物館にとる。

ここも四階まであって広い。無料というのがこちらを引き入れる。

正面入口とは別の入口があって、そちらの方では特別展示が催されていて、入場料が取られる。

この博物館の目玉である恐竜に関してのものだ。

正面、向かって右側の小公園際にはマンモスの模型が屋外に展示されている。親子で三体ある。

雨が降れば曝されたままなのだろうか。この辺の感覚が日本の学芸員と違うのか。

誰でもその作品に手を触れることができる。手を触れるどころか、その子供のマンモスには、その背に乗ることだって出来る。

二階の展示物に少し時間をとられる。カナダに住む動物の剥製にちょっと興味をひかれて。

毛が部厚い牛の一種のBISON《バイソン》に始まって、POLAR BEARの白熊、GRIZZLY BEAR（巨熊）、GROUND CARIBOU（カリブー＝鹿に似ていて角に特徴がある）、MOOSE（角が部厚く広い）という大型獣。そしてDALL'S SHEEP（白い角が内側に巻かれた羊）やPRONGHORN（鹿に似ている）、WOLF（狼）といった中形獣。さらにRACCOON, BEAVERの小動物。そしてもっと小型のリスに似ているSQUIRRELやCOLLARED PIKA, MASKED SHREW等々。COUGAR BATというコウモリまで居る。

三階には、ゴキブリ、ナメクジ、クモ、ゴカイといったちょっとゲテモノ気味の昆虫等も。子供連れならとてもタメになる。そして飽きのこない博物館のような気がする。

歩いて中心に戻る。国会議事堂の見学ツアーに参加できる時刻は五時五十分。一時間半程待たなければならない。五時を挟んでいるので、一旦買い物をして宿に戻る。

宿近くに大きなスーパーマーケットがある。貧乏旅行をしていると、宿の近くにこのようなスーパーがあるとないのとではだいぶ違う。そしてここは後《のち》の各都市のスーパーマーケットと比べてもかなり安かったような気がする。このようなスーパーがあると全体に、その町が居易いものになる。「オタワは物価が安い」という印象を簡単に旅行者に与えるものである。

五時四十分に議事堂脇のテントに再び行く。そして五分すると私たちのツアーの集合アナウンスがある。まずそこで見学にあたっての注意事項がある。一番のことは、写真撮影についてだ。

「どこでもすべて自由ですが、ただ一カ所、図書館内は厳禁です。そこで働いている人にとってシャッターの音やフラッシュはとても気の散るものですから」

五時五十分に議事堂内に入る。ここで堂内ツアーの引率者が紹介され、テントからの人と交代する。背の高い典型的なアングロサクソンの青年だ。まだ二十歳代半ばだろう。彼は自分の名を最初に言い、そしてやはり注意事項を述べて、見学への歩を進めた。

堂内一階の各箇所を回る。カナダ歴代首相の肖像画の掛かるスペース。それから議事場。そして図書館と、英語がよく聞ければもっと意義深いものになっただろう。

以前この議事堂は火災にあって、その際、図書館だけは消失を免れたと。それで図書館のみが昔のままの木造りであるという。確かにそこは、ここまでの石の建物から来た者には、全く違う印象を与える。

「あなた達はラッキーです。もう図書館で働いている人は誰もいませんから、本当は厳禁の写真撮影ができます。希望の方はどうぞお撮り下さい」

その声で多くの人がカメラを構え、シャッターを切る。やはり中央に立つビクトリア像をおさめる者が多い。私もそうする。

国会議事堂内，図書館内のビクトリア像

説明は議員各部屋の前を通って、元の廊下に戻った処で終わる。あとは各自が、希望の者はエレベーターで塔上に上がるだけだ。

ツアー客はすべて、そこに昇る。むしろ説明より、その塔上に昇れるからツアーに参加した、という者の方が多いかも知れない。少なくとも私はそうだ。堂内ツアーの折角の英語も、半

国会議事堂，塔上よりの眺め

分は解らないのだから、塔上に昇れることが参加の一番の理由だ。

ツアーの説明が終わったのが六時三十五分。そしてエレベーター待ちが十五分。

六時五十分に五十三個の鐘をエレベーターのガラス越しに見て、塔上に立つ。

市内の眺望は三百六十度出来る。このようなものを昔の人間が造ることに感心する。人間の知恵というのはやはり驚きに値する。

七時過ぎ、まだ明るい堂外に出て、宿に戻る。夕食後に再びここを訪れる。今度は「光と音のショー」を見るために。

騎馬警察隊のパレード

それは、英語でのショーは、今日は午後十時から始まる。フランス語のは九時からである。

その時刻は一日毎に変わっている。九時と十時とに、一日毎に交代している。私は十時のに行く。フランス語よりいくらか解るし、九時ではシャワーを浴びたり、夕食を作ったりで、間に合わない。

九時四十五分宿を出て、議事堂前に着いたのは同五十五分。すでに多くの見物客は来ている。中央に常設されているそれ用の観覧席も八割方埋まっている。その中の空いている処に坐って始まるのを待つ。

議事堂の時計が十時を指すと同時にそれは始まる。

内容はカナダの歴史を語るもの。フランスとイギリスの関与のことが多く語られている。この間その内容に応じて光はいくつにも変化した。

照明の当て方も、議事堂全体や、ある部分のみや、あるいは向かって左手に建つビクトリア女王像にと変化させて。微妙な色の変化は——赤、青、緑、白、等々——、その内容に沿わせている。

語り手も一人ではなく、登場人物毎に変わっている。勿論テープであろうし、光の色もそのテープに合わせてコンピュータ仕掛けになっているのだろうが、ひどく流れのいい、観客を飽きさせない構成展開になっている。観客がただ一カ所笑った、いや苦笑いであろう、処がある。それは女性の声で、

「次にこの国を破壊したのはイングリッシュだった」

カナダにとって、フランスもイギリスも侵略者だったに違いない。その辺の機微が日本人には難しい。話の内容をより正確に知ることができたら、もっと素晴しい印象を与えただろう。ただ戦闘（争）の場面では銃の響く音がしたり、人の死を象徴するように、光が赤一色に変わったりして、私にもその時々の意味は容易に察せられた。

ショーは四十数分で終わるが、最後の処で全員が起立する。こちらも解らずながらも立つ。どうやらカナダ国家が流れ出したのだ。

それが終わって一瞬静まり返り、次にどこからともなく拍手が湧き起こって、ショーは終わった。一時間程前のフランス語の時にも同じ状況であったのだろう。いやいくらか反応は違っていたのかも知れないが……。

十時五十六分に宿に戻る。充実した一日を過ごす。

この宿、ダウンタウンの中心にあり、次隣は裁判所といって、ひどくホステルとは不釣合だ。実はもともとは獄舎だったというから、そうなのである。今でも面影をとどめる処がある。階段や各廊下への扉がかなり部厚い。各部屋への入口扉も鉄製であって、囚人気分が味わえる。

しかし清潔さに関して、また使い勝手の良さに関しては同じホステルの中でも良い方だと思う。シャワーは広いし、キッチンもまた。ただトイレがその割に少なく、狭い感じもするが、でも理想を言っても始まらない。熟睡はできている。

翌日、モントリオールに発つ日。

国会議事堂前，RCMP 音楽隊の行進

発つ前に、もう一つこの町で見物しなければならないものがある。それは十時から始まるRCMPのパレード。すでにレジャイナで元々のその王室騎馬警察のパレードは見ているが、本部をオタワに移してからはこちらが本家になってしまったようだから。

十時に十五分も前には、その周辺は人々で一杯。昨夜行なわれた「光と音のショー」の隣の芝生が音楽隊の主演会場だ。

十時五分前頃から Wellington 通り左手の方から音楽が聞こえてくる。そして十時ちょうどにそれらは議事堂前広場に入ってくる。音楽隊を先頭に、赤の上着、黒のズボンの騎馬警察の制服の三隊がやって来る。レジャイナのそれよりり、どの隊も人員が多い。しかしセレモニーの内容はほとんど同じだ。号令によって隊員の行動は決められている。

セレモニーを終えて，帰路につく RCMP の隊員

上官が隊員を一人一人閲兵し、その服装や銃の持ち方をチェックする。その上官の足の運び方が特徴的だ。また隊員の移動の仕方も。規律の大切な社会。行動のメリハリが要求されるのは当然だ。

黒い長い、毛のフサフサした帽子を被っていると、すべての隊員がスマートに見えてくる。そして誰もが賢く、心身共に優れているようにも。

広場でのセレモニーは三十分で済み、そして音楽隊を先頭に、来た道を帰って行く。帰る方向が、宿の方向でもあるので尾いて行く。

Elgin通りを右に折れ、Laurier 通りを左に曲がって、LAURIER 橋たもとを右に曲がって、運河方向に少し進んだ右手に建つ DRILL HALL に隊は吸い込まれゆく。議事堂を出て八分間の行進。

セレモニーを終えて，帰路につく RCMP の音楽隊

銃を抱えて歩く隊員も大変だろうが、大太鼓やチューバのような大型の楽器を抱えて演奏をしながら行進する者には、もっと体力の要ることだろう。力と同時に腹も減るだろう。それが毎日のことだから、やはり若くなければできないと思う。

宿に戻る。荷物はフロント脇に置いておいたが、無事にある。

やはりいつだってカギの閉まらない処に放置しておくことに不安はあるが仕方ない。いつも幸運を祈るだけだ。

正午発のバスに間に合うよう、宿を十一時十分に出る。リドー通りのバス停に同十五分に着いて、五分待って、市バス四番に乗り込む。

途中の道が工事中だったこともあって、予想以上の十七分もかかる。しかし正午のボヤジャー社のバスには乗れる。別にその次の便でもいいのだが。

オタワーモントリオール間には一時間に一本のバスがある。それだけ往き来が繁しい区間ということだ。首都とカナダ第二の都市間では当然のことか。

バスは二時間八分後にモントリオールのターミナルに着く。

ケベック州

モントリオール、一日目

まだ午後も二時過ぎとあって、歩いて宿を探す。地図を頭に入れて歩くが、大都市故に間違える。途中でリュックを降して確認しなければならない。リュックと接着する背中が汗でビッショリ。久しぶりに無駄な歩きをしている。

目的のＹＨに着いたのはバスターミナルを出て五十分が経っている。

『やっと着いた』

とホッとするが、事態はうまく流れない。受付の若い女の子は〝面倒臭い〟という風に早口な英語で何か言う。こちらは聞き取れない。こういう白人を見ると、

『東洋人が嫌いなんだな』

とつい思ってしまう。何故もう少し違った応対ができないのか。やっと辿り着いた処でこのような応対をされて、余計に疲れが増す。

「ここは満員だから、別のホステルへ行って」

と投げやりに言う。その別のホステルへの道順を書いた印刷してある小さな地図を渡す。何かそんな相手を見ていると人間関係がギスギスしてくるのを感じる。

しかし仕方ない。「泊まれない」というものを、こちらが何を言っても始まらない。とにかく地図を頼りに動く以外ない。地図からの感じではそれ程遠くないように思える。

しかし十五分歩いても着かない。リュックを背に未知の道を歩くのは、倍以上の距離を感じるものだ。まだか、まだかと、地図にある通り名を追ってゆくが、なかなかその通りに出ない。

宿のある Rachel 通りに出たのはちょうど二十分経った時だ。そこからは建物に掛かる番号を確認してゆく。

さらに五分歩いてやっとそこに着く。そしてここでは何とか泊まれる。加えて先程の女の子とは全く違ってとても好意的な、感じのいい女の子が受付に居る。一遍に心が和らぐ。人間なんて面白いものだ。ひどく単純なものだ。

「モントリオールの地図は必要ですか?」

こちらが訊かないことも、向こうが言ってくれる。

「はい、あれば」

彼女はカウンターの下からそれを出す。二泊するつもりだったが、確かに二泊しようと思う。そして今、二泊分支払うことにする。何も問題ないだろう。

部屋の鍵のデポジット（五ドル）も加えた三十一ドル（ドミトリィ、二日分＝二十六ドル）を支払

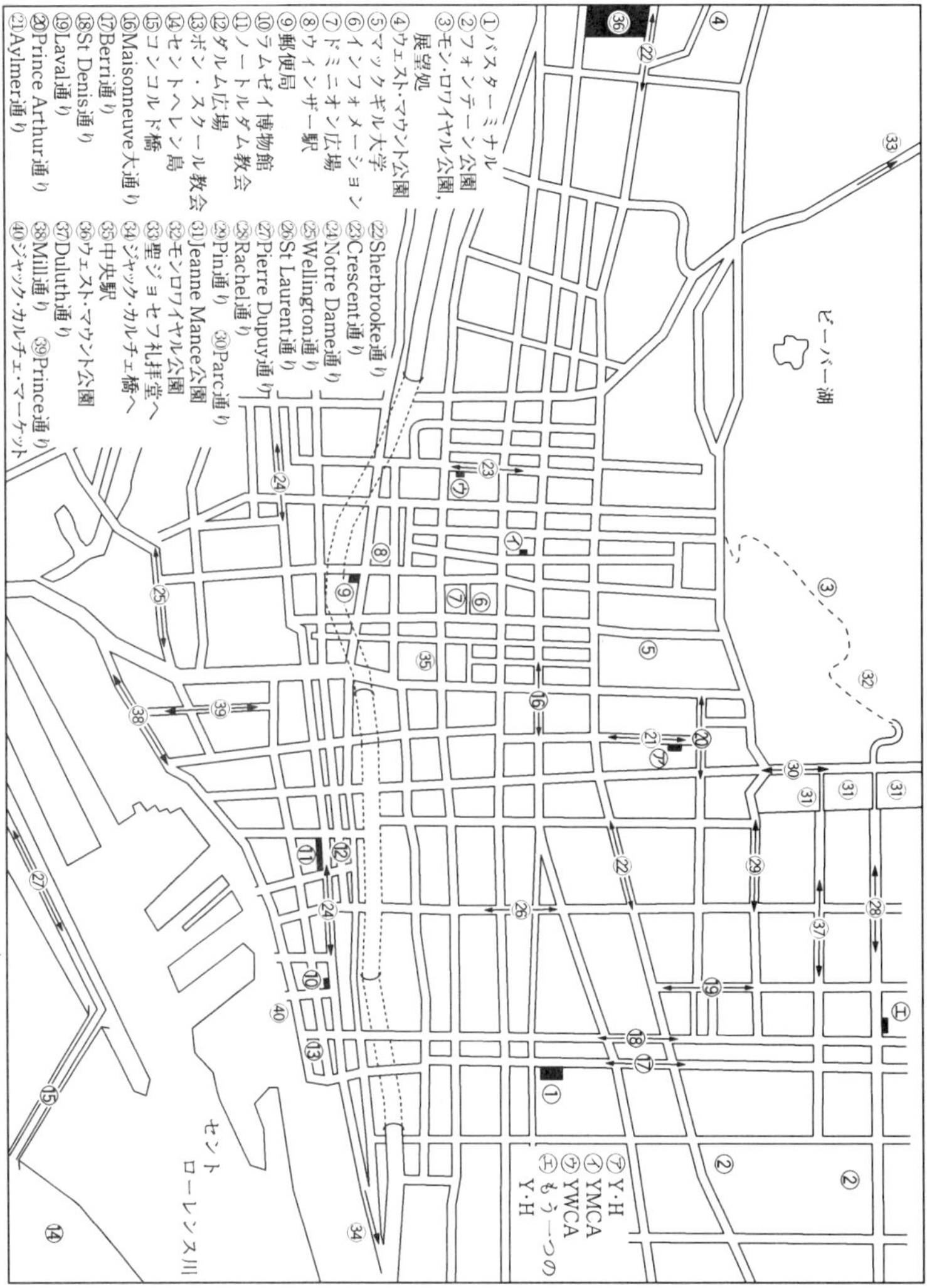
①バスターミナル
②フォンテーン公園
③モン・ロワイヤル公園，展望処
④ウェスト・マウント公園
⑤マックギル大学
⑥インフォメーション
⑦ドミニオン広場
⑧ウィンザー駅
⑨郵便局
⑩ラムゼイ博物館
⑪ノートルダム教会
⑫ダルム広場
⑬ボン・スクール教会
⑭セントヘレン島
⑮コンコルド橋
⑯Maisonneuve大通り
⑰Berri通り
⑱St Denis通り
⑲Laval通り
⑳Prince Arthur通り
㉑Aylmer通り
㉒Sherbrooke通り
㉓Crescent通り
㉔Notre Dame通り
㉕Wellington通り
㉖St Laurent通り
㉗Pierre Dupuy通り
㉘Rachel通り
㉙Pin通り ㉚Parc通り
㉛Jeanne Mance公園
㉜モンロワイヤル公園
㉝聖ジョセフ礼拝堂へ
㉞ジャック・カルチェ橋へ
㉟中央駅
㊱ウェスト・マウント公園
㊲Duluth通り
㊳Mill通り ㊴Prince通り
㊵ジャック・カルチェ・マーケット
ビーバー湖
セントローレンス川
㋐Y·H
㋑YMCA
㋒YWCA
㋓もう一つのY·H

モントリオール市内図

う。この町でのベッドを確保する。午後三時三十分を回っている。

シャワーを浴びて小休止して、町中に歩き出す。四時半に近いが、まだ三～四時間は日があるだろう。そんなに歩かなくても、宿にじっとしているのは勿体ない。

宿前の通りを来た時とは逆の方に進む。受付の女の子から貰った地図を片手だから、道を大きく間違えることはもうない。

バスターミナルのある Berri 通りを右に曲がるつもりだったが行き過ぎる。FONTAINE《フォンテーン》 公園の角隅まで行ってしまう。ちょうどいいので、その公園で少し休む。

この町をどのように回るか、地図を手に考える。明日、明後日と二日ある。しかし明後日はこの町を発つので出来たら明日一日で主な処は見てしまいたい。宿を起点にして大凡のルートを描く。今日は宿に近い見処を歩けばいい。

同公園を出て十三分後、先程着いたバスターミナルに着く。鉄道駅でもここでも、自分の足の拠点となる場所は常に頭に入れておかなければならない。もうリュックは背負っていない。

十分でそこを出て気楽に歩き出す。ターミナル前の Maisonneuve 大通りを行き、七分行った処にある St. Laurent《サンローラン》 通りを右折する。そして通り左側にあるカメラ店に入る。フィルムの値をチェックする為に。三～四ドルなら買ってもよい。

店員は中東系。先客があって、こちらが商品ケースの処に行ってもやって来ない。全く客に対する対応は日本と違う。客などいくら待たせていても構わない、と行った態。売り手市場という点からみると、ここは発展途上国と同じだ。

　コダックの二十四枚撮りが四ドルとある。ならばフジやコニカならもっと安いかも知れない。

やっと来た店員に、

「フジはないか?」

　と問う。調べて、

「ない」

　と言う。ならば、

「こっちの青いのは?」

　と指差す。

「これはコニカだよ」

「コニカでいい。それはいくらか?」

　壁に貼られた値段表を見て、相手は言う。

「同じ四ドルだ」

　ちょっと意外だが――この手の店員の中にはいい加減なことを言う者も居る――、その表は商品ケースのこちらからは見えない。

「二十四枚撮りでなく三十六枚撮りなら、いくらか?」

　また表を調べる。

「四ドル五十セントだ」

そんなものかと思う。しかし日本円にしたら五百八十～五百九十円もする。日本で買った値より二倍以上も高い。しかし日本でも通常の値ならそれ位するかと思う。

他の店をチェックしようと考え、一旦その店を出る。が数歩歩いて、それだけの問答を別の店で新たにする位なら——そんな時間を考えたら——、今の店で買っても同じだと考え、引き返し、そして三十六枚撮りを購入する。

四ドル五十セントと思っていたのはあくまで商品値であって、そこに税金が付く。このケベックでも州税と国税とがダブルで付いてくる。七十一セントも加わる。計、五ドル二十一セント。これは日本円で六百七十～六百八十円。やはり誤ったかと思うが、もはや「いい」とする。これも循環の中の一部だと思って諦める。フィルムを買ってしまえばもうそのことに気を取られることなく時間を送ることができる。そんなメリットを考えれば多少高くても良かったのだ。

Prince Arthur 通りを右折して、Laval 通りまでの雰囲気を見る。Laval 通りは歩行者天国で、両側の店々が道路上に椅子、テーブルを持ち出して、そこに客が坐っている。要するに、小綺麗な食堂の品々が屋外で供されている、といったものだ。

そこに居る客に白人は似合うが他の色の者はちょっと似合わない。現実にいくつものそんな店々で、白人以外で居たのは日本人らしきカップルが一組のみだ。白人はこのような、人前で飲食するのがひどく好きな人種なのだ。

途中、再びサンローラン通りに入り、スーパーで買物をして宿に戻る。もうここずっと外食していない。そして自分で作るメニューも決まっている。インスタントラーメンに挽き肉と、何がしかの野菜入り。それに食パン。それですべてだ。特別何を食べたいという欲求もない。常に、日本に帰れば何でも好きなものを好きなだけ食べられる、という気持ちがあるからだ。

そして今日もそのようなものを買って宿に戻る。それにオタワから残して来たビスケットもある。

夕食後、ビスケット（チョコレートが懸かってる）とこの町で買ったジュースを飲み食いしながら暢びりする。

午後十時頃には疲れもあって眠る。

ジュースとビスケットは一つのビニール袋に入れて冷蔵庫に置く。ビスケットは部屋に置いてもいいが、室温でチョコレートが溶けてしまうので。つまらないことだが、抓《つま》む時できれば手を汚したくないから。

聖ジョセフ礼拝堂

翌日、市内見物に出る。宿から右手に真っ直ぐ歩いて行く。それの突き当たりに JEANNE MANCE 公園がある。十分もしないで至る。その公園をほぼ真っ直ぐに横切って Parc 通りも越える。MONT《モン》 ROYAL《ロワイヤル》公園に入る。そのモン・ロワイヤル山の頂上に行こうとする。車道のような自転車道のような道をあえて避けて、ショートカットして山道を登る。

踏み固められた小径がいくつもついている。いくつもあるから逆に迷う。一つならそれに沿って行けばいいが、岐れ道がいくつもあって何となく不安だ。

二つ目の山腹の車道を越してからの道はかなり急な山道だ。木々の中を行く時にはいくらかの恐れもある。山の全体を捉《つか》めていないのでそれは余計に。

しかし登り始めて十五分後には、そばにテレビ塔の見える車道に出る。ホッとするが、そこを右に行けばいいのか左に行けばいいのか判らない。どこが頂上で、そしてガイドブックにある展望処がどちらにあるのかも。

それで右へ左へと少しずつ行って、どちらともはっきりと判断できず、元の地点に戻るということをして、時間だけ取られてしまう。

正解は右へ行っても左へ行っても良かった。それはここは周回道路の一部で展望処からちょうど真向いの処にあって、右に行っても左に行っても、途中から下がり道になっているのだった。ガイドブックには周回しているとは書いていないから、このような往復を繰り返すことになる。事実を知れば笑い話だが。

そんなこともあって展望処——工事中で、あまり良く展望はきかなかったし、暢びりすることもできなかった——を出たのは宿を発ってから二時間以上も経っていた。予定より一時間も遅く

聖ジョセフ礼拝堂

なっている。

公園をビーバー湖（CASTORS 湖）の方に下りて行く。ここにも多くの家族連れが居る。中国系の者は大集団で、白人は一家族で、というのが多い。

公園を出たのは正午に近い十一時五十八分。Chemin de la Cóte des Neiges 通りを右に進み、Queen Mary 通りで左に曲がる。いやその前の脇道から左に曲がる。すでに次の目的地、聖ジョセフ礼拝堂は見えていたから。

その本堂に続く前庭、中央階段に跪《ひざまず》く初老白人男女の姿がひどく印象的だ。表面は満たされ幸福そうに見えても、それぞれ内面に抱える問題はある。神に縋《すが》らなければならない悩みを内で語っているのだ。

外階段をどんどん行って正規の順路から逸脱してしまう。振られた番号7のテラスから見始めている。しかしそれではおもしろくないと、そのあとをショートカットし、最後の[16]まで直行する。そして再び[1]から見物し直す。無駄な動きをここでもしている。

[1]、左右に赤と黄のローソクの灯る通路。解る者は祈り、ローソクに火を灯している。

[2]はその途中、通路裏側にあるこの礼拝堂を建てたアンドリューの墓。車椅子の婦人が片手でその黒い棺にさわったまま、いつまでも離れようとしない。

礼拝堂内の聖ジョセフのオイル

[3]は、そのローソクの通路を抜けた処にある〝SAINT JOSEF の OIL《オイル》〟。オイルより右手にある記帳簿に、自分の姓名、出身地を記すことに来堂者は余念がない。そして願い事でも記したのか、小カードを小さな投入箱に入れている。

[4]は、[3]からそのまま左に進むとある〝CRYPT CHURCH〟。秘密の、あるいは〝隠された〟教会とでもいうのか。しかし内部は立派なものだ。日本の寺院の本堂と何となく雰囲気が似ている、

といえば言える。その静けさに於いて。

5は、4の教会の裏にある扉を押して短かい通路を行くと出る。"SCALE MODEL OF SAINT JOSEFLI'S ORATORY"といって、この礼拝堂の縮小模型がガラスケースの中に入って展示されている。その周りには建設に際して撮られた、あるいは建設前の写真が壁に掲げられている。

6、エスカレーターを5から上がった処にある土産物などが売られている小ホール。

7は6の前の、外へのテラス。よく見晴らしのきく処。

8は堂内に戻って、右手の階段を昇った処にある博物館。薄暗い処に確かに「アントンの心臓」というのが展示されている。私にはその真贋は判らないが。

9は、建物に向かって左手の扉を開けて外に出てある"WAY OF THE CROSS"。キリストとそれに故ある人々の十字架。その彫像、塑像が屋外に展示されている。その数、十数点。十字架を背負っている像等々。白いその像は陽光に相俟って印象的だ。

9の狭い屋内に入るにはいくらかのDONATION（浄財）を払わなければならない。その額は五十セントでも一ドルでも、勿論それ以上でも構わない。そこでは今はキリスト関係の絵画や模造品、各国の生活風俗を現わした模型が展示されている。

10は、再び堂内に戻って、6の小ホールの中央にあるエスカレーターを上がってある特別展示会場。

11は、その展示会場から外に出た見晴らし台（LOOK OUT）だ。7に比べて、また一レベル昇ったので眺めはその分大きくなる。

[12]は“BACILIE”。この礼拝堂のメインの教堂だ。薄暗いがステンドグラスを通して入る光りはいくつも椅子を照らしている。

[13]は、その教堂裏にあるもう一つの教会。

[14]は、BACILIEを出て外へ行き、順路に従って行くとある、“BROTHER ANDREW CHAPEL”という小さな別棟の教会。

そして[15]だが、どう探しても見当たらない。もしかしたら、この小教会に建つ ANDREW 像のことかも知れない。

[16]は、出口にある土産物店とカフェ・軽食堂なのか。

同礼拝堂には約二時間居る。

そして Queen Mary 通りを左に出て、Victoria 通り、Sherbrooke 通りを左、左に曲がって再びダウンタウンに戻って来る。

途中、ウエストマウント公園に寄り、Crescent 通りを覗き、ドミニオン広場に至ったのは午後四時三十三分。そこに十分居て中央駅地下へ。軽食堂の椅子に坐って小休止。何も飲食しない。

それから McGILL《マックギル》 大学構内を、そして再び Berri 通りにあるバスターミナルをちょっと覗き、Duluth 通りにあるスーパーマーケットにも立ち寄って宿に戻る。七時十二分になっている。今日も一日よく歩いた。

しかし、残しておいたジュースとビスケットが無くなっている。よくあることとは言いながら、これはひどく悲しい。大体においてイギリス人に、あるいは地元のカナダ人に、そのような者は多いように思う。旅行するのに何がしかの考えをもっている者は、他人の物を盗み食いするなんて普通はないと思えるからだ――外国に行く目的はそんなものではないだろう。

疲れと、そしてその盗まれた事実とに遭って、いささか動くのが厭になる。しかしめげずに明日も同じように見物して回らなければならない。明日のそれさえ済めば戻り道となる。予定を一つ一つ消化してゆかなければならない。

セントヘレン島／十八世紀の軍隊演習

モントリオール三日目。残りの見物箇所へ行く。セントローレンス川に浮かぶ二つの川中島、セントヘレン島とノートルダム島へ。まず、セントヘレン島へ向かう。地図にある橋のたもとへ。そこにある"LA RONDE"と"Le Vieux Fort"（旧城砦）を見る為に。

宿を左に出てすぐの St-Denis 通りを右折して一直線。どこまでも川にぶつかるまで下る。旧市街のボン・スクール教会に行き着く。まだ朝九時を少し過ぎたところなので、あまり人通りもない。

地図には青色ラインがその先に通っているが、それは何のことはない地下鉄だ。人が通れる橋はどこにもない。

それで車の通るジャック・カルチェ橋を渡ることになる。その橋下に向かう。

橋そのものは遥か頭上にある。それでも一縷《る》の希望を抱いて橋下に行く。そこから橋上に上がる階段があることを願って。

しかし何もない。ひどく疲れる。昨日のモン・ロワイヤル山での無駄足と同じだ。初めからこのことが判っていれば川辺まで行かない。渡れる道を目指して進む筈だ。

Papineau通りを上って行く。大通りのMaisonneuveも越える。全く無駄な往復をしている。ジャック・カルチェ橋のたもとに着いたのは宿を出て一時間以上が経っている。ここでも向かって右側の歩道は閉鎖されている。橋下を回って左側に出る。歩道も自転車道もこちら側にしかない。通りを横切ることは車の流れが激し過ぎて不可能だ。

老朽化している橋を渡り出す。大量の車の流れがあって、この大きな橋が揺れる。木板の隙き間から川面が見える。進めば進む程、高度は上がる。川面との距離は遠去かる。少し怖さを覚える。下を見られなくなる。歩行者用木板から半歩も足を外すことはない。

橋が壊れることもないと思う。しかしまともに下を見れない。歩く者は居ないが、自転車が時々前からやって来る。地元の人間は慣れているから何とも思わないのだろう。しかしもし私が自転車に乗って通ったら、より視線が高くなり一度もペダルを漕げないだろう。

七～八分で橋の半ばに来る。右側の歩道が閉鎖されている訳を知る。そちら側の鉄の橋脚のペ

ジャック・カルチェ橋から見る“LA RONDE”

ンキの塗り替えをしているのだ。確かにあちこちのペンキは剥げて来ている。高い処の、そのまた高い処で作業は行なわれている。シートを張って、車道にペンキが飛ばないようにしている。

目を左手に移すとセントヘレン島の娯楽施設“LA RONDE”が見えて来る。大きなレジャーランドだ。水によるすべり台がいくつもある。垂直に近い角度から下るすべり台がある。何回転もするそれがある。何段にも落ちるそれがある。

この施設が橋上からよく見える。しかしまだ開場時刻ではないらしく、人間の姿はあまりない。居るのはたぶん開場《その》準備の為の係員だ。

橋を渡り出して十五分、やっとセントヘレン島への降り口に出る橋脚の処に入る。自転車はそのまま車道を下って行く。

橋脚の処の階段を降りるのは歩行者のみだ。ここには私以外誰も居ない。渡っている間、誰とも歩行者とは擦れ違わない。そんな物好きは私のような旅行者しか居ないだろう。

橋下を、反対側に行くように歩行者通路は続いている。LA RONDEの側には出口はない。いくつものひどい落書きのあるその通路を通って、公園の中となっている表へ出る。

ここにも誰もいない。

しかしLA RONDEの入場口前広場には多くの人たちが居る。開場を待っているのだ。私もそこへ行く。好奇心が旺盛なのだ。実際には入場はしないのだが。

学校の生徒を引率して来ている、といった感じのグループが多い。

七〜八分居て公園へ戻って行く。最初に目についたのが、まだ造って間もないような"Block《ブロック》haus《ハウス》"。木造りのその木がまだ真新しい。特別何の展示物もないが、案内係のような女の子と、男の人が居る。見処の"Le Vieux Fort"の場所を訊く。女の子は分からない風をするが、すぐに男の人がひきとって、こちらを外に導くと左手の木々の方を指差し、

「あの向こう側にミュージアムがあるから、そこだ」

と言う。「ここからは木に隠れ、見えない」とも。

お礼を言ってそこを出る。しかし真っ直ぐには向かわず、「ブロックハウス」右手にある円筒形の監視塔のような、レンガ造りの建物を見る。あいにく出入口には鍵が掛かり中へは入れない。その周りを回って、そこをあとにする。

Fort 博物館外扉口でセレモニー開始を待つフランス隊

いくらかの坂道を下って“Fort《城砦》”博物館（軍事海事博物館）方向に行く。確かに木の蔭にはそれらしき建物がある。駐車場もまた。

着いたのは十時四十八分。「四ドル」、と入場料金を窓口の人は言うが、

「学生」

と言うと、二ドル五十セントになる。やっとIDカードが役に立つ。たまにはそうでなければ金を出してそれを作った意味がない。

入口辺にはスコットランドのバグパイプを奏でる隊員が居る。何やらセレモニーが始まるようだ。

博物館の内庭に続く処ではフランス隊がその開始を待っている。開始時刻は十一時という。偶然だが、ちょうど良かった。

その時刻きっかりにそれは始まる。このような兵隊のセレモニーを見るのはレジャイナとオ

博物館，内庭，フランス隊のセレモニー

タワのＲＣＭＰに続いて三回目だが、今回はそのＲＣＭＰとは関係ない。

青と赤の十八世紀の制服の兵隊が、やはり上官によって閲兵される。楽器は太鼓とピッコロのような小さな横笛。

上官がその帽子を、国旗の掲揚の時、脱いで大仰《おおぎょう》に頭を下げる。それはまるで何かの劇を演じているように。そのような帽子の上官が二人居る。そして隊旗を持つ男の三人が、国旗に向かってこれまでと違った姿勢をつくる。二人の上官の帽子の下には白いキャップが見える。つまり彼等は二重に帽子を被っているのだ。

音楽隊は赤の上着。銃を持つ兵隊は青い制服。しかし両者とも長靴は真っ白でひどく凛々《りり》しい。

セレモニーも半ば過ぎた頃、上官の掛け声と共に空砲が撃たれる。思わず観客の中の赤ちゃんが泣き出す。それ程の大きな音がしたのだ。

博物館，内庭，スコットランド隊の空砲の瞬間

大人も勿論一瞬息を呑む。ちゃんと撃つ構えをしていたからよかったが、このことを察知していなかった者はやはり驚いたことだろう。

そして入場と同じように指揮官の次に音楽隊がついて、それから兵隊の順に内庭を退場して行く。二十分間の出来事。

このセレモニーには英語とフランス語の説明が拡声器から流されている。いやフランス語、英語の順に。同一の人が解説しているが、こういった、瞬時に言葉を使い分けられることをひどく羨ましく思う。全く同じ内容のことをほとんど間を置かずに流暢に語ってゆくのだから。

二分後、スコットランド隊のバグパイプが響いてくる。そして入場してくる。こちらの方の制服は、上官も一般の兵隊も音楽隊も一見、見た目には違わない。ただその手に持つものが違う。こちらの指揮官はフランス隊の指揮官に比

博物館，内庭，スコットランド隊の退場行進

べるとその動作はひどく野暮ったい。しかしそれは国民性の反映だろう。見た目の派手さは要求されていない。その実質を択っている、といった感がある。これもフランス人とスコットランド人の違いに由来してのことだろう。

やはりこちらもセレモニーの半ば過ぎに、空砲が撃たれる。今度はその前からの仕草から、撃つことを察知してカメラを構え、撃つと同時にシャッターを押す。その一瞬が合致していれば、その刹那が写っている筈である。

今度は赤ちゃんも泣くことはない。他の子供たちも予め——大人も——耳を指で栓をする者が多かった。

スコットランド隊の方は派手さはなく、その時間も短かく、十二分で退場して行く。国旗の掲揚もなかったからだ。

両隊すべてのセレモニーが終わったのは十一時三十五分。それから博物館内の見学をする。内庭を囲むようにしてある建物の一部の一、二階が展示スペースに当てられている。古い地球儀や地図が興味をひく。銃砲やカナダ原住民の生活習慣を示したものもそうだが、地図も面白い。殊にその地図に描かれる日本を見るのが興味深い。ちゃんと本州、四国、九州とかが、島になっている地図なら形は少々違っていても合格だ。往々にして、四国が本州とくっついたりしているものだから。そんな地図が多くあることを考えると、ここにあるのは北海道を除けばよかったと思う。

「北海道は？」

ちょっと見当たらない。いやそれとも私の見落としか。

博物館を正午十分過ぎに出る。次にノートルダム島に渡るべく、そちらに移動する。

島（セントヘレン）の地下鉄駅前に至ったのが十分後。そしてそこにあるインフォメーションで簡単な地図を貰い、そこからすぐそばに架かるCOSMOS《コスモス》橋を渡って同島に入る。

この島は一九七六年開催のオリンピックの為に作られた人口島。成程変に細長い。

モーターボートの競技場のような施設を見つめる。そしてその観客席でちょっと休憩する。

九分後、人工的に作られた小綺麗な公園に入って行く。島すべてが公園といえば言えるが、南端の Plage（浜辺、海辺）という処まで行くつもりで向かったが、そこへの入口で入場券を買わなければ入れないと言われ、引き返す。近くに入場券売り場のような建物はなかったが、むしろ入れなくて良かったと思う。入っていればあちこち歩き、時間だけを食っただろうから。

島を出るべく動く。渡ったコスモス橋を戻る気はない。他にもう一本橋が架かっているから当然その方を選ぶ。そちらの方の名は"PONT ILE"というから「島の橋」ということか。島に架かる橋、そのものズバリの名前だ。この橋がセントヘレン島を経由して、コンコルド橋に続いている。しかしまだ完全には出来ていないらしく、車道は片側閉鎖されている。その道を歩く。むしろ車とは離れたところを歩けていい。

橋を渡り始めた頃から雲行きが怪しい。真っ黒な雲が空を覆い始めている。そしてポツポツと降り出す。橋の半ばまで来た時、本降りとなる。滝のような雨。行くも引き返すも同じ程の距離がある。ならば行く方がいい。

しかし運が良いものだ。ちょうど隠れるものが何もない処に居る時、このような雨の最盛期に遭うのだから。ひどくラッキーだと思わない訳にはゆかない。

Gパンも T シャツも靴もビショビショだ。ショルダーバッグも当然濡れ、いくら少々厚手のバッグだといっても、この雨では内まで滲み込んでいる。

今日の行動をずっと振り返ってみても、雨を避けられない処に居たのは、先のジャック・カルチェ橋とこの橋を渡っている時だけだ。他の処に居る時——他の場所を歩いている時——には一～二分も歩けば、あるいは小走れば、雨を避ける施設はどこにでもあったというのに。

僅かに十分の間——渡り終えるまで——に本降りに当たり、したたり落ちる程に濡れる。こんな時、本当に泣きたい気分になる。

やっと橋を渡り終えて、左側にある近代的な造りのマンションの下に避難する。雨は尚も降り続く。

雨宿りして十五分後、いくらか小やみになる。小やみになった方が当然いいが、僅かそれだけで小やみになるということは、本降りの間は三十分だったということだ。私はその半分の時間を打たれながら過ごしていたのだ。そう考えると、どうしても何かを感じない訳にはゆかない。

二時五分前、小降りの中を歩き出す。

靴、靴下がビショ濡れて気持ち悪いが、今更靴下を脱いでも仕方ない。そのまま歩く。Gパンもピッタリと身体に貼りついている。ポケットの小銭の硬貨が腿に当たってひどく痛い。左ポケットに入れておいたそれを右ポケットに移す。Tシャツもショルダーバッグも乾かさなければ。しかしそれは歩きながら自然に乾かす以外ない。今夜この町を発つのだから、それなりの恰好に戻っていなければならない。

その細長い Pierre Dupuy 通りを歩き、Moulins 通りに当たって右折する。しかし考えていた道路は車のみで、人間はその高架下を歩かなければならない。

線路を越え、Mill通りに出て右に曲がり、道なりに左に折れて小橋を渡る。やっと旧市街に入ったことを知る。午後二時半少し前だ。まだ時間はある。着ている服《もの》を乾かす目的もあって歩く。もうすっかり雨はあがっている。

Prince通りを行き、次のWellington通りを右折する。とにかく旧市街のメインストリート、Notre《ノートル》 Dame《ダム》通りに出て行く。

その通り上にあるダルム広場に出たのは二時四十分。

今日は五時までには戻らなければならない。五時に戻ってシャワーを浴び、夕食を作り、夜行バス用のサンドイッチまで作らねばならない。

しかし見物もまだする。ダルム広場前にあるノートルダム教会に入る。教会のみの見物だから十二分で終える。

次に川辺に戻って、ジャック・カルチェ・マーケットを覗く。細長い建物の中に雑多な店が商品を広げている。ここも十四分で出る。特別何を買う訳でもない。

次は、朝その前を通ったボン・スクール教会に入る。堂内を見物し、右手奥の扉を押して博物館と、塔への入場をする。勿論料金の二ドルを支払って。午後四時に近い為か、塔上に昇る者は誰もいない。

ここで小雨が降り出したこともあり、早々に下りて教会を出る。もう雨に打たれたくはない。しかしあと一つ、ラムゼイ博物館は覗く。ほんと申し訳程度（十一分間）に見学して宿に戻る。

Y·H の食堂で，村田さんと

予定の五時に三分早い。

シャワーを浴び、夕食作りにかかる。そこで日本人旅行者と知り合う。ひどく感じの良い人。ヒゲをはやしているが落ち着いている。学生さんを終わったところかと思ったが、やはり卒業して三年経つという。

話が合い、一緒に夕食を摂る。しかしこちらは八時には宿を出て、バスターミナルに向かわなければならない。再会を約する意味で、二人の写真をそこに居た男の人に撮ってもらい、住所を交換する。

彼、村田さんもまた人に会う約束をしているということで、一緒に宿を七時半に出る。そして途中の道で別れる。お互いの旅行の無事を祈って。

バスターミナルには七時五十五分に着く。この便はシートセレクションはできないので早く行かなければ、窓側の席は取れない。

しかしゲートにはこちらの知らぬ間に多くの人が集まっている。こちらはゲートに向かう建物内に居たから、その蝟集を知らない。建物外の処にも大きな荷物を置いた十人程の者が居る。

ウィニペグへ、バス中二泊

九時定刻のバスは、十五分前にやって来る。乗客は出入口に、我先に、と秩序無く集まり出す。この辺が日本とは些か違う。これなら東南アジアとかアフリカと、大して変わらない。先に並んでいた者が必ずしもその順に乗り込めるとは限らないからだ。

そしてそうなる。運転手一人が、バスに積み込む乗客の荷物まで扱うからだ。バスはグレイハウンドではなく、ボヤジャーだ。グレイハウンドなら大きな都市では、その始発では荷物係の男が居て、荷物はその男が別に処理するが。

ここでは荷物をその車体下まで持って行った後《あと》からの客が結局乗車扉の処に居座って、改札が始まると先に乗り込んでしまう。その一団は、白人で小太りの中年のおばさんたち――後《のち》にその話す言葉から分かったことだが、彼女等三人はロシア人で、『成程自分勝手だ』と得心する。それ以後の彼女等の行動もすべて当然、他の白人とは一線を画すものだった。

とにかくバスは定刻より五分遅れで、モントリオールを発つ。私もそれなりに窓側の席は確保できていたが……。

ボヤジャー社のバスはグレイハウンド社のそれに比べるといくらか小さい。後者のそれが特別規格のものとすれば当然だ。前者のそれでも勿論日本の大型バスの大きさはある。

走り出して三十分すると日は暮れ出し、それと共に人々は眠りの態勢に入ってゆく。車内も静かになる。

二時間十六分後（十一時二十一分）、見慣れたバスターミナルに着く。オタワだ。しかしこのバスはここ止まりではないので人の乗り降りはない。いや降りる者はいない。乗り込む者が空席分居て、満席となる。あぶれた客も居る。そういう者はどうするのだろうか。もうないとすると、払い戻しを受けなければならない。この辺のことも先進国らしからぬが、これまでにもこのようなことは度々見ているので、切符の発売に関してはいい加減なことが多いようだ。

日付の変わった午前零時三分、オタワを発つ。もう皆完全に眠る姿勢だ。窮屈この上ないバス中泊。

オタワを出るまでの、そのロシア人三人の女の動向がまた極めて彼女等らしい。誰しも隣に人は来て欲しくないものだ。三人は三人共、一人で二人分を占領して、ほぼ満席になっても、通路側の席を空けようとはしない。自分のバッグを乗せておいたり、ひどい者は横になっていた。周囲の状況を考えればそのような姿勢は決して択れないものだが、彼女等は席のない客に呼び掛けられるまでそうしている。私は思わず小さく言葉を吐いてしまう。

「白ブタたちめ！」

それから以後も彼女等は自分達さえ楽な姿勢になれば良いと、人の乗り降りがある度に席を移動した。

ある町にバスは着き、運転手は、

「十分間休憩」

と英語で放送したが、それを彼女等は解らず、バス内に残っていた私に——この時他のすべては降りていて、車内にはその三人と私だけしか居ない、

「スコリカ、ミニッツ（何分間）？」

と言う。私は何を問われているのかすぐには解らなかったので——実はこの時まで彼女等がロシア人だとは思っていなかった。まさかロシア人が居るとは思っていなかったから。とても政府関係者には見えなかったし（もしそうならこんなバスなど利用していないだろう）、比較的自由に動いていたから。それでもちょっと信じられなかったが、言葉を聞いてみるとロシア人に違いなかった——、怪訝な顔をするが、少ししてそれがロシア語だと解り、

「テン・ミニッツ（十分）」

と答える。

英語を話さなくともこの国に居るのなら、そんな簡単な単語ぐらいは解るだろうと思って。

しかし彼女等は理解しない。理解しないどころか、こちらをバカにしたように見つめ、〝なぜ私たちに解る言葉で答えないのか〟という風をする。

「テン・ミニッツ、理解できませんか？」

と、改めて問うても、反応がない。それ以上こちらも話さなければいいものを、もっと簡単な問いかけなら解ると思い、

「どこに行くのか。SUDBURY《サドベリー》、それともウィニペグ？」

と問う。しかし彼女等はさらに不思議そうな顔をする。たぶん途中の町の名など知ってはいないのだろう。そして一人の女がついにこちらの忌み嫌う言葉を吐く。

「シトー（何）？」

この言葉程、ソ連旅行中に浴びせかけられた言葉もない。日本語的に正確には何と言えばいいのか。勿論同じ言葉でもそのイントネーションによってひどく違ったニュアンスになるのだろうが、今のそれは確かにソ連旅行中に吐かれた音調と同じだ。

「何なんだよ」

といった風が強い。私はそれを聞いてもう何も彼女等に語り掛けない。ロシア人もまた、人種差別の感情の激しい人たちなのだ。彼等は一般に、東洋種とか黒人に対しては、好意的ではない瞳を投げかける。欧米の白人を見る目とは違った目で見つめる。そこには間違いなく侮蔑のこもった眼差しがある。

しかしこのことは正しくないかも知れない。正確に語るのなら私はもっとロシア人を知らなければならないだろう。

バスは十五分間の休憩の後、その町を発った。そして午前四時四十二分に NORTH BAY に着く。こちらは寝ている。運転手は替わるが、バスそのものと乗客は変わらない。

同所発五時十分。

六時四十一分、終点のサドベリーに着く。たぶんダウンタウンよりいくらか離れているのだろう。仮りのような建物がターミナルになっている。何か日本的にいえば、見本市会場のような平屋の広い敷地にそれはある。

乗客は乗り換える。ここよりグレイハウンドになる。すでにトロントからの客が乗っていて、半分程席は埋まっている。私も含めて多くのモントリオールからの客は通路側の席に着く。ロシア人達もたぶんそうなったのだろう。彼女等は私より車内後方に行ったので確かなことは分からない。

定刻は七時十五分だが、十四分遅れてサドベリーを発つ。これ位の遅れなら長い距離を走っていれば、訳なく取り戻せる。すでに書いたことだが、五分位遅れて出るのはむしろ日常だ。とにかく今日一日もまたこのバス中で過ごさなければならない。

明るくなり出して景色も見られるようになるが、前から三列目と言っても背を伸ばさなければならず、さもなくば通路側に身体ごと動かさなければ、それは見られない。

途中、BLIND RIVERという町で二十七分間の小休止をして、そして十一時三十分に見慣れたスー・セントマリーのバスターミナルに着く。ホステルはすぐ近くにあるが、勿論行かない。ターミナル内で時を送るだけ。

一時間休んで出発する。バス中の食事はモントリオールで作ったサンドイッチ（挽き肉炒めと豆のトマト煮が挟んである）。

サイクリストのG君が、

「THUNDER《サンダー》 BAY《ベイ》よりスー・セントマリー間がアップダウンがいくつもあってシンドかった」

と語っていたその道を通る。午後の日中、その景色はよく見える。確かにアップダウンが多い。このような処を自転車で来たのかと思うと、今更のように彼等の旅行に頭が下がる。目的のある行為は人をして、それを成し遂げさせる。今頃はニューヨーク目指して走っていることだろう。こちらは眠ってもいい姿勢で過ごしている。何と楽なことか。

BATCHAWANA BAY, WAWA, WHITE RIVER, MARATHON, SCHREIBER, NIPIGONの各町で、それぞれ十分程の小休止をして、サンダーベイに着いたのは夜十時二十分。隣席の男はここまでと語っていたが、窓口で切符を買い直している。聞けば、

「ウィニペグまで行くことに変更した」

と。折角窓側に変われると思っていたのに。仕方ない。

約一時間の停車ののち、十一時十八分、出発する。明朝は降車地、ウィニペグ。あと少しだ——モントリオール以後を次のように変更している。つまりケベックには行かず、従ってその先に予定していた、ガスペ、あるいはプリンス・エドワード島、あるいはノバ・スコシア州、どれへにも行かないと……。


二日間の座席での時間はやはりキツイ。インド、アフリカ時には当然のこととして受け入れていたことだが、ここでは辛い。何が、といって尻の表面がかなり痛くなってきていて。足を伸ばせないこともある。

しかしこのグレイハウンドのバスは、この大きさにして定員四十三名だからゆったりとスペースを取っているのだが——いやこれ位取らなければ、アメリカ人やこの国の人たちには尚更長く坐ってはいられないだろう。身長の高さもさることながら、横にも大きく膨らんでいるのだから。客を得る為にはこの広さは否応のない選択《もの》だっただろう。

バスは快調に進んでいる。ロシア人のうちの二人はサンダーベイから、私の斜め前、前から二列目の席に座を取っている。そして一番前の列の席にも一人が居る。後方より前の方がいいらしい。彼女等も小太りだが——いや、大太りに近い小太りだが——、それが余計この国とマッチして、決して異邦人のようには見えない。一体彼女等はこの国で何をしているのか？

マニトバ州

ウィニペグ／日本への電話、三回目

ウィニペグ到着午前七時四十六分。時差により一時間戻し、マニトバ州時刻、六時四十六分。定刻より十六分遅れだが、それは早朝故に関係ない。それにこちらが予定している宿（YH）は八時にならなければ開かない。

いつものようにターミナル内の Washroom でトイレ、洗面、歯磨きを済ます。十日程前に来ているので、ターミナル内の造りも、街の地勢も知っている。行動に何の不安もない。

そしてできることならこのターミナル内にある公衆電話から日本に電話したい。ここが朝七時なら、日本は同日夜の九時の筈だ。あまり遅くなるより、このくらいの時刻に呼んだ方がいい。

七時少し過ぎに、ダイヤル零番を回して交換手を呼び、自宅にダイヤルしてもらう。しかし呼び出し音に答える風はない。

三十分後にも掛け直すが、やはり出ない。諦めて先に宿に向かう。歩いて十分程だが、余裕を見て、そして閉まっている処に居た方が相手に与える、泊めることに対するイメージもよいと考え、十八分前にターミナルを出る。

Portage通りを右手に歩いて行く。初めて来た時には左に歩いていて無駄足を踏んでいる。今回はストレートに行く。やはり七～八分前に着く。

前回と同じように前階段にリュックを置いて扉の開くのを待つ。扉に貼られている開扉時刻が「七時三十分」より「八時」に訂正されている。私たちのあの日があったからか、それとも他にも七時三十分過ぎに来た客が、扉の開かないことにもっと強く苦情を言った為か。さもなくばその客が呼び鈴《ブザー》を押し続けたのかしたのだろう。とにかく一つ納得できる方向に変わっている。良いことではないか。

前回は鍵を持つ女の子が自転車でやって来て扉を開けてくれた。それ故に彼女が来た方向を八時少し前から見ている。ところが八時ちょうど頃に建物の内側から扉が開く。開けたのは前回と同じ女の子――この宿には四、五人の女の子が働いていて、その女の子だけが居るのではない――で、外から来るものと思っていた私にはちょっと意外なこと。しかし時刻通りに入れることができてホッとする。

受付カウンターのシャッターが開かれ、チェックインが……。しかし、

「昨夜は満室だったので、まだベッドに空きはありません。しばらく待っていて下さい。但し、もしシャワーを浴びたいのなら使えますから、どうぞ」

「ありがとう」

「あなたは以前来たことがありますね――」

こちらのことを覚えているらしい。十日程前だから当然か。こちらも目で答える。

「――ならば、館内のことは分かっていますね」

「はい」

「じゃ、荷物はキッチンの置ける処に置いて、九時頃にまたここに来て下さい。その時にはベッドの空きが分かるでしょうから」

私はキッチン（ダイニングルーム）に入り、左手奥にあるソファの処でリュックを降ろし、そしてシャワーを浴びるべくタオルと石けんを取り出す。この時刻、日本では決して早くはないが、この国では起き出している者は少なく、一人の男だけが牛乳やらジュースやらを飲んでいるだけだ。

地下にある、トイレ・シャワー室内にあるシャワーで二日分の汗と汚れを落とす。サッパリとする。ある町に居て、一日中歩き回った時に比べれば、汗もかかず汚れもないが、二日間のバス中を考えると、ひどくサッパリした気分になる。

ダイニングルームに戻って九時までどうするか、いやその前に再度、国際電話を掛けるべく、宿近くにある公衆電話に行く。

これまでと同じ要領で交換手に依頼する。そして相手も同じようにこちらに問い、

「クォーターコインを沢山持っているから投入します」

と答えると、呼び出しを開始してくれる。カナダ時刻朝八時三十分過ぎは、日本では夜の十時三十分過ぎだ。

今回は二～三回の呼び出しコールで、受話器が取られる。母の声が伝わってくる。こちらが話すと同時に、いやその前に、通話コールする前に、まず三ドル五十セント分のコインを投入している。それは交換手に確認されて、彼女も納得している。そして今、交換手が「あと四ドル入れて下さい」と言う。

この時がいつも繁雑になる。状況を知らない母は話し掛けてくるが、そうすると交換手が割って入って通話を一旦、切ってしまう。こちらは四ドル分のコインを入れているが、母の声に応えもするので、交換手は再びストップする。

そんなこんなで四ドル分を入れたが――前回の不手際を反省して今回は七ドル五十セントを前もって用意している――、交換手は「あと五十セント入れなさい」と言う。

「いや、確かに四ドル入れた」

と言っても、「三ドル五十セント」と譲らない。こんな時どうすればいいのか。四ドル入れたことを主張するべきか。しかし通話ラインを切られてしまうことを考えると、不満だが、言われた通り、五十セントを入れなければならない。しかし、その五十セントは手元に置いてなく、ポケットからサイフを取り出して、とまたいくらか通話は止められたままになってしまう。電話局のカウンターの故障か、それとも今かけている電話機の内のカウンターが働かなかったのか。こちらに取っては大きな五十セントを、余分に払わなければならない。

五十セントを入れてようやく、交換手は、

「それでは三分間話せます」

と言って、やっと日本との会話から離れた。

日曜日の今日、母は出かけていて、少し前帰宅したという。バスターミナルから掛けた時、出なかったのも当然だ。但し、こちらは悪いことも想像して、心落ち着かなかったことも事実だ。

父の病状に変化はないらしく一安心する。これで主な用件は済む。前回の電話から僅か十日だから大した変化はないようだ。ホッとする。今回もまた分秒数が余り気味で、話し半ばで前回同様、何の合図もなく通話は切られた。

旅行者の国別内訳

宿に戻って、受付の処に貼られた、一昨年九月から昨年九月にかけての一年間にこの宿を利用したホステラーの国別人数の順番を見る。実はそれを再確認したいこともあってここにやって来たのだ。

第一位は大英帝国《グレートブリテン》の九三五名（但しこの数字は、たぶん今回の私のような再泊者も一名とカウントしてのものだろう。つまり九三五名の違った旅行者が来たという意味ではないと思う。次番以下の各国人数も同様のことと理解している。要するに延べ人数だろう)。

第二位はオーストラリアの五四六名。第三位はドイツの五二九名。

そして第四位に日本が入っている。三四三名。以下、アメリカ＝二六六。フランス＝二〇九。スイス＝二〇八。ニュージーランド＝一五二。

この順位はある意味で当然のものだ。これらの国々で民族的、言語的にカナダと全く違うのは日本だけでしかないのだから。あえてそれでも他に関係の薄い国を挙げれば、ドイツとスイス位だ。その他の国々は、カナダに多くやって来ても何の不思議もない国ばかりだ。グレートブリテン(日本でいうイギリスとは違う。第八位のニュージーランドの次に、第九位としてスコットランドが八三名で続いているし、北アイルランドも別に設けられているから。たぶんイングランド人とウェールズ人がその欄にそのように書くのだろう)、オーストラリア、ニュージーランドは同じ根であり、アメリカは国境を接する隣国だし、フランスは、ケベック州は第二のフランスといってもいいのだから。

ドイツ人の旅行好きは——それはどこの国、どこの地域に行っても居たのだから——広く知れ渡っているから、この結果に何の不思議もない。

同じ第二次大戦敗戦国の二国が旅行者として多いというのも、何か共通項があってのことかも知れない。経済の豊かさも勿論そうだが、自国の内情に飽き足らない若者が多いということかも知れない。言語的にも上記の国々のなかでは日本と共にカナダと関係のない国民なのだから。

スコットランド以下の国名を挙げれば、デンマークとオランダが六八名。スウェーデンが五一名。オーストリアが三九名と続く。概ね私がこれまでの旅行で行き会った旅行者の国名と一致する。

アジア人が日本の次に出てくるのは、香港の一五名だ。しかしこの香港人たちは一九九七年の中国返還に伴うアメリカ、カナダへの今からの移民現象だということを考えれば、旅行者という意味ではその質は日本人とは全く違う。

実際、今この宿には少なくとも二人の香港人男性が居る。同じアジアの顔を持つが、日本人にはすぐに〝日本人ではない〟と判る。言葉を聞かずとも彼等の行動、格好を見れば。決して偏見ではない。二人は二人共してホステル内に居る時、上半身裸で居るからだ。

日本の旅行者はまずこのような公共の建物内ではそのようにはならない。海辺近くのホステルならいざ知らず、あるいは赤道近くにある国での宿ならまだしも、こういう町中ではたとえいくら日中暑いといっても、決してそのような格好ではいない。事実この旅行に出てホステル内で、多くの日本語を話す若者を見かけたが、一人としてそのような者はいなかった。

しかし白人には彼等は日本人に見えるかも知れない。圧倒的にこの宿を利用するアジア人には日本人が多いのだから。その辺の処にちょっと複雑な思いがあることも事実だが。

ベッドの空きを告げられ、そこへ行く。すると何と前回泊まった時と同じ部屋の同じベッドだ。部屋は男性用だけで少なくとも四つ。総ベッド数は三十はあると思うのに、その三十分の一に当たったのだ。この偶然に驚く。

荷を置くと日曜の町中に出て行く。九時三十分には閉館されるので、その少し前に出る――しかし実際は九時三十分ちょうどには閉まらないだろう。多くのホステラーがまだ食堂や部屋内に居たのだから。

Broadway通りからPortage通りと、大通りを行く。しかし何を見るつもりもない。この町を選んだ理由の一つに、何も見物しなくていい町だから、ということもある。できるだけ静かで落ち着いていたい。

バスターミナル前を通ってイートンプレイスに向かう。そこの軽食堂街の中の一軒の店が落着くのにはいいのではないかと思っている。

ここまでの道中、まるで日本の正月のような静けさ。そのメインストリートにもほとんど人影はなく、通る車もまばら。日曜日はこんなものなのか、と思う。まだ人々は眠っている時刻なのか。それとも起き出している者は行楽地に、あるいは教会にと、出かけてしまっているのか。ちょっと怖い程の人影の無さに当初の予定をやめて、早々にイートンプレイスから出る。そこから続くセカンドレベルのモールからも出る。

物乞い

十時を回って、早く場所を決めなければと思う。Portage通りに面して立つマクドナルドに行くことを決める。雑多な客が来るのは仕方ない。逆にそれ故に私みたいなものが長く居ても問題ない。よく考えて見れば初めからここに来ていれば、時間をもっと有効に使うことができたのだ。十時十八分に入る。コーラ、八十五セントに税金分の六セント、計九十一セントを払って、壁際の席に坐るとノートを取り出す。その態勢になることができる（一週間分の書き物をしなければならない）。お客の姿はまばらだ。テーブルの数が多いこともあるだろう。

途中、空腹になることも喉が渇くこともなく過ぎる。客の流れはこちらのテーブルにもある。白人の初老（五十歳代前半か）の男が、アジア系（中国人だと思う）家族の居るテーブルへ行き、金の無心をする。婦人の方が、

「I'm sorry」

と断っている。しかし白人はなかなかそのテーブルから離れない。

少しするとどこに居たのか、無線機のようなものを持つガードマンがやって来て、白人を店外に追い出す。しかしそれは手荒ではない。白人は、半分酔っているか、病気なのか、足元がフラついている。

これはよくある光景なのだろう。他の客も特別このことに注視しない。

富める国であるカナダにも当然このような人達は居る。道行く私にさえ——こんな薄汚ない格好をしている私にさえ——物を集《たか》る者は居る。それこそ少女のような——スタイルのいい——子が、近寄ってきて小声で、

「二十五セント、くれない？」

と言ったり、バス停前に屯する若者が、

「ヘイ、五セントでいいからくれないか？」

とか、道端に立つ初老の婦人が、

「タバコ二本、くれないか？」

とか……。初老の男が無言で手を差し延べてくることもある。

老若男女を問わず、物乞いは居る。むしろそういう人たちを見て安心するべきなのかも知れない。但しこれは、男の若者を除けば危害を加えて来るような相手ではないと解っているので、そう思うのかも知れないが。


午後五時五十八分まで、マクドナルドに居る。七時間四十分居る。これだけ居ても決して時間の気になることは、周りが気になることはなかった。アジア系の清掃係が頻繁に近くを通るが、途中からそれが男から女に変わったが、アジア系故にそれを気にすることもなかった。

まだすべてを書き終えた訳ではないが、買い物をして夕食の仕度もしなければならず、それに二日分の寝不足を解消するために早く就寝したいこともあって、切り上げる。

戻り道、スーパーマーケットで夕食と明朝食用、それから明日のバス中の食事用の食料を買い込んで宿に戻る。ウィニペグでの一日は予定通り何もせず終わる。それでも納得できる一日。

夜、予定外の外出をする。ボールペンを買いに、近くのガソリンスタンドが兼営する店屋へ行く。日本から持参のそれのインクがなくなったからだ。

ビック社のそれを求める。二本で八十九セント、プラス税の六セント、計九十五セント。高いが仕方ない。必要なものは買わなければならない。


翌朝六時過ぎに起床する。バスの出発は九時半だから、もっと寝ていてもいいが、弁当にするサンドイッチ作りのことも考えて起きる。一回見覚めたら、再び眠ることはこんな時にはできない。

サンドイッチの中身はいつもと同じ挽き肉を炒めて、そこにトマト煮の豆の缶詰を入れるだけ。それを食パンに挟む。残っている食パン全てに挟んでゆく。三十枚近くあるだろうか。一時間近くがかかる。

作り終えてホッとする。今日は可能なら金を一銭も使わぬ日にしたい。

飲み物は一・二五ℓ入りのコーラが半分以上残っている。バス中三回食事をしても、たぶん贅沢しなければ間に合うだろう。

宿を八時五十四分に出る。シートセレクションをしているので、それほど早く行く必要はないが、二十分前にはターミナルに居るべきだろう。

歩いて十分で着く。しかしこれまでと違ってすでに当該バスは駐まっており、乗客も乗り込んでいる。ちょっと焦ってバスの扉口に行く。そして切符とセレクションカードを出して乗り込む。運転席、直ぐ後ろの席だ。勿論残っているが、他の席は大方埋まっている。発車三十分前に乗車が開始されたらしい。乗ってしまえば問題ないが。

定刻を待つ。これだけ早くから乗車を開始していれば定刻に発つこともできる。そして珍しく、九時三十分の定刻に発つ。

見慣れたPortage通りを行く。

途中左手に前回訪問時に訪れたアシニボイン公園が見える。それから先は未知の道だ。

隣席に人は居らず、快適。

約丸一日、このバスと共に過ごす。明朝はエドモントンの筈である。

アルバータ州

エドモントン／カナダの交通事情

この国の車のことを、交通ルールも含めて、気付いたことを少し書きたい。一般に言って歩行者優先である。これは特筆していいことだと思う。町中では歩行者が横断の意志を示せば、まず車は止まってくれる。信号のない処でも、そこが横断する処であるならば、そうである。こちらがむしろ恐縮するほど止まる。こんな国、これまでのどこにもなかったと思う。

それと、日中でもライトを点けて走る車が多い。町中ではあまりないが、ハイウェーに出ると多い。それはかなりのスピードで走っているので、対向車や歩行者に存在を知らせる意味からだろう。これは実際、良いことだと思う。

それに反してちょっといただけないと思うのは、ナンバープレートがいい加減なことだ。前後双方に付いている車は少ない。州によっても違うのだろうが——アルバータでは結構前後付いている車が多いが——、オンタリオとかマニトバ辺では何か自分勝手に好きなプレートを付けているみたいな車が多かった。日本のようにちゃんとした登録制ではないのかも知れない。確かに車検なんてないだろうから、当然そういうことになるのだろう。誰の所有なのかなんて、犯罪が起こらない限り問題ないのだからいいのかも知れないが。

車自体のことで言えば、現在の日本ではそのランプ関係の色はほぼ統一されているように思う。つまり、ストップランプは赤、方向指示機はオレンジ色、そしてバックランプは透明《しろ》という風に。

しかしここではストップランプは赤だが、方向指示器も赤の車が多い。といっても指示器を操作して曲がる車自体が少ないから、大してこのことに問題はないのだが。

確かにアメリカ製の大型車の場合、そこにオレンジ色を付けたとしたら、何となく重厚さが薄れてしまうかも知れない。と言うことは今後もその色に変化はないように思える。

それとこれは以前のアメリカ旅行時のグレイハウンドではなかったことと思うが、このカナダではバスは踏切で必ず一旦停止している。他の乗用車やトラックやトレーラーは一般道を走るそのままに、スピードを緩めることなく通ってゆくのに、バスだけは感心にも、どんなに飛ばして走っていてもそれが近づくと、ハザードランプを点滅させて後続車に知らせ、車体を右端に寄せて、一旦停車する。ちゃんと右側端ギリギリに寄せて、後ろの車を通す。大した交通道徳だと思う。他にも日本とちょっと違うことはあるけれど——右折車は信号の赤に関係なく走れることなど——、またそれは書く。

さて所定のバスストップに止まりながら——夜中はほとんど眠っていたのでよく分からないが

――エドモントンのバスターミナルに着いたのは、定刻より三十分程早い、午前五時三分過ぎ。まだ暗い。加えて雨が降っている。ターミナルから出る気はない。トイレに入って少しゆっくりする。朝早いこともあって、人の出入りも少なく気楽だ。

洗面等を済ませ、ホールに入り、そして〝A&W〟という軽食堂に入る。飲み物は安く、それに店内も広いので、書き物をする。一時間以上の時間がある。

八時近くになって動き出す。いい具合に雨も上がって明るくなっている。だが方向が判らない。切符売り場の人に訊く。

「ホステルか？」

と相手は問い返し、「そうだ」と答えると、簡単な印刷された地図を出してくれる。それを片手に人通りの少ない道を歩いて行く。

初めての土地は距離感が摑めず、いくらか不安だが、しかし朝も早く問題ない。

十八分でYHに着く。八時を過ぎているので扉も開く。しかし宿の者も起き出して間もないようで、それに前夜満杯だったのか、すぐには手続きしてくれない。静かに待つ。

一時間後、やっとチェックインを始める。それで部屋とベッドを得る（ドミトリィ、十ドル）。シャワーを浴び、小休止して見物に出たのは十時を回っている。だが動くのには充分だ。

まずインフォメーションに行って、日本領事館の場所を訊く。中国系の係の人が居て、とても親切だ。こちらも白人よりは訊き易い。こんな感情はいつものことだ。それを不思議に思う。

㋐Y・Hへ
㋑YMCA
㋒YWCA
㋓マクドナルド・ホテル
ⒶChurchill駅
ⒷCentral駅
ⒸBay駅
ⒹCorona駅
ⒺGrandin駅
ビクトリア公園
ノース・サスカチェワン川
地下鉄
①鉄道駅（VIA）
②バスターミナル
③インフォメーション
④ビスタ33
⑤州議事堂
⑥郵便局
⑦市庁舎
⑧美術館
⑨ローレベル橋
⑩マクドナルド橋
⑪105番通り橋
⑫ハイレベル橋
⑬Jasper通り
⑭101番通り
⑮97番通り
⑯Grierson Hill通り
⑰ムタート・コンサーベイトリーへ
⑱チャイナタウン
⑲DUD B MENZIES橋

エドモントン市内図

彼女に前以てのそれへの知識はなく、またインフォメーションにある情報の中にもそれはなく、電話帳で調べてくれる。そしてそこに電話してくれ、大体の場所を知る。

インフォメーションから大して離れていない。彼女にお礼を言って、その MANULIFE ビル（101 th通り）目指して行く。青緑っぽい高層ビルがそれだ。市内でも目立つ建物の一つ。

在外公館の大きな違い

同ビルに着き、二十四階へ行く。オタワのこともあるのでちょっと入りづらいが仕方ない。

扉に、

「ブザーを押して下さい」

とある。ブザーを押せば遠隔操作で、内側のロックを外してくれるのだと思っている。そんな大使館があったからだ。

しかしブザーを押しても何の反応もない。もう一度よく、ドアに貼られる紙を見る。すると、

「先にブザーを押してから中へお入り下さい」

とある。成程カギ自体は最初から、掛かっていないのだ。

オタワと違い窓口は一つ。そこには中年の日本婦人が居る。

オタワの時と同じように尋ねる。

「ちょっと待って下さい。お名前は?」

全くオタワの時と応対が違う。心が和《なご》んでゆく。

「いつ頃出したのですか?」

奥から出て来た別の中年の婦人が問う。

「今月五日までに出すことになっているのですが……。日本から一週間位では着きませんか?」

「……」

それには答えないが、

「郵便は一日一度、十一時半頃来ますから。今日の分はまだ来ていませんから……」

奥で調べてくれていた最初の婦人が、

「今のところは来ていないようです。いつまでこの町に居るのですか?」

「明後日には出ます」

「……」

「分かりました。ありがとうございます。それではまた明日の午後にでも伺います」

「そうですか。それではそうして下さい」

「はい」

帰りかけると、

「いえ、また来るのも何ですから、もしよかったら、電話で問い合わせて下さい」

と言って、領事館の住所と電話番号の記された名刺大の紙をくれる。あー、何とした違いだろう。一方は「なぜここの住所を使ったのか」と詰問し、一方（ここでは）、住所と電話番号まで記された紙をくれ、そして、

「いつでも問い合わせて下さい」

と言う。どちらが在外公館の真にあるべき姿だろうか。パスポートの表紙裏には、どのようなことが書いてあるのか。どのような文言が書かれてあるのか。

【どの国の人もこのパスポート所持者に対して、必要かつ適切な援助をしてくれるよう、要請しているのだ。自《おの》ずから、分かり切ったことだろう。敢えて書くまでもない。

私は手紙の来ないことのショックより――大体オタワで受け取れなかったので、この町でも期待はほとんどしていない――、ここの館員の優しさに触れ、ひどく暖かい気持ちになって、そこをあとにする。

エドモントンの見物を始める。

インフォメーションのある Jasper《ジャスパー》 通りまで戻り、そこからノース・サスカチュワン川を越えるべく、かなり落ち込んだ谷へ降りて行く。マクドナルド・ホテルの脇から木の階段を下って行く。Grierson Hill 通りを越えて、ローレベル橋を渡る。目的地はムタート・コンサーベイトリー（植物園）。

左手の方向にガラス屋根の、三角錘様の建物が四つ見えている。近いようで結構歩くとある。

立体交差されている車道を越えるので、車の流れを注意深く見つめなければならない。

特別その内に入って見物するのが目的ではない。要するにどんな感じの植物園かを知ればよい。この国に入ってすでにいくつも、各地で植物園を見ている。

この町には動物園もあるが、やはり同じ理由で行くことはない。初めから予定に入れていない。もう見物する処を選択する段階に来ている。それだけこの国の旅行も長くなったということだ。

十二分居て、歩き出す。今日は川の南側を主に見物する予定。

次にアルバータ大学を目指す。川辺に沿って歩いて行く。自転車道があるので、その道を行く。自転車の者、ジョギングする者、競歩のように歩く者、と擦れ違う。

この国の人たちは本当に自転車とジョギングが好きだ。皆健康維持のためにやっている。このように運動しなければ太るということか。成程肥満の者が多い。

上半身裸のおじさんが幾人も通る。若者も、女の人も行き過ぎる。

マクドナルド橋から105番通り橋まで二十七分がかかる。そして次のハイレベル橋までは九分、さらに川に沿って進む。しかし道は、とある建物の処までで行き止まりになっている。その中へは入れない。引き返す。

ハイレベル橋は遥か高所を通っている。その隣に工事中の橋がある。それは二層橋になっていて、下は自転車と歩行者用だ。そちらは完成していて、自転車が頻繁に行き来している。上層の工事は地下鉄の延長工事である。

㋐Y・H
(91番St)
市営空港
⑫GROAT橋
⑬動物園
⑭鉄道駅（C.P.R）
⑮ウエスト・エドモントン・モールへ
⑯国際空港へ
⑰チャイナタウン
⑱DUD B MENZIES橋
⑲97番St ㉑111番St
⑳95番St ㉒142番Av
①鉄道駅（VIA）
②州議事堂
③ローレベル橋
④マクドナルド橋
⑤105番通り橋
⑥ハイレベル橋
⑦アルバータ大学
⑧ムタート・コンサーベイトリー
⑨州立博物館
⑩コロネーション・パーク（スペース・サイエンス・センター）
⑪フォート・エドモントン・パーク

エドモントン全体図

大学に行くにはハイレベル橋を越えなければならない。しかしあまりに高過ぎる。そこに達するにはかなり戻らねばならない。あるいは急な坂を、道のない処を、行かねばならない。

迷って結局、工事中の橋——DUD B MENZIES橋、という——の下層部を歩いて、一旦北側に出ることにする。

そちら側に行き、そこでハイレベル橋まで昇り、そしてその橋を渡って再びこちら側に戻るという、ちょっと考えられないようなルートを択ることにする。それが大学に行くには、最も簡単なように思えたからだ。

そしてそうして再びこちら側に戻ってきたのは、最初にその橋下に至った時から五十分程が経過している。無駄な時間をまた過ごしている。

ハイレベル橋を渡り、アルバータ大学に入ったのは午後一時半。夏休み中なので、授業は行なわれておらず、各校舎は閑散としている。カナダ第二位の広さを持つ大学という。確かに構内に車道はいくつもあり、市バスのトランジット地点にもなっている。

ガイドブックに"Hab"と、"Sub"というショッピング・アーケードがあると記されている。それが見たくて来たのだが、いくつも校舎があって、すぐには分からない。

諦めかけて校舎を出ようとした時、壁に掛かる"HUB HALL"という文字を見つける。そこに入って行く。確かにいくつもの商店がその両側にある。二階の通路には多くの食べ物屋もある。チャイニーズもあるが、"ジャパニーズ・フード"と看板を掲げる「EDO」でテイクアウトする。作る者は勿論中国人だ。

野菜と肉をサッと炒めて、御飯の上にかける「テリヤキ・スペシャル」という代物。肉野菜炒めライス、といったもの。三ドル二十セントは四百円程だが、水がないので缶の炭酸入りジュースを買って、結局五百円以上のものとなる。仕方ない。空腹時にはどうにもならない。

〝HUB〟にあるインフォメーションで地図を貰い、〝SUB〟の位置を確認して、そちらにも行く。図書館、軽食堂が一階にあって、地下に郵便局、銀行、そしてビリヤード場等がある。やはり一風変わった建物だ。

大学内には二時間半居る。午後四時三分に次の目的地に向かって、再び歩き出す。目指すは州立博物館。川の北側に戻らなければならない。

市内見物（州立博物館、エドモントン・モール）

GROAT橋を渡る。しかしここからが結構まだ遠い。

自分の旅行は何なのだろう、とふと思う。こんな旅行をやっているのは自分一人ではないかと。白人の中には、あるいは居るかも知れない。しかし日本人でこんなバスで移動する、そして町中では切りつめる、というか徹底して歩いて回る旅行をしている者なんて居ないのではないか。

地図で見て、

『歩けるぞ』

と思うと、そうすることを決めている。今日のこのコースも、もし仮りに前以て上空から眺めていたら、たぶんどこかしらにバスを使っただろう。

州立博物館に着いたのは大学を出て四十分近くが経っている。三㎞近くは歩いたことになる。ただ歩くのなら、ただ手ぶらで歩くのならいい。しかし今はショルダーバッグがある。それが結構重く感じられる。数日前より、肩ベルトの部分を延ばして、胸に交差させて掛けている。交差させずの片肩下げでは、ひどくそちらの肩を疲れさせるからだ。

鉄板だけの、コンクリートのない、下の覗ける橋を渡ると、すぐ左側に博物館はある。

出入口の小広場の処で、日本人女学生のような団体が記念写真を撮っている。どこかの短大のグループか、英語学校の仲間達か、二十人近い彼女等がいい表情をして、ポーズを作っている。

日本人を見ても驚きはしないが、なるべくそういう人たちの方は見ないようにしている。日本語で話しているので、こちらは向こうが日本人と判るが、向こうはこちらをそうとは知らないのだから、あえてそちらに顔を向ける必要はない。たまたま擦れ違った一団に過ぎない。

午後五時に近く、もし開館時限が午後六時までなら入るのはよそうと考えている。とても一時間では見られると思わないし、それに今日はまだ、これからもう一つ行かねばならない処がある。

扉を開けて内に入る。受付カウンター内に女の人が居る。こういう中年の白人の、白髪の眼鏡を掛けた婦人に私は弱い。どうも声を掛けるのが躊躇われる。

向こうはこちらを見ようともしない。カウンター内にある博物館に関するパンフレットを勝手に手に取る。それでも彼女はこちらを気にしない。話し掛けない限り、こちらと対《む》き合う気はないらしい。こちらはそれの方が都合が良いが。

パンフレットを見つめる。展示室への方向には行かない。左側にショップがある。右側はラウンジだ。そちらに行って再びパンフレットを見つめる。入館料は三ドルとある。しかしどこにもそのような切符を売るような処はない。受付カウンターの婦人は相い変わらず、全くこちらを気にしない。

さらにパンフレットをよく見る。「Tuesday Free」とある。今日は何日だった？ 曜日が判らない。あえてその婦人に訊くこともできない。腕時計も私のは曜日を表示していない。自分で曜日を確認する方法は一つ。行動帳を見る以外ない。という訳でトイレに入ってそれを調べる。

『おお珍しい。当たっている』

正《まさ》しく火曜日である。無料日だ。それを知ると、展示室に続く通路を行く。その正面に、普段の日には切符を売る人が居るらしい。ちゃんとそのことが書かれるボードがある。

今日は無人。何の遠慮をすることもない。ゆっくり見学し出す。幸い、開館時間も六時までではなく、八時までだ。ゆっくり動ける。但し次の行動もあるが……。

一階に二室、二階にも二室の計四つの展示室から成っている。正面から右手と左手の、それぞれ一、二階に一部屋ずつある。

動植物、昆虫、先住民族（インディアン）、そしてカナダ建国史、というか開拓史。それと地球の成り立ちと恐竜。大体この国の博物館の展示はどこも似ている。いや博物館というのはこの国に限らず、このようなものを展示している。

過去と現在の比較、そして未来を予測するもの。日本の博物館に比べると、より子供が楽しめる工夫をしている。とても子供が楽しんで見られる内容だ。これは大切なことだと思う。子供に興味を持たれない博物館は、あまり良いものとは言えないだろう。

一時間半居て出る。

さてここからが問題だ。バスを利用するつもりだが、バス停は？

博物館の目の前にあり、"Transit Zone《トランジットゾーン》"と書かれてあるが、しかしバスは止まらない。

歩いて少し戻って行く。鉄網敷の橋を渡る。そのたもとにも停留所はある。しかしやはりバスはこちらを無視したまま走り過ぎる。異邦人にはこの意味が解らない。

さらに戻る。そこではバスは止まっている。客が沢山居る。何台もバスは来る。成程、その"Transit Zone"という文字の下には、トランジットするバスの番号が書かれている。前の二つのバス停のそこには、何も書かれていない。

勝手にこう解釈する。

――番号の書かれていないバスストップは、降車客のための停留所なのだ、と。降りる客がいない時は、たとえ乗る客がいても、ノンストップできるのだ、と。バスが止まるのは、そのボードの下に番号が書かれてある停留所だけなのだ、と。

よく考えてみればこれはおかしなことだが。とにかく二停留所戻った処から、やっと十番のバスに乗り込める。

これからショッピングセンターに行く。何をわざわざバスに乗ってまで、と思うが、それがガイドブックに紹介される程のものであれば、訪れない訳にはゆかない。カナダ一、とか世界一とか誇っているものらしいから。

二十分後、終点のそのショッピング（ウエスト・エドモントン）モールに着く。大駐車場に、大商店街、のその中に入ってみると、〝商店街〟というより、娯楽センターといった感が強い。とにかくよく出来ている。大人と子供のプレイランドは、当然として、アイススケートリンク、温水プール、イルカのショー館、潜水艦ツアー、ミニゴルフ、音楽ショー、等々。

またデパートや個人商店もそうだが、マクドナルドやチャイニーズやイタリアンやギリシアと、各国の食事も出来る店もある。

鳥が居て、熱帯魚が居て、造り物のクジラが居て、あのウィニペグのマニトバ人類自然博物館で見たハドソンベイ・カンパニーの持ち船の〝Nonsuch〟という船のレプリカもまた飾られて、と。大人でも道に迷うほどの、広い大きなモール。

ここも丸一日居ても飽きないが、旅行中の身、やはり一時間二十分で出る。〝行った〟ということ。またその雰囲気を肌で感じればいい。

一日の予定を終えて、同番号のバスに乗る。戻りは逆の終点近く、95th通りまで行って、降りる。もうその先はバスは行かず引き返すからだ。

宿には九時七分に着く。途中で食料を買う為にガソリンスタンドに入っている（この国では米国同様、同スタンドが食料品店を兼ねていることが多い。それはガソリンと食料が不可欠なものであることを物語っている）。まだ日は明るい。

翌朝は七時四十分、同室の白人がまだ寝ている間に町を出て行く。このホステルは日中も居られるので、白人の多くはそんな風に好きなだけ眠りに就いている。いや彼等の多くは夜型人間で、こちらがベッドに入る十時頃には、まだ誰もベッドに戻っている者はいない。大方が十二時を回って部屋に入って来る。遊ぶことが沢山あるのだろう。確かにカナダ人でなかろうと、言葉に不自由のない彼等は――そして風貌も違わぬ彼等は――どこにでも行かれる。

今日の予定はフォート・エドモントン・パークへ行くこと。そこで行動の大半を成すこと。残りは市内の見残した箇所を回ること。

そのパークの開園が十時なので、先に州議事堂へ行く。ここも九時からが見学ツアーの始まりというので。

宿を出てまずバスターミナルへ行く。明日のカルガリー行きのシートセレクションをするためだ。僅か三時間程なので代金が勿体ないが、予約してあると精神的にひどく楽なので。その一ドル七セントは精神安定代と言うものだ。それなら安いだろう。

市内見物（州議事堂、フォート・エドモントン・パーク）

州議事堂には地下鉄で行く。まだ営業距離は短いが、カナダの都市の中で地下鉄のあるのは数える程だから、大したものではないか。それに午前九時から午後三時までは市内中央部分の五つの駅間は無料なので、それもあって利用する。

セントラル駅から議事堂近くのGrandin駅まで、三駅だが、三分で至る。かなり近い間隔で駅が設置されている。

地下鉄といっても電車そのものはカルガリーの市電（C-train）と同じものだ。座席もその乗り降りのやり方も——それぞれ乗る者、降りる者は扉近くにあるボタンを押して扉《それ》を開ける。

Grandin駅から議事堂まで慣れている者なら五分もかからないだろう。地下道を通って、その近くまで行けるのだから。しかし私は初めてのことで、出口を遠い処に出てしまう。地上に出て初めて、その建物を視認してそちらに向かったので、入堂するのに十分もかかる。

九時半少し前、受付の婦人にその旨を告げると、「同三十分からツアーがある」と言う。堂内に入ってみると、しかしすでに出たあとらしく、誰もいない。勝手に階段を昇るのも憚《はば》かられて、そのドーム下、噴水を囲む壁際のベンチに坐る。次のツアーは十時だ。待ってもいい。

エドモントン，州議事堂

ところが少しすると守衛の男の人がやって来て、

「ツアーを待っているのか？」

と問う。

「そうです」

と答えて、そこに居ると、少しして、今度は若い男がやって来る。そして、

「私はガイドです。これからあなたを案内します」

と言う。私一人の為にガイドが与えられたのだ。先刻の守衛さんが知らせたようだ。ひどく申し訳なく思う。英語だから尚更だし、ちょっと厄介でもある。だが断ることもできない。案内してもらう。前以て、

「私はあまり英語が話せません」

と断っておく。すると、

「私も実はフランス語の方を専門としています」

と言い、

「出身地はケベックですから」

と言い添える。成程実際、その風貌はアングロサクソンではなく、ラテン系だ。フランス人というより、イタリア人といった風である。

とても詳しく説明してくれる。一つ一つをここでは書けないが、どんな話があったのか、いくつかを。

エントランスホールに於いて。

建築に使われた大理石の話、噴水の話。その噴水の周りにある花の話（一週間に一度、取り換える）。今居る処は一階ではなく、実は二階だと言う話、等々。

エレベーターで三階に上がり、本会議場内を案内する。廊下に掛けられた肖像画の人々の話。知事室の話。

さらにエレベーターで四階に上がって、下に噴水を望む回廊で。この回廊の、ある位置に立つと噴水の音が小さくなること。そしてその〝マジック〟の謎解き。

英語はあまり得意ではない、と言った言葉が嘘と思えるほど、機関銃の如く、よくしゃべった。仕事熱心なのだろうが、もうこちらは相槌を打つことができぬ程に。

三十五分間、私一人の為に案内してくれる。感謝である。しかし正直言って、二階に戻って彼から解放されたときはホッとする。やはりツアーは団体にくっついているほうが気楽だ。

再び地下鉄でセントラル駅に戻り、101th通りから三十五番のバスに乗って、昨日訪れたアルバータ大学へ行き、そこで三十九番のバスに乗り換えて、フォート・エドモントン・パーク近くまで行く。同公園前まで行くバスはないようだ。目の前にバス停はあるが、どうやらそれは不規則のバスのためのもののようだ。

この国の市バスは、勿論各都市によってその料金は違うが、トランスファーというものがあることは同じだ。九十分以内（六十分の処もある）なら何度乗り換えても、一枚の切符でOKというもの。これは乗る側にしてみれば、ありがたいシステムだ。どんなに乗り換えても目的の処に、一回分の乗車料金で行けるのだから。但し、知らなければ勿論何度も支払わなければならないが。

バス停からそれでも十五分以上も歩かなければ、そのゲートには着かない。大体が車で来ている者たちだから、歩いて来る者のことなど考えに無いから、公共の乗り物も近くには止めないのだろう。このことを言っても始まらない。しかし彼等が太っている理由の一つにこんなことがあることも事実だろう。

園内に入ると、そう、それはカルガリーにあった"Heritage Park"と似ている。ゲート前に本物の蒸気機関車があり、それが園内を一周していることも。但し、向こうは有料だったが、こちらは無料だ。

ならば、当然、乗る。無料と言っても、入園料が五・七五ドルと日本円にして約七百五十円も

フォート・エドモントン・パーク内の蒸気機関車

するのだから、これ位はサービスしてもいいだろう。

十五分で、フォート近くの降車場に着く。皆が降りたので、降りる。本当はまだそこには着いていないと思っていた（入場の際もらった園内地図とはその位置がちょっと違っていたから）。

しかし車掌に言われて、フォートだと知り、下車する。

地図に沿って見物して回る。昔の建物を再現しているので、木の香りが匂うようだ。かなり日本とは違う景観。

囲いの内にいくつもの建物がある。囲いの外にインディアンのティピィというテントの家。少し歩いた川際に、ボートも再現されている。

"The Fort-1846"の見物に四十五分を費やす。途中、ビーズの飾り物を作る仕事をする若い従業員の居る部屋で、その青年達と少し話す。

フォート・エドモントン・パーク内でビーズの飾り物を作る従業員達

毎日同じことをやっているのではなく、別の展示場に行って、違う仕事をすることもあるという。彼等は特別経営者に見られている訳でもないので、暢びりとその作業についている。

フォートのメインゲートを出て、右手に歩いて行くと、馬車乗り場、そしてポニー乗り場がある。小さな"SHOP"もまた。

そこを越してゆくと、一八八五年代の Street《ストリート》が始まる。道の両側に当時の家々、商店等が並ぶ。前述の"Heritage Park"と、これも同じだ。展示物の一つのホテルで、実際に食事のできることも。

ドラッグストアでは飴が売られ、ベーカリーではパンが売られている。

地図に沿って、各家を覗く。勿論一つの家に一分もいないこともあるが、それでも小一時間かかる。

1905年代の通りで，ストリート・カーに乗る子どもたち

八五年代の通りが尽きて左折すると、一九〇五年代のストリートが始まる。私にはその二十年の差は判らないが、建物そのものが道を曲がるとあるので、それは自然にはっきりしている。

この年代の通りにも四十五分間居る。

そして右折して、一九二〇年代のストリートへ。この年代の通りにある建物の数は、他の二つの年代に比べて少ない。従って見物も二十分で終わる。

午後二時半を過ぎている。日本領事館へ戻るのなら、もうこの公園を出なければならない。しかし手紙は来ていないだろう、という思いのほうが強く、それに電話を掛けてもいいのだからと、まだ乗っていないストリート・カーに乗るべく正門前に戻る。

市電のような一両のものだ。赤の車体カラーが可愛い。運転手も実際、この電車をかつて動かしていたことでもあるかのような年老いた人。勿論しかし、その運転操作をする手つきはキビキビしたものだが。

車内の椅子は籐編みで出来ている。当時のままなのだろうか。車内広告は当時のままのようで、年代物の広告がいくつも貼られている。

ストリート・カーは入口正門近くから、一九〇五年代、一八八五年代の町並の中を通って、その先の端の処で円を描くようにして、転回して、また同じ道を戻ってくる。片道四分。

ストリート・カーの次は、蒸気機関車にもう一度乗る。今度は一周するのが目的だ。どうせなら、もう歩かずに見物してみたい。それで気が済む。

記念写真もその機関車の脇で撮る。機関手の一人にシャッターを押してくれることを頼むと、陽気に応じてくれ、もう一人の機関手が、

「ここに乗って撮れ」

と言う。言葉に甘えて、火の焚かれる機関車に乗って、その運転席に坐って、撮ってもらう。知らぬ間に彼の帽子が頭に被せられている。ひどく好意的なおじさんたちだ。こんな行為がたまらなく心を和《なご》ませる。

機関車の方は正門より、ほぼ外周に沿って"The Fort"までをやはり五分で走り、そこで乗客の降り乗りがあって、五分止まって、また五分走って戻って来るというものだった。

牛乳を再び盗られる

充分に満喫して、公園を出たのは三時半。エドモントン観光もほぼ終わろうとしている。但し、またここから市内に戻るのが、一苦労。もう一《ひと》歩きしなければならない。

Fox Drive のバス停に出るまで十分歩く。しかしそのバス停にはバス番号が書かれていない。別のバス停を探すべく、五分、いやもっと歩くが、バス停そのものが見当たらず、やはり引き返す。そこで止める以外にないと思う。

『こんな処で止まらなかったら、運転手の神経を疑う』

として。

急いで元のバス停に引き返す。向こうからバスが走って来たからだ。もはや何番でもいい。トランスファー・チケットさえ貰えば、どこへもっていかれようと同じ料金で、いずれ市内に戻れる筈だから。しかし幸いにも九番のバスで、大学行きだった。

乗ってしまえば十分で大学に着く。

乗り換えターミナルになっていて、途中でこちらのバスを追い抜いていった三十二番がまだ止まっている。そのバスに乗り換える。これでダウンタウンへ戻れる。

バスは二分後、発車する。

十三分後、ノース・サスカチェワン川を越して急坂を登った101th通りで下車する。"Vista 33"の建物が近くにある。そのタワーに昇れば、すべてこの町の予定は終了する。

一階の受付で、三十三階まで昇りたい旨を告げると、五十セントで切符をくれ、それ専用のエレベーターの処まで導いてくれる。それに乗って三十三階まで行く。

降りて右手に博物館があるが、まず建物内の四角のスペースを一周する。東西南北が一望できる。この町はやはりちょっと変化に富んだ展望をもっている。高い所から眺めるのは楽しい。

次に博物館へ。このビルは電信電話局ビルなので、電話に関しての、その歴史に関しての展示物ばかりだ。開局までの建設の苦労が伝えられる。また今見る者には、当時がよく偲ばれる。

五時過ぎにそこを出る。夕食用の買い物をしたく、スーパーを探すが分からない。単なるスーパーならあるが、大型スーパーでなければならない。

この国へ来てスーパーの名前も一つ二つ覚えた。"Safeway"に"IGA"。だがどちらも宿近くには見当たらない。

宿へ戻って行く途中に警察署があり、内に入って、それを訊くと、「97th通りにある」と言う。かなり来てしまったが、戻って行く。「"IGA"がある」と言う。

97th通りを右折する。鉄道線路を上に見てその下をくぐると、そこからはチャイナタウンが広がっている。宿の近くにもあるが、それとまた別なのだろう。IGAはその先に、いやチャイナタウンの一角といったほうがいい、そこにある。

三十分、買い物をしている。旅行をしていて、こんな大型スーパーに入って買い物をするなんてちょっと不思議だ。こういう時、この町に住んでいたら、日々をもっと安く上げられると思う。

宿に戻って冷蔵庫を開ける。

『またやられた』

いくら探しても、昨朝に飲み残しておいた牛乳がない。それを包んでおいたスーパーのビニール袋ごとない。従って食パンもない。

『なんてこった』

と思う。パンはあると思ったから買って来ない。ひどく腹立たしい。もうこうなったらそこにあるものを飲もうと思う。あまりにひどいではないか。モントリオールに続いてだ。確かに誰のだか判らないのだから、その人間が居ないとき、飲み食いしても分からない。しかしこれは信頼の上に立って、そこに置いているのだ。ビニール袋に入っていたら、〝誰かの物〟と気付きそうなものだと思う。

私は〝Free Food《フリーフード》〟の処に置いてある、まだ開けられていない牛乳を飲む。とにかく今は牛乳が飲みたい。牛乳を飲むつもりで帰って来たのだから。

いくらかの言い訳は、フリーフードの棚にあるものを頂いたことだが、後ろめたさがない訳ではない。しかし飲むことに躊躇はない。これ位、許されてもいいと思う。二度も続けて飲まれているのだから。

パンは冷蔵庫内をよく見ると。それのみがある。包んでいたビニール袋はない。誰かが牛乳だけを飲んで、パンは置いていったのだ。パンだけでもあったことを、良し、とする。

夕食を作り始める。しかし怒りは収まっていない。と同時に後ろめたさもあり、食事そのものの味を感じない。ただ空腹を癒す為に食べているに過ぎない。

『何のための旅行なのか』

と、また思う。

十時頃、まだ誰も寝ていない部屋に入って眠る。明日も六時には起床しなければならない。

翌朝、まだ薄暗い四時に最初の目が覚める。昨夜一応目覚まし時計を六時にセットして寝たが、なるべくそれを鳴らさずに起きたいと思っている。

それからは従ってちょくちょく目覚めて、五時五十五分に起き出す。目覚ましのセットは五時半に目覚めたときに止めている。

トイレと洗面を済ますと、まだ誰もいない、いや一人だけ居るキッチンに入って朝食を作る。そしていつものように昼食用のサンドイッチも作る。もう牛乳のことは気にしない。必要な分だけ頂く。今朝もコップ一杯分だけ頂く。そして残りは残して、そこに置いて、宿を出る。あとは申し訳ないけれど知らない。どこかで帳尻を合わせてもらわなければ。

七時七分に宿を出て、バスターミナルに着いたのは二十一分後。八時発のそれより三十分以上も前。

チェックインは二十分前より始まる。しかし予約してあるので気楽だ。運転席後ろの席がそこだ。

グレイハウンドバスは十分遅れの八時十分に発つ。乗客は八時にはすべてが乗り込んでいたというのに。始発地からしてこうだ。定刻に出ようなどという気は全くない。八時になって車体下の積み荷の出し入れをしているのだから。しかし乗客は大人しいものだ。誰も定刻に発たないことを気にしてる者はいない。

たった十分遅れで出たことを良しとする。実際出ればノンストップ、いや一カ所、サウスエドモントンという処で停車して、乗客の乗り込みがあったが――しかしここでもチェックミスなのか、一人の乗客が定員オーバーで乗り込めずだった。こんなこと珍しくないのか、後続便回しにされた客も別に怒った顔もみせずにいた。やはりこちらの感覚とは違う人たち（白人）だ。

エドモントン→カルガリー→バンフ

その後はどこにも停車しない。始発の遅れなど確かに取り戻せる。ほとんど平坦な道で、いくらでもスピードは出せるのだから。それに対向する車線もグリーンベルトを挟んで、かなり向こうというのだから。

片側三車線、車はずっと流れている。途中少し眠る。

アップダウンも少しある。しかしバスの中では何の問題もない。

午前十一時二十分、カルガリー着。

乗り換え。次のバスは十二時三十分発。一時間以上の間がある。

昼食用のサンドイッチをターミナル建物、出入口脇の処でそそくさと食べると、改札カウンターへ行く。リュックだけその前に置いて、それを確認できるところにあるベンチに坐って待つ。三十分、いや四十分以上も前だけれど、他にやることはない。確実に乗り込まなければならない、荷物と共に。

十二時半近くになって改札が始まる。シートセレクションの列はチェックインがない。どうやらここ始発のバスでない為、一般乗客のほうを先に乗せてしまうようだ。シートセレクションの客たちには、ここ始発のバスを出すようだ。

十二時三十五分、始発のバスに乗ってカルガリーをあとにする。いよいよ次はバンフ。一つ一つ予定を消化して、バンクーバーに近付かなければならない。

カルガリー——バンフ間は一時間半の距離だ。あっという間の感じ。これまでの長距離行を考えると、そう感じられる。
この町には一度来ているので、特別バスターミナルに長居することもない。但し、明日のジャスパー・ツアーの切符の購入はしておかなければならない。

一応、バスパスを出してみる。相手は、「それは利かない」とは言わない。以前、このバスターミナルの切符売り場に居た女の人は、確かとても親切だったと記憶している。しかし今日の女の人はあまり好意的ではない。考えてみれば、この町にはあまりにも日本人が多過ぎる。悪い言い方かも知れないが、白人の裡《うち》には「黄害」という意識を持つ者もあるように思う。

今日の女の人は、取り付く島がない。

「四十四ドル」

と言う。いやその前に、

「ジャスパーまで行きたい」

と言ったら、三時何分に出る、と答えている。

「いや明朝発つ、ツアーです」

と言い加えたら、そう返事が返って来たのだ。

果たしてバスパスは有効なのか。いや完全ではないが、何かしらの意味があったのか。端《はな》から無意味なら、彼女は見もせずに突き返しただろうから。

三枚綴の切符がバスパスと共に返される。パスには勿論、何の記入もない。切符をよく見ると、料金欄の処に、"Ameri Pass"とある。やはり何らかの役に立っていたのか。パンフレットを貰って調べると、大人五十五ドルとある。パスの所持者には十一ドル（二割）の割引があったと解釈する。出してみるべきものは出してみるべきだと思う。このことの情報はなかったのだから。

さらに切符を確認する。明日というのに、今日の日付になっている。売った日は今日だったが、ツアーに参加するのは明日だ。そのことを再び戻って言うと、

「日付は関係ない」

と、ひどく素っ気ない。そう言うのなら、そうなのだろう。

「シートセレクションをしたい」

と言っても、「それはない」と言い、

「ならば、早く来なければいい席には坐れない訳ですね」

と言うと、冷たい顔で、

「出発二十五分前に来ればいい」

と言う。これ以上何も問わない。冷たい視線をこれ以上浴びたくはない。この相手も金髪というか、白髪に近いブロンドというか、私には最も遠い人種。こういった者にはどうしても弱い。

午後二時十三分にバスターミナルを出て、ユースホステルに向かって歩き出す。四十分位かかることを知っている。それも途中からは山道だ。ＹＷＣＡの方が近くていいとも思うが、まだ時刻的にも歩けるので、そちらに向かう。勿論、宿代が安いこともあるが。いや、それが一番の理由だが。

二度目だからか、三十分でホステルに着く。背中はやはりリュックを背負っていたので、汗でビ

ッショリ。山中である筈のここだが日中はとても暑い。以前来た時にも暑かったと記憶している。

受付カウンターの前に立ち、宿泊を乞うと、

「予約していますか？」

「いえ」

「Sorry, Full」

せっかく山道を登って来たのに、やっと辿り着いたというのに……。額の汗を拭く私を見て、

「こっちのカフェテリアで少し休んで、YMCAに行って下さい」

と言う。親切は親切である。YWCAのことはモントリオールで会った村田さんから聞いている。しかし確認の意味も込めて、

「それは遠いですか？」

「町のセンターです」

「地図はありますか？」

「いえ、とても簡単です。メインストリートのバンフ・アベニューを左に曲がって行くと、小さな橋がありますから、それを渡って左手に進んで行けば、すぐあります」

村田さんが言っていた処と同じだ。しかしここの女の人は「YMCA」と言う。どちらが正しいのか。確かに、YWだったら、女の人の為のものだから、男は泊まれない筈だが。村田さんは、

「YWCAだけれど、男も泊まれる」

と言っていた。

いずれにしても他に選択《みち》はない。休息することもなく、数分後、再びリュックを背負って山道を下って行く。背にかかる負担は下りだからあまりないが、しかしひどく暑く、汗は同じようにかく。ましていくらか急ぎ足で歩いているのだから——早く宿を確保して、自由に歩きたいから。いや歩くのではなく、予定の行動に移りたいから。

三十分後、そこに至る。看板には村田さんの言う通り「ＹＷＣＡ」と書かれている。部屋のあることを祈って、受付の女の人に問う。入り口脇のロビーには日本語が飛び交っている。

受付の女の人は好意的だ。

「部屋はある」

と言う。「どんな部屋が希望ですか?」と問われる前に、

「ドミトリーをお願いします」

と言う。何とか泊まれるところを得る。但しこの宿、ＹＨと違って、キッチンがないのが難点だ。自炊を続けてきた者には、ちょっと不都合だ。

しかしそれは勿論大きなことではない。火は使えないが、出来ているものを買ってきて、部屋の中で食べれば良いのだから。

より以上に困るのは、部屋の鍵を常に借りに行かなければならないことだ。ＹＨなら開けたまま か、それともデポジットは取られるが、鍵を各人が借り持つことができる、という処が多いか

ら。

だからトイレに入るのにも（部屋外にある訳だから）、一旦鍵を返さなければならない。それならまだいい、比較的単時分で済むから、実際は返さなくてもいい。しかしシャワーの時は困るのだ。そして案の定持って浴びていたら同室の人が来て、受付にもない訳だから、締め出しを喰らって、その彼はちょっと渋い顔を、それを終えて戻ったこちらに浴びせた。

このことを除けば、YHより快適かも知れない。一日だけなので辛抱する。

特別、予定はない。ただこの町で、再び食べたいと思っていたマクドナルドのソフトクリームを、そこに入って食べる。税込みで六十四セント、約百円で食べられるのだから、これは決して高くない。

三時間居て、二つ食べる。

午後十時半に宿に戻る。マクドナルドから急ぎ足で四分。YH泊ならできないことだ。

〝カナディアン・ロッキー〟観光（LOUISE 湖まで）

翌朝、YWCAに泊まった偶然の幸運を受ける。それはここに泊まっていた女の子がやはりジャスパーへのツアーバスを利用するということで、その時刻頃に宿の前の道に立っていたからだ。ツアーバスのピックアップ地点の中に「YWCA」は入っていなかったので、私は彼女等がそこに居なければ当然、バスターミナルまで歩いて行った筈だ——YHに泊まっていれば、間違いなくそうだった。

しかし彼女等のお蔭でここから乗り込める。加えてここはピックアップ二番目の地点に当たっていて、まだ乗車客も少なく、考えていたシートに坐ることができる。宿泊代はYHより高かったが、結果としてちゃんとその帳尻は合ったということだ。

〝禍福は糾える縄のごとし〟

ここでも正にその箴言を実感する。

バスターミナルなら八時五分発だが、ここ発は七時四十四分（始発場所は同四十分に発ち、ここには四十三分に着いた）。

次は「ロイヤルマウントホテル」。そのような高級ホテル宿泊客より先に乗り込んで、席を確保しているなんて……。しかしツアー料金はどこに泊まっていようと同じなのだから、本当はそのことを気にする必要は全くないのだが。

YWCA前から乗ったのは私を含めて七人。私以外はすべて女性。日本人が二人、白人が二人、そしてたぶん中国（香港）人だろう二人。だが私は誰とも言葉を交わさない。白人は、連れでなくても自然に話し合っているし、日本人はもともと二人連れだし、あとの二人は仲間ではないようだが、特別口をきくこともない。

「ロイヤルマウントホテル」からは日本人の二組のカップル他、七～八人の白人が乗り込んで来る。

ここからバスターミナルに行って、止まるものと思っていたが、その前を素通りする。どうやらターミナルからは新たな一台が出るようだ。私たちのバスは従って、八時前にはツアーの途につく。

運転手がハンドルを握りながら、ガイドする。ロイヤルマウントホテルで客を乗せると、発進させながら自己紹介する。ひどく仕事熱心な男だ。「BRIAN JOHNSON《ブライアンジョンソン》」と名乗った。

バンフを発って五十三分で最初の降車地、ルイーズ湖に着く。バスターミナル発より早く出ているので、予定より早く着いて、当初の予定《それ》より十分程長く居られる。

八時四十五分から一時間の予定で、湖を見物する。

何台ものツアーバス、観光バスがその湖畔のホテルの前に駐まっている。バスや乗用車がひっきりなしにやって来る。ホテルの泊まり客も勿論居る。

バス会社の"Brewster"のオフィスカウンターがホテル内にあり、そこでコロンビア大氷原での Snow Coach《雪上車》の切符を購入する。運転手が車内でも売るということだったが、「なるべくならそこで買うように」ということなので、並んで購入する。

Snow Coach、自体がこのバス会社の経営なので、ツアー客に対しては二ドルの値引きをしているという。十六ドル五十セントが、十四ドル五十セントになっている。

十分間、その購入に時間を取られる。

ルイーズ湖，湖面に映る山脈《なみ》の逆さ絵

それからルイーズ湖畔へ行く。山脈を湖面に写すのが売り物なのだろう、薄ウグイス色の湖面に麗美な逆さ絵が写っている。多くの観光客がカメラ片手に湖畔を行き交う。

多くが白人。七割方がそうだ。そして三割近くが東洋人。そのうちの八割が日本人で、あとは中国系の人たち。全体の残りの数パーセントに黒人たちの姿がある。

湖畔を右手に少し行くと、道しるべ様の木板があり、"END OF LAKE 2km"とある。

人々の幾人かがそちらに向かっている。二kmはちょっとキツイかも知れないが、とにかく行ける処まで行こうとする。九時十五分までに至れれば、同四十五分のバス出発には間に合う。急ぎ足で進む。

九時十五分近くになって、擦れ違う白人の二人連れに問う。

「あと、そんなに遠くない」

と言う。どの位先か判らぬが、とにかく行ってみようと決める。

そしてさらに数分すると、ENDのような処が見えてくる。さらに急ぎ足になる。午前九時過ぎ、ホテル近くの湖畔には日が射しているが、この辺りは山脈の蔭になっていて、薄暗い。

同二十分、湖辺に張り出した木造りの台場に立つ。どうやらここが〝END〟だ。他に湖畔に沿っての道は無く、あとは山への登りの道がついているのみだ。

台場に立つ木板には、その色もほとんど消えかけている白ペンキの文字があり、それによって僅かにここが、かつてのボートの発着場であったことが知られる。今はもうそのサービスはしていないのか。いや、チャーターのボートや、登山者の為の不定期のそれには使用されているのだろう。

僅か一分居て、引き返す。発車時刻の四十五分までには間に合うと思うが、途中、擦れ違う人の姿が見えないと小走りとなる。来るのに二十分はかかっていたから、急ぎ足で戻っても九時四十分にはなってしまう。小走りしない訳にはゆかない。

その甲斐あって、〝END〟を発って十五分で、アルプスホルンを吹く青年の居る湖畔に戻れる。あとはもう、バスの駐まる処まではすぐだ。写真を一枚、近くに居る白人に撮ってもらってバスに戻る。

ここから乗り込んだ人たちが居る。ここまで隣席に人が居ない席は多かったが、ここからは大方が埋まる。私の隣にも混血の中年婦人が坐る。

確かにバスの切符は、バンフ→ルイーズ湖、ルイーズ湖→ジャスパーの二枚と、そして、「ツアー」であるという一枚の、三枚に分かれている。そしてここで初めて切符が運転手によって回収される。

運転手はここからの新たな客に対して、再び車内で自己紹介をする。自分の名前を三回も述べれば、こちらも覚えなければ、申し訳ないと思い、頭に刻み込む（実はここで初めて彼の名――ブライアン――を覚えたのだ）。

彼は英語で陽気に気軽に、乗客に話し掛け、「何かツアーに当っての質問や希望はないか」と度々訊いた。また、車内の温度は快適か、とも。

「暑くないか？　寒くないか？」

と。

ルイーズ湖→PEYTO《ペイト》湖→コロンビア大氷原

ルイーズ湖発、九時五十一分。

そして十数分走った処で、路肩に寄せて止める。他の観光バスも止まっている。乗用車もまた。国道間際に湖があり、その湖面に山の連なりが綺麗に反映している。乗客がその左側に移動して、

ルイーズ湖に映る山の連なり

カメラのシャッターを切る。私は左側の席に坐っているので問題ない。坐ったまま撮れる。

数分、客の為にバスを止めていてくれる。日本人は皆《すべて》、日本人以外の白人も多くがシャッターを切る。しかし湖面に写る影は、少しでもバスが動けば違った絵をつくり、キリがない。フィルム枚数に限りがある私は一枚だけで辛抱する。それでも充分だ。

さらに十数分走った十時二十八分。今度はLOOK OUTの為の駐車スペースに止まる。

山脈がせまっている。山の姿を模写した説明板が付いている。ここにも何台もの乗用車、キャンピングカー、そして観光バスが駐《と》まる。それだけの人間もまたいる。

十分間の駐車で出発する。天気はあくまでも良い。

九分後にペイイト湖を見降ろす展望処に着く。

展望台よりペイト湖を

展望台にはやはり多くの人が……。日本人がその半分を占める程に。

蚊も沢山飛び交う。観光客は記念撮影をすると、あまり長くは居らずに、バスへと戻って行く。比較的長く居るのは日本人だ。そして撮影に余念がないのも。

二十分で出発する。

確かにツアーに参加して良かった思い始めている。折角来たのだから、通り過ぎるだけでは勿体ない。四十四ドル、五千七百円余りは当然かも知れない。いい想い出になることは確かだ。日本人がこんなにもめぐっているということを確認しただけでも。

二十七分走ると、右手道路より少し高台になった処に、ドライブイン様の休憩所がある。昼食の為のレスト地点だ。食堂、土産物屋の建物が続く。

バスが幾台も駐まれるスペースがある。乗用車、キャンピングカーが多く駐車できる広さがある。十一時三十三分から私たちのバスもここで昼食休憩となる。

多くの客がレストハウスの食堂に、あるいは土産物屋に吸い込まれるが、こちらはトイレを借りただけで、専用駐車場に回されているバスに戻る。食料を取る為に。

戻って来た運転手は車内のこちらを確認することなく、外から扉のカギを掛けようとする。こちらは食料を手にして通路を駆けて、危うく外に飛び出る。ちょっとした出来事。

食事はいつものようにサンドイッチ。バンフの宿で作ったものだが、冷蔵庫がなかった故にちょっと心配だったが、別に問題なく、食べられる。

駐車場脇のレストハウスから離れた木蔭で食べる。誰もいない処で食べるのは落ち着けてよい。黒パンにハムサンド。飲み物はオレンジジュースの一ℓ入りの残り。まだ結構残っている。

十五分で食べ終え、レストハウスの土産物屋を見物する。買いたいものはあるが、まだ買えない。荷物を増やす訳にはゆかない。

観光バス、乗用車、キャンピングカーがひっきりなしにやって来る。バンフ―ジャスパールートの観光の中間点にあたる位置的事情もあるかも知れない。レストハウス後ろ手には〝BAR〟という文字の書かれた建物もある。様々な客の要求に応えられる態勢が整えられている。

一時間後の十二時三十三分に発つ。二十数分間、左手に BOW 川を見て、並行して走る。そし

駐車場からコロンビア大氷原を望む

て登り坂となる。天気は快晴に近い。良い天候だということを運転手は繰り返し言う。

午後一時十八分、アサバスカ・グレイシャー（氷河）を望む地点（駐車場）に到着。

ここは今乗る“Brewster”社が観光開発したようで、そのコロンビア・アイスフィールド（大氷原――同氷河の一部）に行く足はこの会社のバスだけしか許されない。従って他のバスで来た者、乗用車の者も、すべて同社の専用バスに乗り換えなければならない。

――車ならそうだが、ならば歩いてなら行っていいのか、といえばそれは聞いてないから判らない。しかしそのような者はなかったから、たぶんそれは無理なのだろう。そこへの道路も同社のプライベートロードならば許されないというものだ。但し、国道から同じ方向に向かった途中右手に折れてある「グレイシャーを望む処」へは、どの車も走って行ける。そちらから望む分には無料のようだ。と言っても実際には誰もが氷原の上に立ちたいと思うから、その為にはどうしても同社の世話にならなければならない——。

そのSnow Coach《雪上車》との乗り換え地点まで、一・五km程を同社のバスで登る。すでに書いているが、このバスの客には二ドルの割引があるので、十四ドル五十セントで済んでいる。バスの運転手は、

「全員が、同じ乗り換えバスに乗って、そして同じ雪上車に乗ってもらいますから、私たちのグループ名を決めなければなりません」

ここへ来るまでの道中でも度々言っていたことを言う。そして結局、

「グループ名は私の名をとって"BRIAN《ブライアン》"ということにしましょう」

確かに自分の名をグループ名にするのが間違いないだろう。

但し、現実にはそこに着いて専用バスに乗り換えるまでが大変だった。乗り換え場所に居る整理人の言うバスの出発アナウンスは聞きとりにくいし、人々が多く居て、どの人が同じツアーの人なのか、分かりにくくなっていたから。

Snow Coachに乗る為の切符売り場の裏手がその専用バスの乗り場だが、アイスフィールドへの乗り換え地点までピストン輸送しているにも拘らず、一日のうちで最も人の来る時刻に当たっている為か、三十分近く専用バスを待たなければならない。順番に乗り込ませているが、それだ

けの時分がかかる。たぶん専用バスも七～八台が動かされているのだと思うが。

ここに着く前の午後一時十四分、バンフ国立公園とジャスパー国立公園との公園境を通過したという説明があったから、このアイスフィールドはジャスパー国立公園に属するのだろう。

カナダにおけるロッキー山脈の観光の中で、最もハイライトの場所が今通っているルートだと思う。実際、観光の目玉に対して敏感な日本人がチャーターのバスを連らねてやってくるのだから、そうなのだろう。

ガイドブックにある通り、日本人の多さは異常だ。トロントの町中で東洋人と会えば、それは中国人だが、ここでは九割方、いやほぼ十割が日本人のように思える。レストハウスを兼ねたこのトイレ前には「男」という漢字が書かれているのを見ても判る。

コロンビア大氷原

一時四十四分、専用バスの“HAPPY BUS”に乗り込む。この表示器上の文字もいい。ワザとらしく、この上もなくストレートな表現で。

国道を真っ直ぐに横切って、山道へ入って行く。雪上車《Snow Coach》そのものは、レストハウス辺からは見えない。敢えて見えないようにしているのかも。

七分後、雪上車との乗り換え地点に着く。互いの車が頭を向かわせるように仕切られた、乗り

Snow Coach（左）と Happy Bus（右）の乗り換え地点

換えの為の建物の前に止められる。

HAPPY BUS 車内で、運転手から、

「あなた達の雪上車は、六三八番で、コンダクターはたぶんマリーです」

と告げられる。その名を聞いて、ここでも女の人が活躍しているのか、と思う。

建物先の雪上車の駐車地点にあるその車の上に書かれた番号は「六三八」で、私たちの乗る専用バスがこちら側に止まった時、その扉際に立って迎えてくれたのも実際、若い女の子だった。

専用バスと雪上車の駐まるスペースはそれぞれ七つある。七台のそれぞれが頭を向かい合わせられるように出来ている。現実には大体二〜三台がそうなっているのであって、他の車は氷原上か、その往路、復路上にある。

HAPPY BUS も Snow Coach も、ひっきりな

コロンビア大氷原と Snow Coach

しに動かされている。氷原上に居るのも従って、二台から三台で、四台並ぶことはない。往きに二〜三台と擦れ違い、帰りにやはり二〜三台と擦れ違う。一台に四十人前後が乗り込んでいる。果たして一日の観光客は何人になるのか。頭が混乱するので計算はしない。

一時五十七分発。氷原を力強く登って行く。下ってくる二台の雪上車と擦れ違い、そして二時十一分、氷原の駐車地点に止まる。全員が降りて行く。

氷原上に降りた感想は？　と訊かれたら、何と答えたらいいのか。ここでも、

『こんなものか』

というのが正直な思い。ただ決して否定的なそれではない。〝感激〟という感情が乏しい自分がむしろ悲しい。

Coach の車内で思っている。そこに降り立っ

たら、まず道脇を流れる水を飲もうと。

そして降車するとそこへ行って、手で受けて飲む。冷めたく当然に水道水よりおいしい。味がないからおいしいのだ。しかしいくらも飲むことはできない。特別、喉も渇いてなく、汗をかくような場所でもないから。

時間は限られている。どの人も限られた範囲内でしか歩けない。それぞれにカメラのシャッターを切る。私もまた撮り、人に頼んで撮ってもらう。その為の旅行かも知れない。そこへ行ったという証しをつけるための。私以上にそのような日本人を見る。周りの景観の堪能よりもまず、証明づくりの写真撮影に励む者の姿が。

コンダクターのマリーは、英語でよく軽口を叩くが、英語の解る者しか当然反応しない。これ程日本人が多いのだから、何程かのサービスがあってもと思うが。

こういう処で働く人には大きく分けて二つのタイプがある。日本人と少しでもコミュニケーションをとろうと、カタコトの日本語を話そうとする者と、その多さを無視して、自分のペースを崩さぬ者との。

マリーは後者であり、むしろ日本人＝東洋的風貌の者には冷淡でさえある。勿論それでいいと思う。敢えて迎合するような態度をとる必要もない。

コロンビア大氷原にいたのは十九分間。午後二時三十分に雪上車に乗って、HAPPY BUSとの乗り換え地点に戻る。

その最後の所は、往く時には初っ端で下りだったこともあって、あまり感じなかったが、五十～六十度の急傾斜の登り。このことだけでも他の観光地とはちょっと違うことを知る。なかなかできない経験だ。幅一メートル近いタイヤ六輪があって、初めてその登攀を可能にしている。全輪が駆動しているから滑ることはない。

急勾配を越えると、乗り換え場所だ。

HAPPY BUSを十分程待つ。別に、下での乗り換えと違ってバスが居なくても、ここでは混乱はない。

このバスの運転手は中年の男で、先程の日本人に対する分類では前者に当たり、東洋的風貌の客の多いことを見てとると、日本語でも語る。勿論、片言だが、

「タノシカッタデスカ?」

と問い、他にもいくつかの日本語を語る。別にいやらしさはなく、むしろ仕事熱心さ故のことからのものだ。自分がもし逆の立場だったら、マリーのようになるのか、あるいはこの運転手のようになるのか、考えてみるが、定かな答えは出て来ない——一つの判断材料として、その齢はあるかも知れない。

やはり七分で、ブライアンの待つ国道に面する切符売り場兼レストハウスに戻る。

乗客の数の確認を終えると、バスを発車させる（乗り換えに要したのは八分だけ）。彼自身には二時間近い休憩であった訳だし、次の日程をこなすべく長居をする必要はない。それに次から次へ

と同じような Brewster 社のバスが後続していたのだから、駐車スペースを空ける意味もあって、すぐに走り出す。

午後三時九分に走り出す。ここからは走り去《ゆ》く景観に敢えて説明する処もないらしく、

「音楽でもかけますので、リラックスして下さい」

と言って、どちらかと言えば話し好きの彼の声が車内から消えた。

流れるような山道を快調に進む。走る振動もほとんど感じない。

車中の客たちにはツアーのハイライトを終えたという満足感も手伝って、眠り始める者が多い。暖かい陽光と程よい音量の音楽が余計、眠りを誘う。私もいくらか、と思うが何か勿体ないような気がして、流れ去《ゆ》く窓外の景色を眺め続けている。

進行方向左側の席に坐ったのは確かに正解だった。しばらく静かに窓外を見つめ続ける。

ツアーバスでないかのように、車内は静か。日本人カップルのシャッターを切る音も、ここではない。いくらか緩い登り下りが繰り返されて進む。

午後四時、ブライアンがまた話し出す。ジャスパーに着くまでに、「あと一カ所見物する処がある」と言っていた“ATHABASCA《アサバスカ》 FALLS《フォールズ》”に着いたのだ。

木立ちの中にバスは入って行く。乗用車とは別の狭い道を行くとバス専用駐車スペースがある。

アサバスカ・フォールズ

「降りて五分程歩くと橋があって、そこから滝が見られます。往き帰りで十分、そして、十分間の見物時間をみて、二十分間の休憩です」

四時二分に着いたから、二十分頃までに戻ればいい。下車して皆の歩いて行く方向に進む。

少し行くともう川の流れが見え、そして木立ちの中を行くと、川幅の比較的ある、しかし落ち方はあまり大した眺めでもない滝が現われる。

細くなって深く流れ落ちる、岩の割れ目、裂け目に流れてゆくのが、むしろ見処かも知れない。

展望台も数カ所ある。滝を向こうとこちらの双方から見られるように遊歩道は造られている。滝を跨ぐ橋もある。

個人的に来ているのなら、時間に関係なく周辺を歩いて行けるが、今は無理だ。滝の一部分しか見られずに、バスの処に戻らざるを得ない。ナイアガラの滝を見たあとなので、どのような滝も驚きの対象とはならない。

ジャスパー／NO VACANCY

バスはアサバスカ・フォールズを四時二十五分に発つ。あとはジャスパー市内に入る前の、ユースホステルへの分岐点に着いた時に降ろしてもらえばいい。そのことをすでにブライアンに告げている。しかしこの男はどちらかというと、私には好意的ではないので、どうかちょっと心配だが。彼はあまりこちらをまともに見ようとはしていない。

四時四十五分、ＹＨへの分岐点に着くが止まることなく進む。ＹＷＣＡから一緒の白人の女の子は確かＹＨに行くと言っていたが、何らかの会話があったらしく、バスは速度を緩めることもなく通り過ぎる。私に運転手は尋ねてもいい筈なのだが、忘れたのか無視したのか。この時声をあげてストップを命じればいいのだが、声が出ない。おかしなものだ。満員に近い客が、私に声を呑み込ませた。仕方ない、町まで出てしまおう、と。あとは何とかなるだろう。

四時五十分、バスターミナルを兼ねる鉄道駅前に着く。降りたのはＹＷＣＡから乗った客ばかり。他の客たちは予約してあるホテルへと送られるらしく、まだ乗り続けている。

日本人二人は、「インフォメーションへ行く」と言って離れてゆく。私と白人二人と香港人と、

ジャスパー駅，兼バスターミナル

そしてもう一人のやはりリュックを背負った白人（彼女はルイーズ湖から乗って来たらしい。ＹＷＣＡから乗ったもう一人の東洋人は降りなかった）との五人がＹＨに向かう。タクシーで行くという話だが、その前に電話をそこで借りて、白人が掛ける。

数分後、

「満員で泊まれない」

と言う。

私たちもインフォメーションへ向かう。日本人の女の子二人がそこの前の公衆電話の処に居る。私は白人達から離れて、二人の処に行く。ちょっと二人の顔は青ざめている。

「もうこの町の宿泊施設はすべて満杯ということです。もしあるとしたら、ここより十数㎞離れた町しかないと」

そんなものかな、と思う。バンフでもＹＨは満杯だったが、YWCAではまだ空きベッドはあったと思う。ここにもあのような施設があればいいのだが。

でもそんなことを言っても始まらない。インフォメーション内に入って、白人達の様子を見る。当然相手の返事は同じだ。白人二人に、しかしあまり焦慮の色はない。二人はリュックを背負って、かなり旅慣れている風だ。どうやらキャンプ場を紹介されているようだ。

しかしそことてもテントを持っていなければ話にならない。係の女の子と英語で冗談を言いながら、何かいい案はないかと探っている。あくまで気楽な感じ。

私は再び日本人の女の子の処へ行く。電話で四軒目のアコモデーションをあたっているところだ――それは普通の家庭が、空いている部屋を特別に提供しているというもので（ホーム・アコモデーション、という）、従ってホテルではなく、一軒の家で二～三部屋というのが一般的で、すぐに空きの無くなることが多い。まして夏のピークシーズンの今は。

電話を掛ける女の子の声が変わる。空き部屋のある家にぶつかったようだ。

「一部屋だけ空いていて、二人で泊まれるのですね」

と確認している。彼女等の希望に合っている。私も、もし空きがあれば、と聞いてもらうが、一部屋しかないとのこと。諦める。

二人は真からホッとしたように、場所を確認すると、そちらへと向かって行く。そこは比較的インフォメーションから近い処にある。

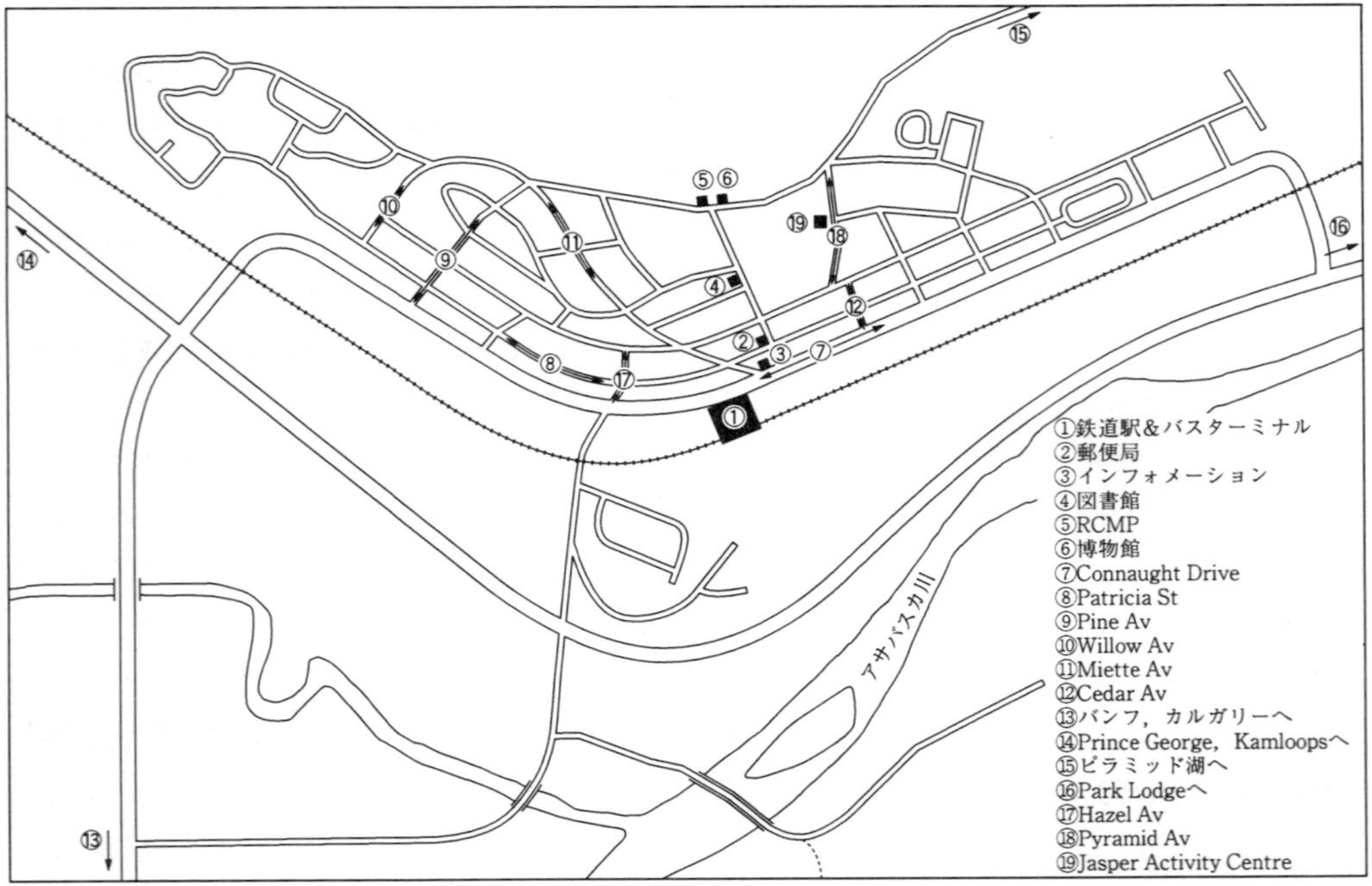

①鉄道駅&バスターミナル
②郵便局
③インフォメーション
④図書館
⑤RCMP
⑥博物館
⑦Connaught Drive
⑧Patricia St
⑨Pine Av
⑩Willow Av
⑪Miette Av
⑫Cedar Av
⑬バンフ，カルガリーへ
⑭Prince George，Kamloopsへ
⑮ピラミッド湖へ
⑯Park Lodgeへ
⑰Hazel Av
⑱Pyramid Av
⑲Jasper Activity Centre
アサバスカ川

ジャスパー市内図

こちらはリュックを背負って、ホーム・アコモデーションの多くある通りを歩いてみる。しかし門扉前に掛かるボードはどれも"NO VACANCY"(空き、なし)の文字ばかり。

駅前通りとその一本奥の Patricia 通りを歩くが、"NO"のない"VACANCY"のみの家はなく、諦めて再びインフォメーションへ向かう。キャンプ場の場所を正確に聞くために。

しかし聞いても、とてもそれを実行する気にはなれない——やはりテントがなければ無理だ。ちょうどそこを出かかる時に先程の白人二人と会う。彼女等はリュックを持っていず、身軽になっている。どこかに宿を見つけたのか。

「キャンプ場に行ったの?」

と問うと、

「やめたわ」

「荷物は?」

「ロッカーよ、駅の中の」

「?」

彼女等がインフォメーションを出た時には、私はてっきりキャンプ場を目指したものと思っていたからだ。しかしキャンプ場へ行った割にはこの町に居るのは早過ぎる。

「駅は午後八時から同十一時三十分までは閉まってしまうけれど、その間どこかで時間を潰していれば、夜中は駅のベンチで眠れるわ」

と小声で言う。

そういうことか、と思う。私の頭にも、どこかの屋根のある建物で一夜を送ろう、というのがあった。別にアフリカやインド辺のことを考えれば、何も億劫がることもない。

不思議な時間

アコモデーションでの一夜を諦めると、バスの時刻を見つめ直し、PRINCE《プリンス》 GEORGE《ジョージ》行きを夜中の便にすることに変更する。当初は午後十二時台の便に乗って夕方に着くことにしていたが、夜中午前一時五十分発ので行くことにする。

そうと決めれば、あとは残った時間でこの町を見物するだけだ。

町自体に特に見る処はないようだ。従ってただ町中を歩いて、その感じ、雰囲気に触れればいい。

地図を片手に動く。駅前通りのConnaught《コンノート》 Dr《大通り》から Hazel通りを右折し、次の Patricia通りを左折。そして Pine通りを越え、Willow通りを右に行く。

Willow通りは道なりに右にカーブしていて、自然に Miette通りとなる。そこでは野生のシカに偶然出会う。そのシカ——たぶん MULE DEER=ラバシカというのだろう——は民家の庭先、垣根越しにその家の植物を食べ始める。ムシャムシャとおいしそうに。

民家の軒先に現われたシカと，それを追う箒を持つ住人

私は〝ちょうどいい〟とカメラを取り出して、こちらを向くのを待つ。

しかしその物音に家の人が出て来て、柄の長い箒《ほうき》様のものでシカを叩く。シカは驚いて逃げたが、それはまるで日本で言うなら、泥棒猫を見つけた家人が追い立てるのに、あるいはウロついている野犬を追いかけるのに似ていた（写真はどうにか撮っている）。

ここで暮らす人にとって野生の彼等は、時に害を及ぼす動物になるのだ。これは仕方ないと思う。観光客でない住民には、野生動物が人間の生活域にまで下りて来るのは、迷惑以外の何物でもないのだから。

今夜（正確には明日に日付は変わっているが）この町を発つと決めて、身軽になって歩いてみると、もうないと思っていた〝NO〟のない〝VACANCY〟の家がある。しかし敢えて確認しない。訊いて、「泊まれる」と言われたら決断が揺らぐと思えたから。それに “VACANCY” と出していながら、こちらの風体を見て、断って来たら——その可能性も充分あると思えたから——と考えると、それは大きく余計なことだと思われて。

八時少し過ぎ、Patricia通りからCedar通りにぶつかる。左手から多くの人が流れ出してくる。興味を唆《そそ》られて、その源へと歩いて行く。すると Pyramid 通りにある “Jasper Activity Centre” から吐き出されている。中に入ってみる。

“PRO RODEO《ロデオ》”

とボードがある。それをやっていたようだ。「開場、午後六時」、とあるから二時間後の今、ちょうどそのロデオが終わったところだ。もっと早くこの催しを知っていれば当然、見物しただろう。生のロデオが、それもプロと言われる人たちのそれが見られたのだから。知らなかったことが少し悔まれる。だが、その時刻にはそれどころではなかったから、仕方ない。

十分居て、再び外に出る。もうしかし見物する処もない。

コンノート大通りの土産物屋を覗く。

九時近くなって、同大通りにある “A&W” (軽食堂) に入る。ここでバスターミナルの開く十一時半まで時間を潰す。これ以上町中を歩くつもりはない。

コーヒー一杯での時間潰しが始まる。店内は広いので、こちらが長く居ても問題はない。客は入っては、注文の品を食すると出て行く。私はしかし壁際の席に坐って動こうとしない。

三時間後の十一時四十分、そこを出てバスターミナルに向かう。そろそろ閉店らしかったこともあるが、夜もこの時刻になると寒く、ジャンパーをロッカーに入れてしまった為に、それ以上長くは居られなかった。

バスターミナルは歩いて一分もかからない。コンノート大通りを渡って左に少し行けばある。十一時半を過ぎているので扉は開いている。すぐに切符売り場でバスパスに、プリンス・ジョージまでを書き込んでもらう。それが済むと、やることはない。出発までの二時間を構内で過ごす。

零時近くになると、白人の二人の女の子がやって来る。こちらの姿を見かけると頬笑む。

『やっぱりあなたもそうしたのね』

とその顔は語っている。

香港の女の子はこちらより先にそのベンチに居た。他に日本人の男の人も居る。しかし話し掛けはしない。あと、白人の父と子が。

ロッカーから荷物を出してジャンパーを着て、やっと寒さを感じなくなる。そしてリュックを枕代わりにして、ベンチの上で横になる。白人二人と香港の子もそうしている。他にも宿にあぶれた者は居るだろうが、彼等は〝パブ〟かどこかに居るのだろう。

不思議なジャスパーでの七時間が終わろうとしている。

ブリティッシュ・コロンビア州

PRINCE GEORGE《プリンスジョージ》, PRINCE RUPERT《プリンスルパート》へ

夜中一時五十分発のグレイハウンド社のバスは、その時刻にはこの町（ジャスパー）に来ている。エドモントンから来たらしく、すでに客が乗っていて、その彼等はほとんどが二つの座席を一人で取って横になっている。横になれる程だから、それだけの客しか乗っていないということだ。

ここからプリンス・ジョージへ行くのは、父と子の二人連れと、そして一人の若者。私を入れて四人が乗り込む。

若者と私はたまたま二シート空いていた二人掛け席を、各々やはり一人で一つずつ取る。父と子は一番前、運転手後ろの席が空いていて、そこに坐る。皆がよかったようだ。すでに乗っている客達には眠っている者が多く、私たちの乗り込みに注意を払わない。こちらもすぐに横になる。その方が楽だから。

一時五十九分、深夜の町を離れる。いや離れる前に町中の二十四時間営業のマーケット前に車

を止めて、自分たちの食べる何がしかを運転手は購入する。私も明日のプリンス・ルパートへのバス中で食べるものを買う。

そう、一日早くなった分、予定外のそこ行きを加えている。プリンス・ジョージは、明日は乗り継ぎの為に降りるだけで、泊まらない。プリンス・ルパートまでの景色を眺めることを加えたのだ。そしてそこには夜六時四十五分に着くが、一時間十五分後の八時の便に乗ってプリンス・ジョージに引き返すということに決めたのだった。

バスはマーケットを離れると夜の町を縫って、ハイウェーへと出て行く。

夜中の停車のことはほとんど知らない。その度目を覚すが、席を要求される程混んでこない限り、そのままの姿勢で眠り続ける。勿論不自然な形をしているので、あちこち痛いことは事実だが。

翌朝、午前六時二十九分、プリンス・ジョージのバスターミナルに着く。ジャスパーのグレイハウンド・バスターミナルは鉄道駅の中にあり、休憩所も駅と同じものだった。それでこの町のそれもあまり期待していない。しかし休憩所に付随してカフェもあり、またトイレも思っていた以上に綺麗で使い易かった。

アルバータからブリティッシュ・コロンビアへと州を越えたので、時差がある。一時間戻す。五時二十九分となる。一層朝が早くなる。

ゆっくりトイレ、洗面をする。プリンス・ルパートへのバスは七時四十五分発だから、二時間以上の間がある。

バス切符売り場は六時三十分から開き、シートセレクションをする。明るい時に走るバスに乗るのだから、いい席を取りたい。運転席後ろのW1の席を取る（WINDOW側の一番目）。

七時三十分より改札が始まるが、いつもならシートセレクションしてある客を先に呼んで乗せるのに、この運転手（白人）はそうせずに乗せ出す。まあ私の席にたとえ誰が坐っていても、席を取り戻すことはできるけれど。

改札の時、セレクション用紙《カード》を運転手に見せる。彼は、

「呼んでも居なかったから」

と、ちょっと言い訳を言う。

「ずっとそこに居ましたよ」

と、返す。しかし彼が悪い人間でなさそうなことはその風貌から知れた。

「私のジャンパーが置いてあるから、大丈夫だ」

と言う。しかしこちらは少々おもしろくないことも事実だ。でも過ぎてしまったことは仕方ない。乗り込む。

彼の言った通り、W1の席にはちゃんとジャンパーが置いてあり、誰も坐っていない。それで安心する。誰か居て、その客と言い争いたくないと思っていたから。

客は、『シートセレクションしていて良かった』と思う程に乗り込み、やがて満員となった。それでも乗り込む客が居る。しかし席はない。運転手がやって来て確認する。しかしない。ここでも座席数以上に切符を売っているのだ。いや切符は要求のある客には売っているようだ。当然かも知れないが、しかし売り場でカウントしていれば、何人乗り込むかは始発場所なのだから、判る筈なのに。

あぶれた客との対応に追われて、定刻の七時四十五分にも出発しない。この辺がまた日本とは違う。今回はなかなか出ない。五分位の遅れはいつもだからいいが、八時を過ぎても出ない。他の客は何も言わない。私だけがまたイラついている。

八時七分、やっと発つ。あぶれた客はどうなったのか。

発つ少し前に新たな一台が横付けされたから、それに乗れるようだ。一人でも二人でも客が居れば、新たなバスを出すということ。逆に大した会社だと思う。やはり日本と違う。

そして実際、この後ずっと、大して客の乗っていない同じプリンス・ルパート行きのそれが、私たちのあとについて来ていた。

プリンス・ルパート行きのこちらのバスは定員＝四十三名の客を乗せて、プリンス・ジョージの町を発った。

市内を出て三十数分、左手に、濃緑色の周囲の木々を映す湖沼が見えてくる。ここから先左手に、木立下に、そのような湖というか、池というか、その水面が度々散見できるようになる。

八時五十五分、木立ちから抜け、遠くに山脈を望見する。視界が草原に変わる。しかしそれも一時的なもの。すぐにまた木々に視界を遮られる。

九時七分、下り坂が始まり、数分で下り切った処に VANDERHOOF の町がある。同十二分にその町のバスターミナルに到着する。

十分後の九時二十二分、そこを発つ。道の右側に大きな製材所があり、原木とすでに製材され、端を切り揃えられたそれ等が積まれている。

九時二十五分、左右に牧場が広がり、それが切れると、同三十分、木立ちとなる。しかしすぐにまた草原となり、牛馬のエサとなる枯れ草が、四角に、あるいはロール形にされて点々と置かれている。

同三十九分、線路を跨いで越える。同四十七分、山肌が木々に覆れた緑豊かな山並が見えてくる。そして同四十九分、FORT FRASER 着。二分後の九時五十一分発。

同五十三分、橋を渡る。同五十五分、線路を跨ぐ。同じ線路がこの国道と度々立体交差する。高圧電線の鉄塔が左手にすぐ見え、そして九時五十七分、右手に湖が少し見え、再びバスは木立ちの中を走る。

同五十八分、今度は左手に湖。しかし一分も視界に留《とど》まることなく後方に消える。バスは時速九十〜百㎞で走っている。

十時二分、FRASER湖が右手に見えてくる。しかしまたすぐ国道からは見えなくなる。そしてまた見えて来て、ちょうどこの時、道路と湖の間を走る線路に、貨物列車がヘッドライトを灯《とも》して走ってくる。以前どこかで見かけた貨車は、それがあまりにも長いので興味を覚えて数えてみると、百両にも達していた。ここでもそれ位は繋げられている。

同湖のバスターミナルに、十時七分に到着する。

プリンス・ルパートへの情景①

十分後、同ターミナルを出る。道は下り坂となっている。

右にカーブを切ると、なだらかな稜線の、それ程高くない山が正面に見えてくる。やがてその麓に達すると、道は左にカーブし、その山容も後方に消える。

八月半ばの今、木々は緑一色。

右側に電線が、左側に電話線が国道に沿って敷設されている。

十時二十六分、左手線路に貨車が、やはりかなり長く繋がって停まっている。最初と最後尾ではゆうに一km以上距離があるだろう。

同二十九分、再び線路を跨ぐ。そしてすぐに、川に架かる橋も。

両側の木立ちの中に、二～三分走る毎に、農場、牧場の建物が見える。なだらかなカーブを右に左に切って進む。

特別車中ではすることもないので、暇潰しに対向して来る車の数を数えてみる。私の時計で、十時三十五分ちょうどから四十四分五十九秒までの、十分間である。

三十五分台。一台目（以下①）は乗用車（以下、乗）。二台目（以下②。以下③④……と記してゆく）、乗。

この一分間での対向車は、この二台。

三十六分台。③乗。④乗。⑤乗。計三台。

三十七分台。⑥乗。⑦乗キャンピングカー（以下、キャ。けん引タイプも含む）。⑧乗。⑨乗。⑩乗。

三十八分台。⑪乗。

三十九分台。⑫ワゴン（以下、ワゴ）。⑬小型トラック（以下、小トラ。荷台に屋根のないもの）。

四十分台。⑭乗。⑮乗。⑯ワゴ。

四十一分台。⑰乗。⑱ワゴ。⑲乗。⑳ワゴ。㉑キャ。㉒乗。

四十二分台。㉓乗。㉔乗。

四十三分台。ナシ。

四十四分台。㉕軽ワゴ。㉖キャ。㉗キャ。㉘キャ。

以上の計二十八台だった（この間、十時三十八分に道は線路と交差している）。

内訳、乗用車十七台、キャンピングカー五台、ワゴン車（軽も含む）五台、そして小型トラック一台である。

思ったよりキャンピングカーが少なかったが、カウントした場所的なこともあるだろう。しかし十分間に擦れ違った総数が二十八台というのは多いのか、少ないのか。途中一分以上も擦れ違わなかったこともあると考えると、やはり少ないとする方が妥当かも知れない。

十時五十二分、川と線路が左側に同時に現われる。暫くその双方と国道は並行して走る。

同五十五分、知らぬ間に、右側に立ち列《つら》なる電線に、電話ケーブルも張り列なっている。確かにそれの方が無駄がない。

同五十七分、道は緩やかな登り坂となり、川が眼下となる。

十一時、下り坂となる。道は左にカーブし、右にカーブする。坂を下りきると、BURNS 湖を望むレストエリアだ。

同湖畔で十一時三分より十分間の休憩。

同十三分、湖畔を離れると、しばし湖面は木立ちの向こうに姿を隠すが、少しするとまた道からも望める。線路と木の間越しに続く湖面が見える。

BURNS 湖でも遅れを取り戻せない。大体定刻より遅れていても、彼等は一向に気にする風はない。タイムテーブルでは十時五十五分発だが、やはり着いてもすぐに出ようとはしない。二十分近く遅れている。

十一時二十五分、線路とも湖とも離れて国道は走る。

同三十一分、また電線と電話ケーブルとが、それぞれの為の木に列なって、道の左右に続き出す。

同三十四分、それは再び一本の木によって兼ねられている。

同三十七分、深い下り坂となる。数秒で下り走る。

同四十二分、再度の深い下り坂を一気に走り降りる。そして少し走って登り、また下る。左手になだらかな山脈《なみ》が見える。

同四十七分、TOPLEY 着。グレイハウンドのバスが止まらなかったら店は成り立ってゆかない程にポツンとその建物はある。隣にある Second Hand の店も同様だ。

ここで四十分間の昼食休憩。バスの客だけの店。

十二時三十一分、発。ほぼ平らな道を右に左にカーブしながら進む。対向車がポツリポツリとあるのみで、前方に車は全くない。時速百km程度なら、スピードを緩めることなく、アクセルを踏み続けられる。

左側にまた線路が近くに見え、並行して走る。

同四十分、やっと前方に車を発見し、抜き去る。

同五十一分、HUSTON のバス発着場に至る。今日は二台のバスが運行されている。朝、また座席分以上の切符を売っていたことが判ったからだ。こういう時、たった一人のことでも一台出すということはいいことだ――しかし本来はそういうことにならないように販売してゆくのが基本的なことではないか。

同五十八分、HUSTON発。出て二分走った午後一時、突然現われて国道を横切るシカに急ブレーキが踏まれる。カナダ人にとってもこんな処でのそれは珍しいのか、皆がその走り去る右側を見つめる。シカは線路を横切って、草原を走って行く。

線路は左側にも見え、そして一時二分、右側からの線路を跨ぐと、それは左方向に流れ去って視界から消えた。

しかしすぐに今度は線路の下をくぐる。別の線路が来ている。こんな処に、とちょっと不思議だ。何かの為の引き込み線かも知れない。

一時八分、山道の未舗装道に入る。途端にスピードが落ちる。この国をバスでめぐって初めてかも知れない。何かカナダではないような悪路。

舗装の為の工事が今も続けられている。大型ダンプ、大型ショベルカー等が動かされている。

同十二分、下り坂になっても未舗装は続く。そして二分行って、やっと舗装道に繋がる。小丘一つ分が未舗装だったのか、それとも改修工事なのか。とにかくバスは再びスピードを上げて走り出す。

正面の空には雲一つなく、快晴。左手の空に二つの綿雲。

同十八分、前方の視界が大きく展ける。下り坂となる。左手、綿雲の下に雪をいくらか頂く岩山の連なりがある。右には比較的近接に、樹木で覆われたなだらかな一つの山が。正面にも、凹凸の少ない山脈《なみ》が見える。

同二十六分、左手が長閑な牧場景となる。両側、緑みどりの景色が続く。

同三十四分、再び未舗装の工事箇所を通る。しかし今回は下り坂で、十秒も走ると、下り切ってそれは終わる。

小村がある。川が間近に来て、モーテルが続く。右側にはバンガロー風のコテージ。少し行くと豊かな牧場、そして高山モミや落葉樹の白とうひの木々の中を行く。アスファルトにして間もないような黒光りする道を行く。

MOUNT VIEW ASSEMBLY の建物を右手に見たのが一時四十三分。道は緩やかな左カーブの下り坂。カーブを曲がり切ると橋がある。それを越えると SMITHERS という町である。

正面に、処々の山肌に雪を頂く六連峰が望《み》える。山間《あい》の中に出来た町。ここでプリンス・ジョージを発って初めての信号停車する。一時四十七分。

少し行くとグレイハウンドのオフィスがあって停まる、同四十八分。十分間の休憩と言う。

プリンス・ルパートへの情景②

この町で運転手の交代がある。定刻は一時五十分だが、相い変わらず遅れを取り戻そうとはしない。二時十二分にやっと発つ。

先程正面に見えた六連峰が今度は左手に見えてくる。その六連峰を映す形で木の間越しに湖が見える。しかしそれもすぐに樹間に隠れて見えなくなる。進むに従って連峰は違った姿を見せる。隠れていた部分が見えてくるからだ。右から二番目と三番目の峰の間には、氷雪原が見える。昨日のコロンビア・アイスフィールドをふと思い出す。

二時十五分、工事中片側通行につき、こちら側の一時ストップ。道のデコボコにアスファルトを流して埋めているのだ。ここでも工事の大型特殊車両の運転台にいるのは若い女性だ。その傍ら下に作業員の男が居て、それ用の道具で——道具を持って——地を平《なら》している。

いや、道のデコボコを平している、と思ったのは正確にはそうではなく、水路の為の鋼管をその下に埋めたのであって、それへの被せをしているのだ。

同三十分、急に川が右手に展ける。しかしすぐに樹間の向こうに消える。

同三十四分、未舗装道となる。工事中だ。大型トレーラーが何台も対向する。その度に運転手同士が手を挙げて挨拶する。これはどこの都市のグレイハウンドの運転手も同じだ。長い昔からの習慣らしい。大型トラックとは挨拶しない。トレーラーのみとのことだ。

工事区間は、同三十九分には通過し終える。

下り坂となる。右手に川辺のキャンプ場がある。ここがMORICE TOWNである。

同四十一分、一人の客を降ろして、すぐ出発。

SMITHERSから隣に男の子が坐っている。

同四十四分、線路を跨ぎ越える。男の子は TERRACEという町までの切符を持っている。運賃は九ドル十五セント（プラス税金分六十四セントで、計九ドル七十九セント）となっている。大人は倍だから、十八ドル三十セントか。二時間四十分の距離だから百七十〜百八十kmだ。ということは十km＝一ドルかも知れない。

とするとやはりバスパスはかなり有効なものと言える。片道で四千km以上、それを丸々往復しているから八千km。移動に際してその都度切符を買っていれば八百ドルは使っていたかも知れない。それが二百九十九ドルで済んでいるのだから。

同五十一分、両側は緑の林。ほぼ一直線の下り坂が続く。

登り坂は二車線になる。大型車の速度が落ちるからだ。

NEW HAZELTONまで十九kmの標識を通過、同五十二分。

下り坂になって、右手下に川が見える。しばらくそれを見つめながら走る。この川の水の色も昨日のルイーズ湖やペイト湖と同じ薄ウグイス色だ。川も、走る車からなら、すぐ木の向こうに消えてしまう。

左手にある連峰は先程の六連峰とは当然異なっている。雪を、氷原を頂くそれは見えない。

三時過ぎ、再び一直線に近い緩やかな下り坂。正面に三連峰が見えてくる。道が左にカーブすると、それは樹間に隠れて見えない。

三時六分、NEW HAZELTON着。

同所、三時十二分発。

すぐに複線の線路を越える。樹間をひた走る。

同二十六分、このバス行での初めての踏切。それを渡る。勿論その手前で一旦停止している。

同三十分、下り坂を行くと右手に川の流れを一瞬望む。右手に川、左手に線路がそれぞれの樹間の向こうにある。

同三十一分、線路が上に通る処を通過。すぐ線路は川に架かる鉄橋に続く。結構長い鉄橋。

同三十二分、工事現場。道路をshort cutする工事だ。そしてすぐに橋を渡る。

同三十五分、川幅三十メートル程の流れと並行する。そして登り坂となる。川は再び樹間の向こうに消え、緩い登り坂のカーブになり、すぐに下り坂の右カーブになる。カーブはそして左に流れ、しばしの直線道になる。

TERRACEまで九十km、の標識下を三時三十八分に通過。

KITWANGAのバスストップ、同四十五分。しかし客が居ないので止まらずに通過。

川面を少し右手に見て、左にカーブした道は一直線に平坦に伸びる。

左手にノコギリの刃のように、高さのほぼ等しい屹立したSeven Sisters Peaksの山脈《なみ》が見える。しかしそれは進むに従って、木立ちの蔭に消える。一瞬再び顔をのぞかせるが、また消える。

道は左へ右へカーブする。川面が右手真下に見えてくる。川面の向こうに樹木が、そしてその先上方になだらかな稜線の山容がある。

三時五十六分、緩やかな、しかし確かな登り坂となる。

一度のギアチェンジで登り切り、同五十七分、下り坂となる。下りはいくらスピードが出ても、車体が大きいだけに安定している。トレーラーとの擦れ違い以外、風圧を感じることはない。

このルートは一般の外国人観光ルートから外れているので観光バスは皆無だ。地元の人たちの旅行姿も少ない。昨日のバンフ―ジャスパー間に比べたら、その車の量は何分の一か。あるいは一パーセントにも満たないかも知れない。人のいない分だけ、私には気分がいい。ジャスパーに泊まれなかったことによる〝瓢箪から駒〟である。そう解釈してゆくのが至当だろう。

四時九分、片側一車線が変則両側三車線になって下り坂になり、少し行くとサイクリストを追い抜く。白人だけれど、この辺を動くその姿を見て嬉しくなる。自分の、もし旅行の出だしが自転車だったら、たぶんこの国も自転車で回っていただろう。そうすればもっともっと違ったことが書けたかも知れない――もっともっと違ったものを得ることができた筈だ。

下り切ると、再び道は片側一車線ずつの両側二車線となる。川面が右側に隠れたり見えたりする。

同十五分、下り坂。正面に黒い山塊が広がる。左手の屋根向こうに日を浴びた残雪が反照している。

日が進行方向正面から射し始め、運転手はサンバイザーを下ろす。助手席側（出入口側）は射し込む日を反射させている。

同二十一分、右手川向こうに、木立ちの一部が切れて、岩が屏風のように剝き出しになっている処が望《み》える。この辺の川の色は日を返して濃藍色になっている。

TERRACEまで二十三㎞の標識通過、四時二十五分。

同三十分、小集落がある。

そして、国道の左側に“VISITOR WELCOME”と書かれた看板のある、小さな（オモチャのような）教会の前を通過する。たとえどんな小さな村であっても、そこに白人が居れば必ず教会はある。白人と教会は切っても切れないものだ。

同三十五分、不釣合にも街路灯が右手にポッンとある。その蔭に民家があって、少し行くと、もう一方の出入口に今度は二本の同じ灯が立つ。夜間走行して来た時、真っ暗の中では通り過ぎてしまうこともあるからだろう。それが正しく自分の家への道しるべとなる。

同三十八分、橋を渡る。一分後、MOTELが見え出す。町に近付いたことを意味している。

隣席の坊や（小学一、二年位）が降りるようだ。大人しくていい子だった。

同四十四分、線路を跨ぎ、長い橋を渡る。そしてその次の五十メートル程の橋も渡る。

同四十五分、TERRACE着。

プリンス・ルパートへの情景③

「十五分休憩」

と言っても、客の乗り降り等があって、それで収まることはまずない。大体、その時分そのものが、大まかな目安でしかないのだから。

五時六分、同所発。

鉄道駅に続く跨線橋を渡って、左折する。正面には、二重、いや右後方にもう一つの山の連なりがあり、三重の稜線が見える。左手に線路、右手に製材工場が暫く続く。

線路の向こうに川がある。その川が二股に分かれ、分かれた処の橋を渡り、左へ道はカーブしてゆく。川の本流はやはり線路と共に眼下にある。

五時十八分、支流となって流れる川を越える橋を渡る。登り坂となる。

同二十一分、下り坂となる。緑濃い樹間を走る。

左手にいくつもの山塊が続く。なだらかな稜線のもの、突兀《こつ》したもの、山頂付近に雪を頂くもの、樹木に山肌を覆われているもの、岩肌のように黒光りするもの。

山の連なりが切れて、その隙間を隔てて次の、また連なりがある。

TERRACE の町で大方の乗客の移動がある。

新たに乗り込んだ客はスナック菓子を、口の止まることなく食べ続ける。特に女は、肥満の原因となることは判り切っているのに、食べ続ける。自ら進んで抑制できなければ、何の解決にもならない。ブクブク太って、心臓に、膝に、欠陥をつくってから嘆くのだ。あまり言いたくはないが、彼等の肥満はケタ違いだから。日本の相撲取りの方がまだ痩せていると思う。

知らぬ間に線路は右側に移っている。しかし川（Skeena River《スキーナ》）の流れは左手にある。川に沿って道は続き、五時三十八分、スピードを緩めて踏切を渡る。完全な一時停止ではないが、日本でもこんなものだ。これ位でいいと思う。

左手に線路と川が間近に見える。日本のどこかの国道沿いにもこんな景観はある。

同四十一分、登り坂となり、線路と離れる。しかしまたすぐに下って、再びそれまでと同じになる。

午後六時近いというのに、まだ太陽は天空近くにある。しかし傾き出すと、降りて行くのは早い。

対向する乗用車のいくつかが自転車を携えている。ある車は屋根《ルーフ》に逆さに立てて運び、ある者はボンネット前に結びつけ、ある車は後部トランク、後ろバンパーの処に括りつけている。それは一台ばかりでないこともあり、三台の時すらある。

大体彼等は何でも運ぶ。モーターボートもカヌーも、それに自動車すらもキャンピングカーの後ろに連結させて運ぶ。簡易な家さえも牽引して行ってしまうのだから。

五時五十分、川幅が広くなっている処を横に見る。その数分前、また線路を跨いで、それは右手に移っている。

山頂付近に雪を頂く、その辺りだけを見たら、

『富士山みたいだ』

と思わせる山がある。しかしそれも三分後、後方に去る。

川幅が百メートル程になって続く。

同五十七分、左手の展望がさらに展ける。道が左カーブし、先程の「富士山」が違った角度から望める。川幅がさらにこの辺りでは広い。川面の向こうは低い木立ちの連なり。

同五十八分、正面には一面樹木に覆われた象の背のような山が見えてくる。その下を、その壁面下を左に巻いて線路が走る。

六時、左側の川幅が一㎞近くに広がっている。水深はあまりないのか、さざ波が川面一面を覆う。

同四分、スキーナ川は湖の如くに、左右からの山に挟まれて流れる。奥只見の人工湖がちょうどこんなだったか。尾瀬から抜けて、船で奥只見湖を渡った時のことをふと想い出す。

同八分、右手線路に貨車が止まっている。数を数えると、ちょうど百両。この前も走り行くそれを数えたら、確かにそれだけの数だった。この国ではキリがいいので、その数で運んでいるのか。それともいずれとも偶々《たまたま》だったのか。

同十三分、小舟やポンポン船の碇《と》まる小さな波止場の前を通過する。川中に赤と白の縞模様の

鉄塔が三本立っている。高圧電線塔だろう。三十分程前にも川中に二本、同じような鉄塔を見ている。

同十八分、川の流れと分かれて、右にカーブして道は進む。山中に入る登り坂となる。日が斜め左前方から射す。しかしそれも同二十一分、山の向こうに隠れて、道は日蔭となる。

同二十二分、左手にオレンジ色の十字架を掛けた立木が見える。あれは夜間のライトに反射するものだろう。それを見た者は一瞬スピードを緩めるに違いない。

同二十四分、峠を越えて下り坂となり、スピードが上がる。左手に、湖中にいくつもの小島が点在するのを俯瞰する。

「ここを名所にしよう」

とするなら可能なような景観。しかし今は誰も車を止めて眺める者はいない。

同二十五分、太陽が再び射し込み出す。そして道の曲がりくねりによって、それは右から射したり、正面から射したりと、変化する。

右手に車が駐車していて、その先の川面にボートやカヌーが浮かぶ。カナダ人たちだけの行楽地のようだ。

同三十一分、今度は右手眼下に広い川面が展ける。しかし刹那で樹木に閉ざされる。

同三十四分、両側に広く川面の展がる橋を渡る。

そして少しして、プリンス・ルパートまで十㎞の標識下を通過。この辺から対向する車が多くなる。先程の橋の周りに観光エリアがある。確かにいい景色の望める処。

同三十九分、"Welcome to Prince Rupert"の看板前通過。

同四十一分、下り坂となる。一分後、橋を渡り、左手に遊園地の観覧車が回るのを望む。もう市内。信号に止まるようになる。道を真っ直ぐ行けば、川に突き当たる。その川際の一つ手前の道で左折する。

バスターミナルは一分走った左側にある。定刻より一分遅れの午後六時四十六分に着く。

プリンス・ルパート、そして再びプリンス・ジョージへ

このプリンス・ルパートでやらなければならないことは何もない。ただできることなら、海辺に行ってみたい。もし近くにあるものなら、バンクーバー島の Port Hardy とを結ぶフェリー乗り場をチェックしてみたい。しかし自由になる時間は一時間だけ。それにリュックを背負ったまま動かねばならないとなると、行動は限られてしまう。

小さなバスターミナル（ここには小さな待合室があるだけで、カフェテリアのようなものは勿論ない）を出て、車中から見えた海の方向へと歩いて行く。それは一ブロック歩けば望めるものだったが、その手前に線路があり、水際まで行くことは時間的にできない。こちらの立つ方が高台になっていて、もしそうするのなら、かなり下って行かなければならなかったからだ。

貨車の止まる線路と、そしてその先にいくらか見える水面を望んで納得する。日は午後七時を過ぎてもあるが、もう歩き回る気力もなくなる。地図でもあれば別だが。それに土曜日の夜故か、それとも曜日に関係なくこんなものなのか、人の姿も少なくて。白人よりも中国系、そして現住民族系《インディアン》の人々を多く見かける。これはこの町に限らず、プリンス・ジョージよりこの町に至る間についても言えることだったが。

空腹ということもあったので、誰も居ない待合室に戻って、持参のパンと、マカロニの缶詰の残りを、コーラと共に食べる。こんな食事がしばらく続いている。

しかし食に対する欲求の少ない私にはそれで充分。ただ空腹が凌げれば良いという気しかないから、どのような内容のものでも美味しく食べることができる。

バスオフィス内にあるトイレを借りて、そしてプリンス・ジョージへ発つ時刻を待つ。この町に着いてすぐに、バスパスにプリンス・ジョージまでの書き込みをしてもらっている。

しかしシートセレクションはしていない。どう考えても席に坐れないことはなさそうだし、まして夜行になるので、景色を堪能する訳ではないので、最前列の席をとる必要もなかったので。

七時半を過ぎる頃に子供を抱いた女の人が来た位で、他に客と覚しき人は居ない。

勿論この町も滞在してみてあちこち歩いてみれば、おもしろい場所は沢山あるのだろうが。本当は、こんなガイドブックにも載っていないような町に滞在して、何かを感じ取るのが私の旅行なのだが、今回は無理だ。まず誰でもが行く処へ行ってみるのが今回の旅行だ。話のタネはそこに行っていなければ得られないし、また話に参加することもできないのだから。

八時五分前、オフィス裏のバスの駐まる処で乗り込みが始まる。運転手は来る時、SMITHERSから運転して来た人だ。まさかと思ったが、このルートを通るバスの運転手はその日のうちに折り返して、その町まで戻るらしい。ということはSMITHERSからの運転手は、プリンス・ジョージからの運転手ということになるのか。そうかも知れないか……。

こちらが乗り込むことに特別の表情を現わさない。それがこちらには気楽だ。白人はこんなことに一々反応しない。

客は私と、先程の二人の子供を連れた婦人と、そして一人の若者。さらに四人の子供を連れた夫婦づれ。他に中年の婦人と、女の子二人と、まだあと数人居る。

八時六分、プリンス・ルパート発。それでも車内はガラガラの感である。

私は進行方向右側の中程に席を取る。少しすれば眠る態勢に入るつもりだ。あと一時間程は日はあるだろうが、暗くなればもう眠る以外ない。

そして実際発って暫くは、右手にある広い幅の川の流れを見ていたが(赤、白の鉄塔が川中に並んでいる、それを通り越す辺りまで)、その後は二人掛けの座席に横になって過ごす。

各町に停まる度に、目は醒め、もし席を譲らなければならないようなら、すぐに身を起こそうと、その態勢はとっていたが、特別寝ているこちらを起こす客はいなかった。どうやら席は空いているようだ。他にも同じように二人分の座席に横になっている者が幾人も居るから。

プリンス・ジョージ駅

結局、翌早朝の終点プリンス・ジョージに着くまで、身を起こすことはなかった。

二度目の、プリンス・ジョージの、早朝（六時二十二分着）のバスターミナルを見る。昨日とほぼ同じような感じでターミナル内のカフェに入る。宿へ行くにはまだ早い。九時頃に行くのが良いと思う。二時間程をそのカフェで過ごす。客はまだあまり居ないので、長く居ることも苦痛ではない。

八時四十分、そこを出て宿へ向かう。情報にある宿の位置を、その住所からある程度知り得ている。1stアベニュー《通り》だから、バスターミナル横の道をどんどん北（左）へ上って行けばいい。

Victoriaストリート《通り》を駅方面に行く。11th通り、10th通りと一つ一つ減ってゆくので判り易い。道のどん詰まりが鉄道駅で、その前の通り

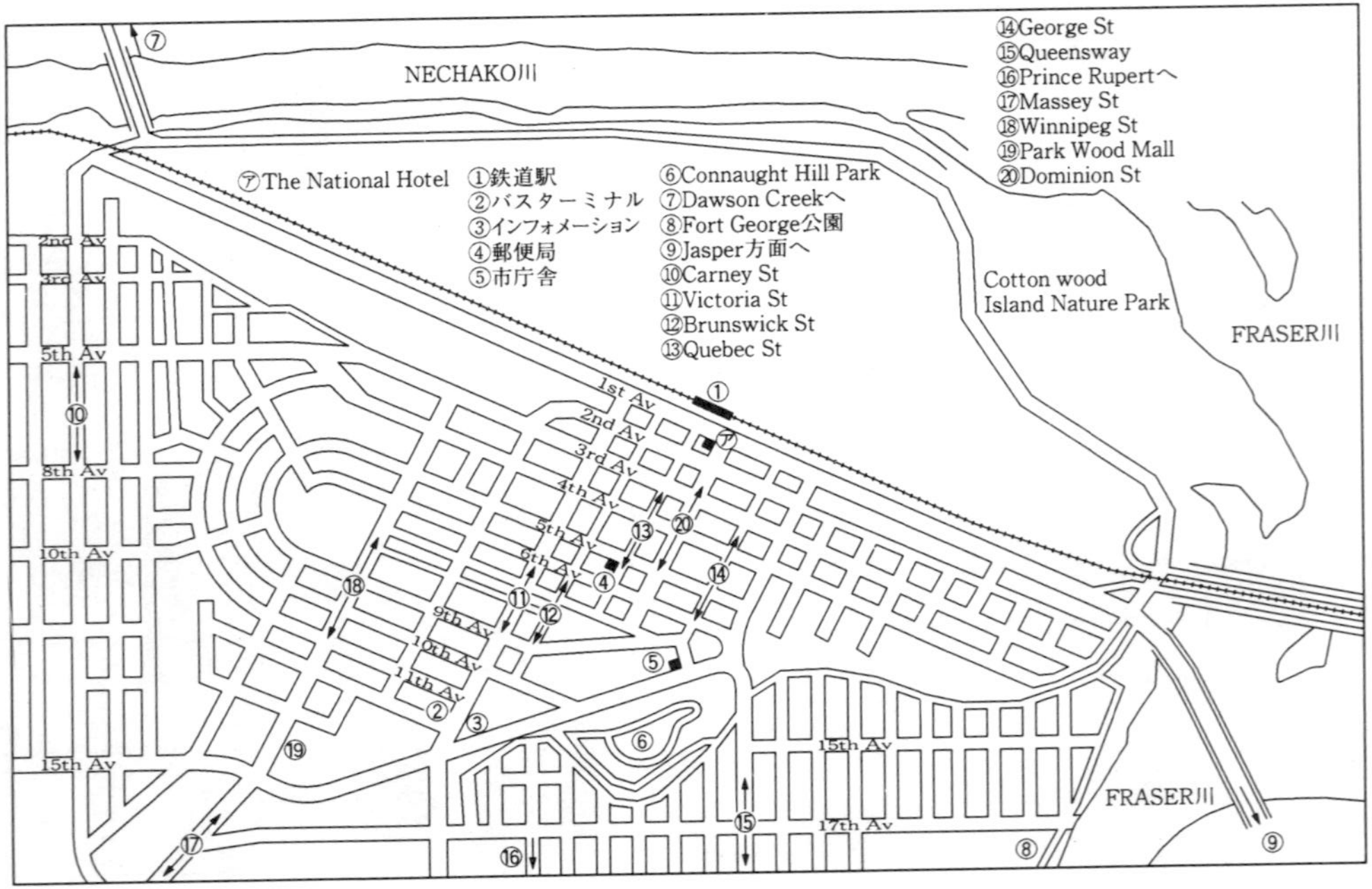
NECHAKO川
⑦
㋐The National Hotel
①鉄道駅
②バスターミナル
③インフォメーション
④郵便局
⑤市庁舎
⑥Connaught Hill Park
⑦Dawson Creekへ
⑧Fort George公園
⑨Jasper方面へ
⑩Carney St
⑪Victoria St
⑫Brunswick St
⑬Quebec St
⑭George St
⑮Queensway
⑯Prince Rupertへ
⑰Massey St
⑱Winnipeg St
⑲Park Wood Mall
⑳Dominion St
Cotton wood
Island Nature Park
FRASER川
2nd Av
3rd Av
5th Av
8th Av
10th Av
15th Av
1st Av
2nd Av
3rd Av
4th Av
5th Av
6th Av
9th Av
10th Av
11th Av
15th Av
17th Av
FRASER川

プリンス・ジョージ市内図

が1st通りだ。右に行くか、左に行くかは勘となる。右に行く。Brunswick、そしてQuebec通りを越えると、その先に情報にある名のホテル(「The National」)がある。入口は予想していたものとは違う。安宿という感じはない。しかしここで間違いない。

再びプリンス・ジョージ／日本語で書かれたパンフレット

ドアを押して内に入る。しかしフロントのような処には誰もいない。入口の先にBARの扉があり、開かれている。そこから、こちらの物音を聞きつけて帽子を被るおじさんが出て来る。

「宿の者はいないか?」

と、彼に訊く。

「泊まりたいのか?」

「ええ」

おじさんは受付のカウンターの内に入って、何やら調べている。私は当初、この人はただの客か、それとも用もないのにこういった処に屯する浮浪者位にしか思っていない。だがカウンター内に入るのを見て、見方を変えなければならない。

「あなたはホテルの人間か?」

「そうだ」

　対応を変えなければならない。

「部屋はありますか?」

「ちょっと待って」

　料金表を出して調べる。

「二十ドルの部屋がある」

　情報では十五ドルとある。

「もっと安い部屋はありませんか?」

　勝手に彼の持つ料金表を覗いてみる。二十ドルより安い数字は〝十八ドル〟しかない。しかしそれは三部屋のみだ。すでに客が居れば、仕方ない。

「この十八ドルの部屋は空いていませんか?」

　彼はちょっと考える風をして、そしてカギ箱を調べる。

「ああ、十七号室が空いているみたいだ」

　そこは表の十八ドルの処にある。

「そこでいいです」

　そんな処へ、彼の嫁さんか何か、小太りの女の人が来る。こういう時の女は貪欲だから、ちょっと、

『まずいな』

と思うが、こちらからは動けない。とにかく十八ドルの部屋を待つ。

十七号室があると言ったが、なかなかそれより先に進まない。ある筈の部屋のカギがないようだ。その女と何か言い合っている。客の居ないことは確かだが、カギもどこかへ行って、見当たらないらしい。カウンターの下をあちこち調べている。こちらは、見つかって欲しいと祈るのみ。そして数分してカギは出てくる。彼もホッとし、私もホッとする。

十八ドル支払って、カギを受け取る。部屋のそれと、客室のある二階に通じる階段への扉のカギの二つが付いている。結構安全には気を使っている。しかし……。

二階への扉は開いたが、肝腎の部屋の扉が、どうカギを差し込んで回しても開かない。いやカギがシリンダーの中で回転しない。こんな処が安宿なのだろう。

再び階下に戻って、そのおじさんを呼ぶ。彼はそれを持ってこちらを伴って部屋の前に行く。彼が試みると開《あ》く。どうやら開けるのには要領があるようだ。差し込んで、ちょっと手前に引いて回さなければ開かない。開くことは開くが、決してスムーズに開《ひら》くというものではない。しかし二十ドルの部屋になるより、この程度のことなら我慢する方がいい。

部屋に入り、やっと落ち着く。シャワーがないのは厄介だが、バスタブに湯を張って身体を洗う。二日間、宿に入っていなかったので、とにかくゆっくりとする。精神的にホッとできるのはやはりいい。ドミトリィでないのだから、裸でもいい。

一時間半休んで、町中に出る。それなりの見物をしなければならないし、もしかしたら、ある人物に会えるかも知れないからだ。

十時二十九分、宿を出てバスターミナルまで戻って、その前にあるインフォメーションに入る。市内地図を貰い、見処を訊き、そして、ある住所の場所を確認する。

その住所とは、その住所の人物とは、四年前の一九八七年、関西に行った折、京都で会った男だ。彼は日本を旅行していて、たまたまその時、確か二条城で会って少し会話し、その入口前で二人で記念写真を撮っていた。私はその写真を送る約束をして、彼の住所を聞いたのだった。それがこの町だった。そのことをほとんど忘れていたが、この旅行に出る前、その時のことを思い出し、もし可能だったら会ってみようと思ったのだ。唐突なことなので、驚くと思い、その京都で二人で撮った写真も携えて来ていた――約束の彼への写真は焼増して、四年前に送っているが。

勿論、会うことに何かを期待している訳ではない。ただ彼がどんな家に住んでいるのかな、という興味がいくらかあるに過ぎない。もし会えたら、二～三時間位は話してみたいな、と思う程度だ。日本の印象や、旅行中の思い出なんか聞ければいいと考えて。

彼の住所地はダウンタウンより四～五km離れている。特別他に用もないので、そこまで歩いて行こうとする。市内地図に示される範囲である限り、大丈夫だろうと思って。

まずインフォメーションから17th通りまで行き、そこを左折して、突き当たりの FRASER 川

フォート・ジョージ公園のミニトレイン

まで行く。その川辺に広がるのが FORT《フォート》 GEORGE《ジョージ》公園だ。大きな綺麗な公園だ。

ここを選んだ理由は、ただ公園内に博物館もあることと、そして訪ねる人のいる住所地と正反対の方角にあったからだ。いつだって出来るだけ広い範囲で歩いてみたいと思っている。それだけ大変だが、それだけ長い距離を歩くことになるのだが、それの方が、その町に対しての満足感は大きい。

フォート・ジョージ公園まではインフォメーションから二十分かかる。川辺に少し居て、公園内に戻り、インディアン・ベリアル（埋葬）・グランド脇を歩き、そしてその横に、たまたま出て来たミニトレインを見つめる。

毎日正午から運転されるその "Fort George Railway" がちょうど車庫から出て来たのだ。ミニトレインだが蒸気機関車で立派に煙りも吐いている。運転手のおじさんは楽しそうに、そしてその仕事に誇りを持っているように感じられた。

ウィニペグのアシニボイン公園にあったものと同じ感じだが、あの時は若者が切符の販売から機関士まで兼ねていたが、ここでは切符の売り子と車掌はそれぞれ別の若い女の子がやっていた。これはどこの経営になるのだろうか。市営なのか、それとも運転手のおじさんが雇っているのか。たぶん前者だろうと思うけれど。

こちらはしかしそのトレインには乗らず、その脇に建つ博物館へ行く。

扉を入ると左手に受付がある。初老の婦人が、

「ようこそ」

と言う。そして、

「フランス語ですか、英語ですか、それともドイツ語……?」

私は何のことを言っているのか（その言が唐突過ぎて）解らないので、何も答えられない。

「……日本語がいいですか?」

「ええ、日本語で」

と、解らぬながらも、反射的に答える。

彼女はカウンターの下から日本語で書かれた解説パンフレットを出してくれる。ちょっと信じられない。いや、大いに信じられない。日本のガイドブックにはほとんど紹介されていないこの町で、そこの小さな博物館で、日本語の解説コピーにめぐり逢うなんて。

そのコピーの扉のところに、

「この本は返して**上**さい」

とあり、「**上**さい」の「上」の字の上に、赤ボールペンで訂正の線が引かれ、横に「下」と書き添えられている。

ということは他にも既にこの町に日本人が来ていて、この解説コピーを読んだということだ。この解説の文章を読んですぐ解ることは、これは日本人が書いたものではないということだ。日本語を習った外国人が書いたものと解る。日本語としての文法の間違いはいくつもあるにせよ、しかし逆にこれだけのことを外国人が書いたということに、ちょっと驚きを覚える。漢字、ひらがな、カタカナを駆使しているのだから、文法上の間違いなど小さなことだ。

丁寧に番号順に解説されている（しかし肝腎の展示物の方に番号が振られていないので、照らし合わせるのに少々苦労するが）。

まさかと思う処で日本語にめぐり逢うと、ひどく嬉しくなる。展示物そのものより、その解説書に感動して、よりこの博物館が印象深いものになる。

解説コピーの最後に、翻訳者の名がカタカナで記入されている。それによると、九一年六月に著わした、とあるから、まだ二カ月しか経っていない。それまでは無かったということだ。外国語の不得手な日本人にとってはありがたいことである——翻訳者の名を記録しておくのを忘れたのは悔まれることだ。確か、Don……、何とか、ちょっと聞き慣れない名だったと思うが。

人探し

博物館を出て、そのまますぐに公園も出るつもりでいたが、ミニトレインがこちらを呼んでいるように思えて——警笛が頻繁に聞こえて。それにその料金が一ドルということもあって——、乗ることにする。

客は、私と、幼児と、その手を引いた父親の三人だけ。それでも一周四分の機関車は走り出す。客が一人でも居ればすぐに運行するらしい。そんな意味でも楽しい列車だ。

公園を十二時三十二分に、20th通りから出る。ビクトリア通りにぶつかった角に「マクドナルド」があり、入る。マクドナルドではバンフ以来、ソフトクリームを食べるのを習慣としている。他の飲食物に比べて安いからだ。それに美味しいし。

三十分休んで、いよいよ京都で会った人の住所地へ向かう。Blairという通り名は、しかし地図で見る限り、「通り」というより「小路」といった感じの短い範囲しか示していない。中心からは少し遠くに位置している。こちらにとってはその分、見知らぬ通りを歩けることでもある。

20th通りをさらに進み、Massey通り、Carney通りとの角を行き（20th通りがカーブして自然にCarney通りとなっている）、15th通りを左に曲がる。日曜ということもあるのか、車も人の姿も少ない。日は暖かい。いや天中に達して暑い。

アート・ギャラリー前を通って Central 通りを右に折れたのは午後一時四十五分。10th通りを越え、左にある“SPRUCELAND SHOPPING CENTRE”に休息がてら入る。店内のスーパーでスプライトを買って飲みながら少し休む。二十四分後の二時二十分まで。

同センターの角が5th通りで、そこを左折する。八分歩くと Ospika Blvd《大通り》にぶつかる。そこを右に曲がる。あとは道なりに進めば自然に Blair 小路に行きつく。

二時四十二分、いくらか左への下りカーブを過ぎると、その小路がある。

家番号を確認してゆく。そして数分、求める番号の家を発見する。

そしてそこへ近付いて行こうとする時、後方から車がやって来て、そこの家の駐車スペースに入って行く。私の知る人とは違う男の人が運転している。助手席には夫人とおぼしき人が居る。

私は勝手に、

『お兄さん夫婦か』

と推察する。二人もこちらを見て、変な東洋人が居ると、訝し気な表情を作る。

「こちらにコリンさんはいませんか?」

「コ……?」

「コリンです」

「ええ、いますよ」

しかしどうもお互い、腑に落ちない顔をする。私は確認する。

「四年前、日本で会ったのですが」

「それなら違います。コ……はまだ十四歳ですから」

と夫人の方が言う。私も相手違いを確認する。

「私は日本人で、その人が日本を旅行している時に会った者なのですが」

「でもそんな人は居ませんよ」

私はコリンが書いた住所を示す。

「ええ、確かにここです」

そして、何かを感じたらしく、

「その者なら、一年程前に引っ越しましたよ」

コリンが引っ越して、この夫妻家族が移り住んだようだ。

旦那の方はこちらの目的を知って、いくらか好意を示そうとして、

「その人ならここにはいないが、この町には居ますよ」

と言う。しかし、私がコリンとどの程度の知り合いなのか、逆にそのコリンにとってこの男(私)は会いたい者なのかどうか判らないので、詳しいことはコリンの為に語らない風があった。

私はそんな彼等の心理が解っているので、それ以上のことは訊かない。ただ、怪しい者でないことは伝えたい。

「私は旅行者で、今この国に来ているのです。でもどうしても会わなければならない訳ではあり

ませんから」

「確か彼は木材関係の会社で働いていたと思うけれど……」

私がもっと尋ねれば、あるいはその会社名を教えてくれたかも知れない。しかしもう良かった。その住所地に居なかったことで、私の彼との縁は切れたと思えた。この旅行に際して前以て便りを出していた訳でもなかったのだから、それでいい。それにもし会えたとしても、話題はほとんどなかったのだから。

夫妻にお礼を言って、そこを離れる。この町での予定も終える。あとは宿への途中で、スーパーマーケットに寄って食料を買い込めばいい。予定外の町ではこちらも気楽だ。それにあまり動かない日があってもいい。

Blair小路の元コリンの家前に居たのは五分程。二時五十二分にそこを発つ。

Ospika大通り、2nd通り、Kelly通り、5th通り、Central通り、Carney通り、Winnipeg通り、4th通り、ビクトリア通り、バスターミナル前を経由して、午後四時ちょうど、PARK WOOD MALL《モール》に到達する。一時間以上歩いている。こういう時間が好きだ。自分の旅を実感している徒歩行。

同モール内にある"Safeway"で、夕食と明日のバス中での弁当用の食料を買い込んで宿に戻る。宿の部屋内はかなり乾燥しているので、食べ物が悪くならないことを祈りながら、それ用のソーセージ、ハム等を買い込んで、午後五時十一分にそこを出る。

一日が終わる。いやその前に夕食を摂ったあと、ソフトクリームが食べたくて、二十分歩いて20th通りにある「マクドナルド」まで行く。こんなところが私にはある。好きなものは可能な限り食べるという。この世界的なチェーン店は広く、そして客を干渉しないのでひどく過ごし易い。この旅行でも度々利用している。

十時三十分、そこを出て宿に戻る。帰り道、これまで歩いていない通りを通る。夜の顔は明るい時と違って、面白いこともある。

ダウンタウンのさらに猥雑な処、5th通りからGeorge通りを左折して、3rd、2nd通り辺りが、素性の怪しい輩が屯している処だ。長くこの町に居れば、あるいはそんな彼等とも親しくなれるのだろうけれど。

同五十五分、宿に戻る。

ダブルベッドに一人で眠れるいい夜。その分不安で、目覚しをセットすることを忘れない。

バンクーバーへ①(McLEESE LAKEまで)

翌朝はやはり目覚し時計の音で起こされる。いい眠りの時はより眠ってしまう。静かで何の不安もない時、朝はゆっくりとやってくる。だからこそ、何ものかに頼らなければ目が覚めない。

バンクーバーへ行くバスの便を逃す訳にはゆかない。バスパスが切れてしまうこともさることながら、もうバンクーバーへ戻らなければならない時期に来ているからだ。

六時に目覚しで起こされる。そして仕度を整えて宿を出たのは七時十八分。八時発のバスに乗るので、七時三十分前後にはそこに居たい。勿論シートセレクションをしているので、席の心配はないのだけれど。

八時発のバスの改札は十五分前より始まる。考えていたより乗客は少ない。同時刻に発つバスはバンクーバー行きと、PENTICTON 行きの二つあるようだ。途中の CACHE CREEK までは二台が同じ道を行く。そこまでの客は分散したかも知れない。

いつものように運転席後ろの席に坐って、発車を待つ。プリンス・ジョージも終わろうとしている。

グレイハウンド・バスは定刻三分遅れで発つ。これ位は定刻の内と言っていいだろう。十三時間後にはバンクーバーに着くだろう。それを祈って一日過ごした町を離れる。

まだ朝だが、町並が違った顔を見せている。走る車が昨日に比べて格段に多い。

ビクトリア通りを20th通りまで行き、そこを右折する。昨日二度も訪れたマクドナルドが道の向こうにある。

そして道は左にカーブし、最初の信号を左折すると、一昨日のプリンス・ルパートへの道と別れる。真っ直ぐ行けばそこへ至り、右に曲がれば DAWSON に行く。

八時九分、FRASER川に架かるSIMON FRASER橋を渡る。前方に信号が見え、それを越えると、プリンス・ジョージは完全に後方に去る。

一分も行くと登り坂となる。登り切ると緑多い森林景となり、右に公園が木立ちに隠れてある（オート・キャンプ場があるようだ）。さらに少し走ると空港へ通じる道が左手に出てくる。もうしばらくは停車することはないだろう。

同十七分、左側から道（Old Cariboo Highway）が一本伸びていて、こちらの国道に合流している。そこの左手に"PLANTS LAND"がある。植物の種子を展示販売している処のようだ。

車内は意外な程に空《す》いている。予約せずとも充分、窓側に坐れただろう。定員の半分の二十名も乗っていないかも知れない。しかしたぶん各町で乗客は増え、バンクーバーに着く頃には満杯になっているだろう。たとえそうなったとしてもいいと思う。長距離を走るバス行はこれで最後だから。

道が一直線に南に下っている。向こう側、左車線は改修工事（アスファルトの敷き直し）が行なわれていて、こちら側でも八時二十三分から徐行している。

同二十四分、その現場を通過。まだ朝も早いこともあってか、それを待つ対向車の数も少ない。改修後の生々しい黒光りのその表面は、同二十八分の走った地点まで続いていて、その後は一般《ふだん》の道の色に変わっている。

同三十分、右手に線路が見える。数秒間、それと並行する。そしてその線路を跨ぐ。

同三十二分、右手に川が見える。プリンス・ジョージの町を流れていたのと同じFRASER川。

同三十五分、再び線路が国道の上を通る。

同三十六分、登り坂となって、こちらのみ二車線となる。登りに弱いトレーラーとバスが右車線を走り、乗用車が左を抜いてゆく。

同五十分、HIXON着、停車。国道際にあるガソリンスタンドに付随してあるのが、グレイハウンドのオフィスだ。

同五十三分、発。客の乗り降りはない。

同五十六分、再び線路が上を走って交差する。その鉄橋側面に“BRITISH《B》 COLOMBIA《C》 RAILWAY《R》”とあるから、これまでに見たこの国の鉄道会社「CP」とも「CN」とも違う会社の路線だ（注、現実にはCPとCNはこの時すでに、その旅客部門が統合されて「VIA」＝VIA RAIL CANADA＝社となっていたが）。

九時頃から、右手は深い山側の森林となり、左手はいくらか視界の展けた草原が続く。しかしそれも右側に比べてであり、なだらかな稜線の木々の繁る山並がすぐ近くに見えることも事実だ。

九時十分、最前列四番の席に坐っていた少年が下車する。その少し前、運転手が彼に話し掛け、その場所を確認している。右手いくらか展けた斜面に、家の重なりがある。そこへの入口とも言うべき辺りで、バスは止まる。少年は下車する。

同十五分、国道が線路を跨ぐ。そして登り坂となり、こちらのみ二車線となる。登り切った辺りで、再び一車線となる。車の性能を見越した道路造りをこの国ではしている。

同十七分、REST AREA の標識があり、右手小脇に道が見え、そして国道脇に小さな湖（池）が見える。その湖畔に幾台かのキャンピングカーや乗用車の駐まるのが見える。

同二十分、線路が上方を跨いで交差する。ＢＣＲの線路だ。

同二十二分、比較的この辺では大きな、水色にペンキを塗った鉄橋を渡る。橋下の川原にはキャンピングカーがある。こんな処でキャンプしたらいいだろう、と思う。水がおいしいに違いない。

道は左にカーブし、登り坂となり、登り切って下り始めた処に〝QUESNEL まで十四㎞〟の標識がある。九時二十五分。

同三十分、坂を下ると QUESNEL への入口となり、左手に線路を見ながら走る。

この辺りを走るトレーラーの積荷は、切り倒したばかりのような素木が多い。

信号も現われ、その二つ目を左折し、それから最初の各コーナーを右に、右に曲がって巻くようにして、バスターミナルに到着する。九時三十八分。

トイレに立ったのみでバス中で過ごす。

十時三分、発。定刻より再び三分遅れとなる。

駅前通りに出て、左折する。駅前にはインフォメーションと博物館がある。その前広場には花壇の中に、インディアンの制作であろう先住民的風貌の、帽子を被る男性の木彫り像が立っている。この町も観光したら面白い処かも知れない。

同六分、線路を跨ぐ橋に続き、川を渡る橋を越える。モーテルや民家が暫く、片側二車線の両側に続く。民家と言っても一軒当たりの敷地面積は広い。

豊かな光景の中、道が一車線ずつとなって一分、同十二分、それらの家々も見えなくなる。

同十五分、左手に大きな牧場を見る。右手にはその少し前より木立ちの中に、別荘のような家々が散見されている。

同十七分、右側に複線の線路が現われ、国道と並行して走る。ある箇所では三線になっているが、やがて一つの線路に吸収され、そして同二十分、国道から見えなくなる。

同二十三分、道の両側に牧場が広がる、緑、緑の豊かな大地。右側は、山は遠く去り、視界が展ける。左側は、いくらか近くにあるが、しかし展望はきく。こんな時には眠たくなるものだ。少し眠る。

同三十分、その少し前より、右手で視界を遮っていた木立ちが消えると眼下に、川を望む。しかしそれは束の間で、道は左にカーブしながら登って行く。

同三十三分、線路が左手、国道より一段高い処を走っている。

同三十五分、それは国道を離れて去る。道は下り坂となり、川が右手眼下に望まれ、そしてまた草原がそれを隠した。

同五十三分、McLEESE LAKEを右手に見る。道は二股になっていて、左に行けば〝BIG LAKE RANCH〟に至る。バスは本道を右手に進む。

十時五十七分、左手に木立ちに隠れるように湖が見える。しかしそれはすぐに後方に消える。

バンクーバーへ②（CACHE CREEKまで）

十一時一分、登り坂になり、右手にレストラン兼フードショップが、こんな山間には不釣合にあり、しかしそれ故にその駐車スペースに止まる車は幾台かある。

左側にBLUE LAKEへ続く小道があり、そして〝WILLIAMS《ウィリアムズ》 LAKE《湖》へ三十四km〟の標識を通過する。

同五分、その登り坂は終え、右へ左へのカーブとなって道は下り続ける。右側には深い木立ち、その森が山へと続いている。山全体を樹木が覆っている。

下り切った処にキャンプ場への道があり、やはりそこにレストランやフードショップがある。

同七分、再び登り坂となる。下り一車線、上り二車線の道が、坂頂上まで続く。左側を乗用車が幾台も追い抜いて行く。

同十二分、ウィリアムズ湖へ十六kmの地点を通過。道はほぼ平坦になるが、こちらのみの二車線道は続く。

同十四分、一車線に戻る。道は緩く下っている。その平坦な道の時、左手に広いキャンピング場を見る。何台ものキャンピングカーが駐まっている。

ウィリアムズ湖空港への岐れ道が左側にある（同十五分）。坂を下って行くと小集落があり、小さな池があり、そして道は右に緩いカーブを描く。左手にあった小集落が、同十九分には右手にも見えてくる。

同二十分、道路脇に丸い大きな飾り石で"Welcome to Williams Lake"と造作された場所を通過。下り坂途中右側に、同湖のバスターミナルがある。同二十三分、着。

同バスターミナルを十一時二十四分に発つ。降りる客のみを降ろして、すぐに出る。昼食の場所へと移動する。ドライブイン着、同二十六分。

昼食をファミリーレストランで乗客、運転手共、摂る。私は昨夜作ったサンドイッチを頬張る。幸い、食べられる。

ちょっとそのレストランを覗いてみたら、ソフトクリームがある。マクドナルドに比べると高いが、食べてみる。ストロベリーとバニラのツイストを。九十セント、プラス税六セント（マクドナルド、昨夜のプリンス・ジョージでは、四十九セントプラス税三セント）。それを食べると飲み物が欲しくなることも判っているのだが。

十二時三分、そこを出て再びバスターミナルへ。今度は乗る客の為に。同五分に着き、五～六人の客が乗る。

こちらの隣の席にも初老の男の人が坐る。若ければ後方に席が空いているから、そちらに行くのだろうが。まさかバンクーバーまで行くのではないと思うけれど。

同十五分、発。国道をバンクーバー方向に曲がって少し行くと、右手に湖が見えてくる。それがウィリアムズ湖だ。かなり横に細長い。湖の端が視界から消えるのは同二十三分。五分以上も国道に沿っていたのだ。かなり細長いことがこれで知れる。

そして登り坂となる。

HORSEFLYへの岐れ道、同二十七分。ということはここが"150 Mile《マイル》 House《ハウス》"ということになる。特別何かがある訳でもない。

同三十分過ぎから、なだらかな高原地帯を行く。山の斜面は緑の木々で一杯だが、平原は芝生色で、薄い黄緑色と言ったらいいのか。ここまで書いて、眠たくなって来たので少し眠る。

午後一時二十一分、

「100 Mile Houseに着いた」

と言う周りの声に起こされる。五十分間、スヤスヤと完全に眠っていたようだ。こんな時の眠りは気持ち良い。起きていて何か違った景観を眺められたかも知れないが。

この町でかなりの客が乗り込む。ほぼ満席となる。

同三十四分、発。一直線の道を、前方に聳える山に向かって進む。登り坂の道。山の麓を左にカーブして進む。そこの処に、Clinton《クリントン》まで七十六km、の標識がある。小高い山を、その裾を巻くように進む。

同三十八分、線路を跨ぐ橋を通る。短かい振動が続く。高度がどんどん上がってゆく。二車線の内側を走る。乗用車が抜いて行く。こんな穏やかな道を行く時、何を考えているのか。天気は良く、バスに乗っている限り自分ですることは何もない。

平坦な道になっても二車線のままだ。いや、対向車線も二車線になっている。やはり穏やかな走行。

時速百kmで走っていても、安定感を与える。バスの大きさ、性能もさることながら、やはりその景観が緑、あるいは萌黄色に覆われていて、それもそう感じさせる因だ。

もうあと一週間後には日本に居る。仕事場に行っている。いやそのことはまだあまり頭にない。あるのは、今夜のこと。そして明日のこと。今夜バンクーバーに至る予定だが、果たして宿があるかどうか。

また、明日ビクトリアに行くが、朝やはり八時頃には出なければ、うまくないのではないかという思い。日帰りより、やはり向こうで一泊位して来たいし。ビクトリアを終えたら、あとは帰国のことを考えるだけだ。

雨でもないのにフロントガラスが汚れる。高速で走っている為に、そこにぶつかる虫がそのまま破砕するからだ。黄色い内臓を飛散させ、その姿も無くなってしまうのがある。

ウィンドウォッシャー液を自動的に出して、ワイパーを作動させている。今日の運転手は神経質らしく、ウィンドガラスがそれで汚れると、ワイパーをそうやって動かす。これまでの運転手の中には、かなりそのような汚れが飛び散っていても、関係なく運転していた者がいたが。いやそちら方が多かったが。

トレーラーと擦れ違う時、今日の運転手は相手が手を挙げる前に、こちらから手を挙げて挨拶する。一本気な性格らしい。

70 Mile House 着、二時三分。客は居らず直ぐに発つ。GREEN LAKE への岐れ道が左手にある。

同八分頃からほぼ一直線の下りが続き、少し右にカーブして、また直線の下り坂となる。すごい距離である。

遠く正面に山の連なりが見える。道の両側は林。右手側には電線の為の柱が規則正しく立てられている。

同十五分、直線は終わり、左にカーブしている。

同十九分、左側の視界が展け、遠くに山脈《なみ》を望む展望処がある。駐車スペースもかなり広くとられている。しかしこのバスは観光バスではないので、止まらず走り過ぎる。

同二十四分、"Welcome to Clinton" の板ボードを右に見て、町中に入る。しかしバスターミナルに寄ることもなく、走り過ぎる。降りる客が居ないからのようだ。では、そこから乗る客は？……。

すでに書いているようにプリンス・ジョージより、もう一台、一緒に走って来ている。PENTICTON行きであり、次の停車町 CACHE CREEKまで同じ道を行く。先行していたそのバスが国道を外れて行ったことを見ている。

たぶんクリントンでの客は、そのバスにすべて乗って、次の CACHE CREEK でバンクーバー行きの客は乗り換えるのだろう。そこでは十五分の休憩時間が取られているから。

同三十二〜三分頃、道の左右に小さな池を見る。道はいくらか下っている。対向車線が二車線になっている。

同三十八分、LOON LAKE RESORT AREA に入ったことを知らせる標識前を通過。同時に右手にガソリンスタンド兼フードショップが現われ、渓流を渡る小橋を越える。

同四十三分、それまでの山肌とは全く違った荒漠とした、山の地肌そのままの景の中を走る。砂山のような黄土色をした肌の山が左右に広がる。緑からの一転は、見る者を些か驚かせる。しかし人々の営みはあり、同じように両側には牧場が広がっている。

同五十分、CACHE CREEK へ二㎞の標識を過ぎると同時に、左手に細い清流が現われる。そして二分走ると町中に入る。信号を右折するとすぐに、左にバスターミナルがある。CACHE CREEK、同五十三分着。

バンクーバーへ③（SPUZZUMまで）

ここで運転手の交代があり、三時二十九分、発。

町を出て、やはり緑のない山肌を望む狭間を進む。

走って二分、原木をチップにする工場を左手に見る。ベルトコンベアーに乗って工場建物内から粉々に切り砕かれた木片が次々と運ばれ出て来る。原木が工場の周囲に数多く置かれている。

これまでの緑の景観と対照をなすような荒涼とした大地がずっと続く。山は間近に迫っていず、農地の向こうに斑な木々を覗かせて、連なる。

同四十八分、下り坂となる。左手に、山から深く下る川が見える。淡緑色の水が、その向こうの禿山に近い山肌と好対照をなし、見る者の目を休ませてくれる。右側は崖を切り拓いたままの岩の露出した壁だ。

左手、川の向こうに線路が走っている。これまで残念ながら客車の走るところを一度も見ていない。自らが乗れない分、外からでも眺めてみたいと思っていたのだが。

こちら側にも線路はあるが、崖の蔭に入っていて見えない。

ただ、三時五十五分、今またカーブ地点を通る時、ミミズのように貨物列車を引く機関車は見ることはできる。

川を挟んで線路が敷かれているということだ。ちょっと珍しい光景。だが複線には違いない。この川はTHOMPSON《トンプソン》川と言うらしい。

四時一分、左側の視界が展ける。川が支流（Nicola川）を作って左方向に流れて行く。線路がはっきりと確認できる。そして同三分、国道を右に少し逸《そ》れて、ガソリンスタンドに入り停車する。SPENCES BRIDGEらしい。

同四分発。すぐに緑色に欄干が塗られた橋を渡る。川が右手に見られるようになる。その一つ手前の橋を左に渡って行けば、MERRITTに至る。

川向こうに線路があり、やはり何十両もの貨物列車が止まっている。道は登り坂となる。再び橋を、これは線路を跨ぐ為のものだ。ここでも線路は川を挟んで両側にある。

こちら側の川辺に沿う線路は四時十三分、駅らしき建物があって、そこで行き止まりとなって無くなる。代わってずっと道の左側、山に沿って走っていた線路がやって来る。それを、同十五分に跨ぐ。従ってこれまでは三本の線路が川と国道を挟んで走っていたことになる。何とも贅沢なことだ。

国道が登りになった分、川は眼下になる。線路もまた同様である。この辺での川の水の色はウグイス色になっている。陽光の加減もあるかも知れない。

坂を下り降りた処で、線路と立体交差する。線路が国道を跨いで、左側崖上に沿って走る。川の流れがまた、視線と大して変わらぬ高さになる。

谷に沿って道はジグザグになる。こういう道になると、日本のどこかを彷彿とさせる。

同二十二分、また線路が上を跨いで交差する。そして国道は登り坂となる。左側はこの道を造った時に拓かれたままの岩壁面。こんな処ででも登りは二車線とってある。

一分で登り切って、下る。線路が川を挟んで二本望まれる。

同二十五分、レストエリアが道の両側にある。白人の作るレジャー施設はどんな辺鄙な処にあっても、小綺麗だ。どこへでも現代を持ち込んでくる。まさかと思うような小さなキャンプ場でも、そこが州が認めたキャンプ場なら、電話線が引かれていて、公衆電話がある。

四時二十九分、“Welcome to LYTTON”の看板前を通過。道を右に折れて踏切を越え、同市内へ。国道は左手上方を走る。

この町はトンプソン川とFRASER川の合流地点に出来た町。水が側にあるので、何となくしっとりと落ち着きの感じられる町。

同三十二分、バスターミナル脇停車。

CACHE CREEKで運転手の交代があったが、今度の運転手はまだ何も声を発していない。ひどく無愛想というか。しかし何も語らなくても客は目的地にさえ着けば問題ないのだが、果たしていつまで何も発しないでいられるのか、それが逆に見ものだ。

同四十分発。この町は成程、二つの川の川辺にある町故にRAFTING《ラフティング》の乗船場になっているらしく、それをする人たち（主に若者）の姿がメインストリートに多く見られる。

同四十三分、ハイウェーに走り戻り、右折して進む。

同五十三分、たぶんインディアン経営のだろう「KAKA……BAR」が左手木立ちの中にある。その建物前にはHAND CRAFTの品々が置かれている。たぶん売りものなのだろう。

同五十五分、かなり高度が上がっている。川面（FRASER川）と線路は遥か下方だ。

同五十七分、サイクリストが下っている。嬉しい限りだ。

同五十九分、HOPE《ホープ》まで七十九km地点通過。この辺りまで来ると両側の景色は、また緑に覆われたものになる。時々、岩肌の露出した部分もあるが、それは道を拓く為にされたものであって、天然自然のものではない。

五時十一分、右手眼下にFRASER川を跨ぐ橋を見る。BOSTON BARの町が近い。

同十二分、左手のガソリンスタンドに止まる。ここがバスストップのようだ。しかしサインはない。運転手はオフィス内に入る。

そして少しして小型の小包を抱えて戻ってくる。それを車体下のスペースに入れて、同十四分出発。時刻表では「BOSTON BAR」となっているが、この辺りのことを表すのであろう、名称では「CANYON」という言葉が多く使われている。確かにここは渓谷の中である。

同十七分、その谷間を越える橋を渡る。鉄道で通っても素敵かも知れない。両側に山は迫り、FRASER川の清い流れが眼下にあるのだから。

同二十分、トンネルに入る。オレンジ色の灯《ひ》がやさしい。三十秒程で抜ける。右側に渓谷は続いている。

こんな山中に不釣合とも思える色を施した"Hell's Gate"という何やらの見物箇所を通過する。

同二十三分、そして二十四分と続けてトンネルに入る。先程より短いそれを抜けて、さらに短い、先方出口の見えるそれを抜ける。

下り坂となって、山壁面に作られた道を縫って走る。確かにこの辺りは明るい時に通って良かったと思う景観だ。

同二十七分、再びトンネルに入る。十五秒で抜ける。朝、進行方向の左手から射していた太陽も、今は右側から射して影を左手に落としている。

同三十分、単線路と川を越える橋を渡る。もう一本の線路はこちら側にある。

その橋を渡って一分、SPUZZUM 着。乗る人が居て、停車。乗せて出発。一分と止まっていない。

バンクーバーへ④（バンクーバーまで）

五時三十五分、ホープまで四十二㎞地点通過。

同三十七分、トンネルを十秒で抜ける。こちら側にある線路に貨車が走る。いつも貨車だが、線路のみを眺めているより勿論いい。台数を数えようとしたが、すぐに木立ちに遮られて、果たせない。

西日が左手対岸の山肌に当たる。木々と岩肌との段だら模様だ。

同四十分、トンネル。五秒で通過。また左手線路に貨車が走る。今度は私たちと同じ方向に走っている。どういう事情か判らないが、先程の貨車と逆方向に走っている。その間に駅のターミナルみたいなものはなかったように思えるが。

同四十三分、トンネル。十秒で抜ける。

同四十四分、小橋を渡る。YALEという小村がある。止まることなく通過する。

同四十六分、国道横に複線の線路が現われる。しかし一分で吸収されて単線になる。

この国で、感心することがある。それはどんな何もない展望処であっても、ゴミ入れ用のドラムカン、あるいはそれに類する入れ物が置かれてあるということだ。従ってゴミが散乱している光景はない。これは観光に力を入れてゆく上では大切なことだと思う。但し、観光地ではそうだが、町中では空き缶やスナック菓子の袋が結構捨てられている。観光地を知る者だけに、だからそれを見ると、ひどく残念に思う。

大体そのようなスナック菓子が多過ぎるのだ。そして歩きながら食べる者も。それは子供だけに限らず大人も同様だから。マクドナルドのコーラの空きコップやポテトチップの空き箱やらが、路上に無造作に捨てられてゆく。人間は本質的にモノを散らかす動物らしい。

五時五十九分、FRASER川に架かる長い橋を渡る。ホープの町に入ったようだ。やっと運転手が口を開く。アナウンスする。

「三十分間休憩」

と。

夕食も、昨夜作ったサンドイッチ、それで間に合う。幸い、まだ食べられる。少しも味に変化はない。昨日の買い物が無駄にならずに済んでいる。今日の支出はソフトクリームと牛乳のみ。あとは三時間程でバンクーバーに着く筈だから、早く宿を確保したい。もしそれを確保できたら（安宿があればいいけれど）、すぐに眠ってしまいたい。

ちょっと今夜の、そして明朝のことが気になっている。VICTORIA《ビクトリア》を、この旅行の当初に終えていれば、こんな思いをせずに済んだのだが――でもあの時は早く旅行を開始したかったことも事実だったたから。

バスターミナルで一夜を明かすのはちょっと厳しいだろう。とにかくそこに着いたら安宿を当たる以外ない。もし満杯だったら、それはその時考えることだ。

ホープを出発する。六時三十分、定刻通りだ。

バスターミナルからハイウェー（Coquihalla Highway）まで三分。夕日に輝く川を右に見て、高速で走り出す。線路も右にある。左手に山は迫って見えるが、もう山間を走っているという風はない。片側二車線ずつだが、両者の間には広いグリーンベルトがあり、本当に〝ハイウェー〟という感だ。このままもうバンクーバーまで一気に行けそうだ。時刻表を見ても止まる処は二カ所だけ。それも長い停車ではない。

バンクーバーに早く着く分にはそれに越したことはない。着いたらまず、ビクトリアへのバスのスケジュール表を貰わなければならない。宿は以前泊まった処にしようかとも考えている。どうせ一夜のことだから。

擦れ違うトレーラーで、最も荷台の下の車輪（タイヤ）数で多いのは、二十八輪のようだ。七輪が四列になっているのだ。片側二列ずつ、見るからに凄い。前輪の左右の二つを加えると三十輪ということになる。それだけが必要な程の重量物を載せて運ぶということだ。

日本では二十四輪が最高だと思う。これは何度も思ったことだが、もしこの国に生まれていたら、一度は長距離を行くトレーラーの運転手になっていただろう。

隣の初老の男はどうやらバンクーバーまで行くようだ。どの席も埋まる程なら、むしろ静かな男性の方がいい。白人の静かな人は、本当に紳士に思えてしまうから不思議だ。

六時二十五分、ハイウェーを外れ、BRIDAL FALLS へ向かう。右側にハイウェーが並行して走っている。定められた処にここでの客は居なかったのか、どこにも止まることなく、そこを通過する。そして再びハイウェー上の橋を渡って、ハイウェーに入る。同五十七分。

七時、アスファルトの改修工事現場を通るが、それも三分で抜ける。再び二車線の安定した走行となる。

同五分、右手に飛行場があり、ちょうど一機が降りたって来る。CHILLIWACK の空港かも知れない。

同処のバスターミナル、同十分着。数人の客が下車する。そして一分もせずに出発。ここでバスを待つ客は違う方面へ行くようだ。乗車して来ない。

車の量が多い町だ。バンクーバーまであと二時間程。

同十三分、西日が山蔭に消える。しかしまだ明るい。グリーンベルトが、広いハイウェーが続く。

同二十五分、西日が山蔭から再び現われ、右斜め前から真面《まとも》に照らす。これはひどく眩《まぶ》しい。ふと視線を左に移すと、なだらかな稜線の山脈《なみ》に挟まれて、ぽっかりと一山だけ雪を被った富士山型のそれが見える。ちょっといい絵である。

同三十分、道を右に外れて、ABBOTSFORD に入る。降りる客でもいるらしい。

同三十三分、バスストップに着く。隣席の紳士が下車して行く。他にも予想に反して結構多くの客が降りて行く。二分後、発。

同四十一分、日が左斜め前方より射し込む。いくらか北西に向かっているからだろう。

同五十三分、LANGLEY へとハイウェーを離れる。

同バスターミナル、八時一分着。客を降ろしてすぐ出発、同二分。

やっと日が山の蔭に落ちようとしている。この辺も緑多いが、すでに大都会の一角であるという印象も免れない。バンクーバーまでかなりの距離がまだあるが。

八時十分、再びハイウェーに入る。あと一カ所に寄れば、バンクーバーだろう。定刻よりいくらか遅れるかも知れない。

同十六分、視界が前方に展け、下り坂となる。先に川が見え、その背後になだらかな丘がある。

同十八分、橋があり、二分走ってそれを越える。左カーブして一直線、左の線路に長い貨車の列がある。それでもやはり百両なのか、その始まりを見ていないので数えていないが。

同二十二分、ハイウェーを出る。

同二十四分、NEW WESTMINSTER《ニューウエストミンスター》着。二分後、発。運転手もバスの遅れに気付いているようで、余計な時分を取っていない。客を降ろすと、すぐにバスに戻り——客の荷物を車体下のスペースから取り出す為に下車している——、発車させる。いつもこうならと思うが、そのルートによって運転手の姿勢に違うものがあるから、そうなるとは限らない——それも当然と言えば当然のことだが。

もう終点まで、時刻表では止まる処はない。なるべくなら暗くならないうちに着いてもらいたいけれども。

同三十七分、インタージャンクションの立体交差を過ぎてある信号を左折する。バンクーバー市内に入ったようだ。どの辺かは判らないが、とにかくハイウェーからは外れる。

スカイトレインの下を、同四十四分に通過する。

外国人への私的評価

市の中心へどのように入って行くのか興味がある。乗客の多くは先程のニューウエストミンスターで下車している。車内には十数名しか残っていない。

初めての処ではないが、夜というのは何となく心が重い。これが日本でなら全くそのようなことはないが――どんなに遅くなろうとも自宅への道は気の楽になるものだから。

プリンス・ジョージよりのバスは CACHE CREEK から交代した運転手によって、可能な限り遅れないように運行されていた。停まる各町でも用事が済めば小走りに運転席に戻って来ていた。

そしてその甲斐あって、見慣れたバンクーバーのバスターミナルに着いたのは定刻より二十三分早い、八時四十七分。

まだ暗くはないが、夕暮れという感じで、行動を起こすのに決して早くはない。

バスターミナルを出ると、以前泊まっていた、ターミナルより歩いて二分の処にある安ホテルに行く。あの時受付に居た中国人のおじさんの居ることを祈って。

同五十三分、その「DEL MAR HOTEL」に着き、扉を開け、受付のある二階に上がる。状況は悪い。受付脇の公衆電話に女の人が居て、それを使っている。その女の人の連れらしき男が階段の処に居る。

しかしだからと言って何もしない訳にはゆかない。受付カウンターにあるブザーを押す。いずれにしてもカウンターの近くに他人《ひと》が居ることはまずい。私は値切りの交渉をするのだから。そういったことは相対《あいたい》の二人きりでなければうまくゆかないのだ。しかしこの状況が自然のことならば、避けることはできない。おじさんが出てくることを祈る。

あの時だって、おじさんと二人きりだったから、値切りは可能になったのだ。もし他人がそばに居たら無理だったろう。

ブザーに反応して奥から出て来たのは女の人。

『ああ、あの日ここを出る時にカギを返した婦人《ひと》だ』

と思う。彼女は中国系というより、むしろインド系だ。

一応、訊いてみる。すると、部屋はあるが、

「二十五ドル」

と言う。

「以前ここに泊まっていた時は、二十ドルだったのだが……」

「あいにく今は、二十ドルの部屋はありません。二十五ドルです」

もしここにその二人の男女が居なければ、そのおばさん相手にでも値切り交渉をするだろう。しかし今は無理だ。この状況を素直に受け入れなければならない。

何も言わず、カウンター前を離れる。もはや道は一つしかない。

同ホテルを出るとバスターミナル方向に戻り、そして立体交差の道を、その脇の狭い歩道を通って渡る。以前この町に居た時、この道を通っている。そしてそちらの方向にあるホステルも確認している。あの時には「FULL」と断られていたが……。

十三分後、その“Vincent's Backpackers Hostel”に着く。祈る気持ちで、空き、を願う。しかし、

「ここは一杯です」

私はガックリする。それを隠さない。そんなこちらを見て受付の女の人は、

「でも別の処を訊いてあげるから、ちょっと待って」

と言って、どこかに電話を掛ける。そして通話する。こちらの意向は聞かずにそれを切る。

「ドミトリィはないけれど、ツインの部屋の一つのベッドが空いているから、それでよければ……」

私は、それでいいと思う。

「それでいいです」

「二人部屋で、十三ドルだけれど、いいですか?」

「はい」

やっと部屋を、いや、ベッドを確保したようだ。

彼女は読書室のような受付横の部屋にこちらを呼ぶと、窓の外を指差し、

「向こうのあのホテルの二階です」

と言う。成程、通り一つ隔てた真ん前にその建物はある。ここと同じように一階はパブのような飲み屋だ。

「二階に受付があるから、そこで手続きするように。OK？」

私はリュックを背負ってそちらの建物へと行く。もうすっかり日は暮れている。

先程の電話のお蔭で手続きは簡単だ。十三ドル支払って部屋のカギを受け取って、その部屋へ行く。

内には誰もいない。しかし既に一つのベッドを使用していることを示す、マーケットで貰うビニール袋が奥のそれに乗っている。だがそれだけで、他にはその者のものと思われるものは何もない。確かに盗難の危険はいくらでもある。その用心深さをみて、旅慣れた者とみる。

チェックインする時、こちらも相手が何国人か気になったので、それを受付で訊いている。すると、

「ドイツ人か、オーストリア人だと思う」

と言う。ドイツ語系の者ならいいだろうと、いくらか安堵する。これはどうしようもないことだ。国名で大体の察しをつけてしまうということは。偏見ではないつもりだが、この感情は事実

だ。日本人に最も近い（感覚というか、精神感情の）外国人はドイツ人だと思っている。一緒に居て九十パーセント以上の信頼を寄せられるのはドイツ人だ。あとはスイス、オランダ、北欧の国の者ということになる。

　アフリカに居た時はイギリス人もかなり良い印象だったが、このカナダに来てからは、一変している。イギリス人が最も危ない人間だと。平気で他人のものを盗み食いするのだから。

　ヒッチハイクしている者で多いのもイギリス人のような気がする。彼等にとってこのカナダは、いくらか見下すことのできる国なのかも知れない。この旅行で実際、イギリス人に対する考え方が変わった、と言わざるを得ない。

同室者

　部屋で休んでいると、ドアを叩く音がする。カギを持っている筈だが、こちらが内側から開ける。入って来たのはアングロサクソンではない。だからと言って典型的なゲルマン人とも違う。ラテンに近いかな、と思って、いくらか気を引き緊める。だが相手も同様に思っていたのだろう。入って来ると自己紹介し、握手を求めて来た。それは、お互い人のものは狙うのはよそう、との確認にも受け取れた。もしそう彼が考えるのなら、それはこちらの望むところだ。もともと私は他人のものを狙う気など端からないのだから。

彼がオランダ人であることを知る。信頼してもいい国の中に入っている。その国全部は知らない。しかし旅行中、旅行をしているオランダ人に対して悪い印象を持ったことはない。あのアフリカ旅行におけるカメルーン移動時に、暫く一緒した者がオランダ人だった。あの時の彼は全くの金髪、赫顔だったが、今前に居る男は黒髪で肌の色もいくらか浅黒い。しかし信頼してもいいように感じられる。どうせ今夜寝て、明朝起きるまでの僅かな時間なのだから。

彼はリュックを携えて入って来る。フロントに預けていたのだろう。彼のその用心深さはいいことだと思う。

少し話す。

「私は日本に行ったことがある」

いくらか驚く。

「いつ行ったのですか?」

「一九八三年に」

八年前ということは、結構年齢がいっているんだ、と思う。そしてよく見ると、私と同じ位、齢を重ねているようにも感じられた。

仕事を訊くと、「ペインティング」と言う。たぶん絵画か塗装関係なのだろうと、勝手に想像する。

日本には三カ月滞在して、北海道から九州まで行ったと言う。そして、

「プリティ・カントリィ（小綺麗な国だ）」

とも。私はちょっと信じられず、

「私はそうは思わないけれど」

すると、

「どうして？」

と反問する。

「私の住んでいるのは東京で、東京はとても〝プリティ〟ではないから」

「トーキョー？」

と言って、ちょっと絶句する。そして、

「トーキョーは、too busy（忙し過ぎる）」

と。

会話はこんなもので終わる。彼はシャワーに立って行ったし、私は自分のこと（ノート整理）をしなければならない。それにシャワーから出たあとも彼はすぐにベッドに入り、眠る姿勢をとったものだから。

こちらはそれを見て、長く部屋の電灯を点けていることを憚る。早目に切り上げて、ライトを消し、歯磨き、トイレに立つ。日本を、日本人を知る彼に、私は典型的な日本人として振舞わな

ければならない。彼の日本人に対する印象を崩してはならない。このことに勿論、苦痛はないから、ごく自然にできる。

それにそうであれば、こちらの方こそ、盗難の心配なく眠ることができる。ドミトリィより相手が彼のようなら、三ドル高くてもいいと思う。

翌八月二十日（火曜日）の朝も、六時には起床する。明るくなって、いつまでも寝ているというのが何となく勿体ない。多くの白人には、六時とか七時とかは、まだ真夜中、と言う感があるようだが……。

朝早く起きる点に関しては、ひどく健康的な日々を送っている。この旅行に出て、多くの朝をそのように過ごしている。

ビクトリアへは、ホステルの受付カウンター上に貼ってあった"Ride"という紙片を見て、それで行くことを決めている。車代八ドル、プラス、フェリー代の五ドル二十五セントで行ける。公共の直行バスを利用すると、十九ドル七十セントだから、六ドル四十五セント安い。

ビクトリアのどこで降ろされるか気になるが、出発の方は「ホステル前に車は来る」というので歩く必要はない。そんな世話のないことならと、その車で行くことを決めたのだ。宿の方にもすでに伝えてある。それは、九時に発つと言う。

九時までに戻って来るべく、朝まだオランダ人の眠っている間に外へ出る。早朝のダウンタウンのその中心地、チャイナタウンのある Main《メイン》通りから Hasting《ハスティング》通りに出て歩く。人通りは少ないが、どこかで夜を明かしたらしい浮浪者のような者が道端に居る。男に溢《あぶ》れたような女も居る。どこかでコーヒーなんか飲みたいが、小綺麗な店には入らない。小綺麗な店はまだオープンしていないが、チャイナタウン、中国人経営の店はそろそろ扉を開け始めている。

ハスティング通りの中国人経営の軽食堂に入って、コーヒーを飲む。六十セントと安い。この値がこの辺の相場か。五十分そこに居て、戻る。九時に間に合えば良い。

八時三十五分、宿に戻る。九時までの時間をさらに予定を消化しながら送る。そして同五十七分、向かいにあるホステルに行く。

まだ九時前だが、受付の女の人はこちらを待っていたらしく、私を見つけると、慌しく誰かを呼ぶ。呼ばれた人が私を運ぶ人らしい。女の人だ。

私の他にもう一人、ホステルの泊まり客でその車を利用する者が居る。本当は客は三人欲しかったらしいが。

ビクトリアへ

九時四分、ホステル前を出発する。ライトバンである。後ろに荷物を置く。運転はその女の人。助手席に、もう一人の利用客。後部席に私は坐る。

助手席の男はカナダ人だが、モントリオールに住んでいて、英語ではなくフランス語を日常語としている。しかしバンクーバーに来る前に中部のレジャイナに六週間居て、そこで英語を話し、それが学習となって英語が話せるようになったと言う。

『本当に六週間で』

と思える程の会話力だ。これでは日本人が何の為に何年も学んでいるのか分からない。能力が違うとは思えない。根本的にはその言語構造が日本語よりもフランス語の方とに共通点が多いからだろう。

二人はずっと話し合っている。カナダのことがすべてだが、その国力、経済力のことをかなり真剣に語っている。

カナダは先進国に加えられているが、その実は、資本は多くがアメリカ資本で、高層ビルは建っていても、ほとんどがアメリカの会社のものだと。

彼（大学生で夏休みを利用して旅行している）は、二千七百万の人口では少な過ぎると語り、これではとてもこの国全体を開拓《デベロップ》し、発展させてゆくには足りないと。カナダの一次製品を日本やアメリカやヨーロッパに輸出して、完成品をそれらの国から高く買っている。こんなバカなことは早くやめるべきだ、とも。

大学を卒業したら、「フィナンシャル（金融）関係の仕事に就きたい」と。また、「モントリオールではフランス語だが、多くの人が英語を話す。英語圏の処から来ても問題ないだろう。但し、ケベックでは英語は通じないと思った方がいい」

とも。さらに、

「No English, No job!（英語を話せなければ、仕事には就けない）」

とも言う。モントリオールの大きな会社では、英語が話せなければ、用は足せない、と。それ故に彼は英語を学ばなければならなかったのだ。フランス語圏に住むカナダ人の彼からその言葉を聞いて、この国のある一面を見たような気がした。

車はどこに止まることもなく、ビクトリアへのフェリー乗り場、TSAWWASSENに三十八分で着いた。しかし切符を買うのに列をつくり、それを得てからさらに長い列をつくって、乗船を待たなければならない。

一時間に一本の船で、一つ逃せば、あるいは時間内であっても車の定数を越してしまえば、一時間待つことになる。そして実際、十時の便には間に合ったが、車が乗り切れず、丸々一時間を待つことになる。

午前十一時発のフェリーにやっと乗船できる。車と共にフェリー内に吸い込まれる。車が固定されてから下車して、船内に入る。あとは目的のSWARTZ BAYに着くのを待てばよい。

船内には多くの人が居る。レストランがあり、Buffetがあり、カフェがある。ショップもある。何も不足しているものはない。

一時間三十五分の船旅だが、乗客は飽きることなく過ごせる。デッキに出て、景色を眺めるのもいい。船内に居て本を読むのもいい。子供には小さな遊園室さえある。内海湾を通っている為に、全く揺れない。船倉は二重になっていて、一番下にバスやトレーラーやキャンピングカー等の大型及び特殊車両。上層に乗用車が入っている。乗用車の処は満杯だ。百台近く入っているのか。最も混む時間帯のようだ。その上が客室だ。

船内のカフェでジュース（六十五セント）とドーナッツ（六十セント）を食べて、昼食とする。特別何もすることはない。

フェリーはアナウンスの通り一時間三十五分で SWARTZ BAY に着く。下船時には何も待たされることはない。何のゲートもない。船から出ればもう、港湾敷地から出ればいくらでもスピードを上げて走れる。乗用車は実際、どれもがそんな走り方をして各方面に散って行く。

こちらの車も港からほぼ一直線に伸びるハイウェーを突っ走る。

下船後は、運転台の二人の会話はあまりない。それなりに疲れてしまったのだろう。あるいは話題も尽きたのか。しかし白人というか、日本人の普通の感覚では考えられない程に初対面の二人は、バンクーバー側では話していた。この辺がいくらか日本人とは違うと思う。この辺が白人なんだろう——いやこれも人によってのことだろう。

車は下船から三十分後にはビクトリアのダウンタウンに達し、そして終着地点にはそれから数分後に着いた。

そこはやはりホステルだ。ホステルからホステルまで送られた訳である。予定では別のホステルに泊まるつもりでいたのだが、ここから歩き出す気も湧かず、この「Backpackers Hostel」に泊まることに決める。一泊だけだから、どのような宿でも辛抱できる（ドミトリィ、十ドル）。

部屋に荷物を置いて二十分程して見物に動き出す。まだ二時前（一時四十二分）だし、一日しか居ないのだから、無為に過ごしている訳にはゆかない。

ダウンタウンの中心、Douglas《ダグラス》通りまでは歩いて十七分かかる。

Douglas, Yates, Fort, Government《ガバメント》各通り辺が繁華街だ。そして州議事堂前のインナーハーバーまでが、誰でもが足を向ける処だ。些か暑い陽光が射している。

ここでは一つ一つの見処には行かない。いや行くが、その館内とか園内には入らない。料金が勿体ないこともあるが——どこも私には結構高額だ——、今は時間が無さ過ぎる。WAX《ワックス》（蠟）博物館もBC州立（ロイヤル・ブリティッシュ・コロンビア）博物館にも入らない。それぞれをゆっくり見ていたら二～三時間はかかってしまうだろう。その場所を訪ねるだけだ。

Beacon Hill Parkもその端に足を入れただけ。

戻って、ダグラス通りにある「マクドナルド」に入る。この国でそれを見つけると、ホッとする。必ずと言っていい程入店し、そしてソフトクリームを食べる。安くて（六十五円～八十円）うまいからだ。コーラは百円する。コーヒー、紅茶、ミルクは安く飲めるが、暖かいのはこんな時には欲しくない。それらの飲み物に「アイス」もあるが、高くなる。こちらが選べるのはソフト

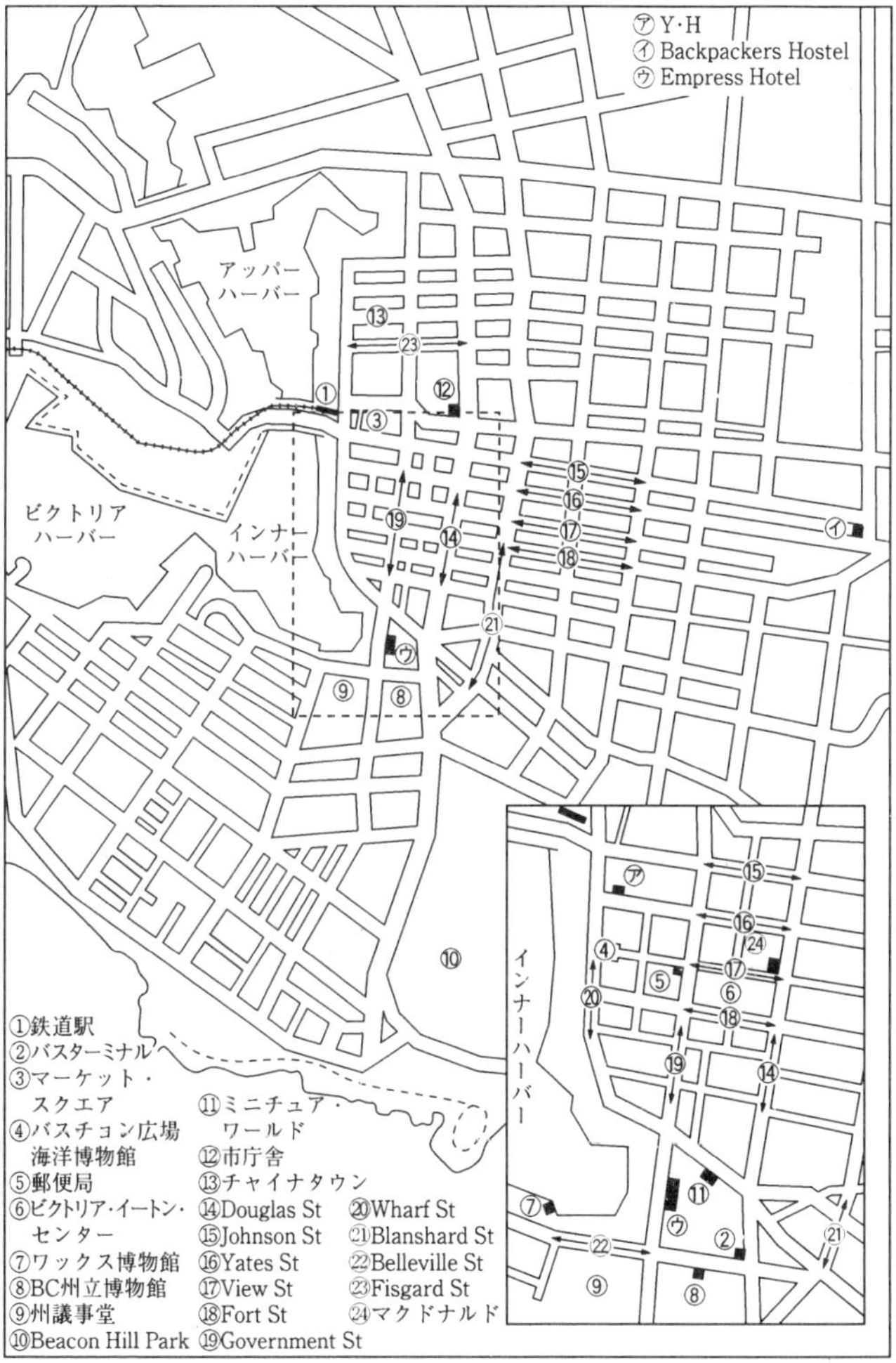
㋐Y・H
㋑Backpackers Hostel
㋒Empress Hotel
アッパーハーバー
ビクトリアハーバー
インナーハーバー
インナーハーバー
①鉄道駅
②バスターミナル
③マーケット・スクエア
④バスチョン広場 海洋博物館
⑤郵便局
⑥ビクトリア・イートン・センター
⑦ワックス博物館
⑧BC州立博物館
⑨州議事堂
⑩Beacon Hill Park
⑪ミニチュア・ワールド
⑫市庁舎
⑬チャイナタウン
⑭Douglas St
⑮Johnson St
⑯Yates St
⑰View St
⑱Fort St
⑲Government St
⑳Wharf St
㉑Blanshard St
㉒Belleville St
㉓Fisgard St
㉔マクドナルド

ビクトリア中心図

クリームだけ。

ビクトリア見物

四時四十二分、マクドナルドを出てView通りを右に行き、海洋博物館に入る。と言っても"SHOP"を覗くだけで肝腎の展示物は見ない。見てもあまり印象に残るものはないと思えて。同館を八分で出て、隣接するバスチョン広場へ行き、小さな階段を下って Wharf 通りを右に行く。マーケット・スクエアへ。

ひどく可愛い雰囲気の広場で、ショッピングするには楽しい処だ。時間と金に余裕があれば、たぶん何物かを購入しただろう。

そこから一つブロックを北に上がると、チャイナタウンだ。大方の店々はその Fisgard 通りにのみ、といった感じである。ここはその狭い範囲故に落ち着いている。

チャイナタウンはやはり訪れたい処の一つだ。もしジャパニーズタウンだったら、何となく訪れづらいものなのだが、自分は中国人ではない、という思いが強いから、逆にそこへ抵抗なく足を向けられる。

しかし特別何を買う訳でもなく、十分も居ずに宿への道を取る。途中、スーパーマーケットに寄って、食料を買い込み帰る。

ビクトリア見物もこの半日でほぼ終える。それで満足している。観光ポイントは数限りなくある。自分のスケジュールに適った見物をして、それで満足しなければならない。あれもこれもといったら、真実キリはないのだから。

夕食後、八時過ぎ、外出する。夜の州議事堂を見るために。その建物の周りを電球が照らすというから、そのイルミネーションを見物しに。三十分近い歩行は厄介だが、思い出を作る為には仕方ない。一つの自己満足を達成させる為には。

そしてそのライトで外形《かたち》を作り出している、昼とは違うそれを見て満足する。こういうことができる白人の頭の柔軟さに敬服する。日本では、その国会議事堂にとても同じようなことはできないだろう。ショー的な見せ物にはそこを絶対にしないだろう。

宿には十一時十五分に戻る。ダウンタウンに居た二時間半のうち、二時間はマクドナルドに入って時を過ごしている。ソフトクリームを二つ食べながら。この町のそこも人を干渉しないのでいい。暢びりと過ごせている。

十人以上寝ている部屋で眠る。アフリカの宿より酷《ひど》いかも知れない。こういった宿を商売にできれば、かなりいい収入が得られると思う。毎日三十人も泊まれば、三百ドルになるのだから。

ビクトリアの一夜は過ぎてゆく。

翌朝、チェックアウトの十時までにやることがある。それはダウンタウンに行ってワックス博

インナーハーバーに面して建つ Empress Hotel

物館を見物すること。どうやらこの博物館は見ておいた方がいいような気がして。

七時五十二分、宿を出る。もし同博物館が八時三十分開館ならいい。だが九時なら、ちょっと入れないかも知れない。最低でも一時間の時間は欲しいから。

宿から暫く歩いてガバメント通りに出、そこを左折して"Empress Hotel"前のインナーハーバー辺には八時十七分に着く。そして同博物館へ行く。ゆっくり歩いても同二十四分には至る。しかし扉は閉まったままだ。開館時間の表示を見る。八時三十分、とある。

『ああ、見てゆける』

と思う。五分程、同館裏手にあるベンチで時を潰す。そして同三十二分に入口へ行く。すでにオープンしている。館内へ入る。学生証を見せて、五ドル支払う。一般は六ドルらしい。

蝋《ロウ》人形の数々を見て歩く。カナダがカナダとしての歴史が浅い故に、ここに展示されている人形はほとんど、カナダそのものとは直接関係ない人々だ。

入ってすぐにあるのは、英王室の人たち。エリザベス女王に同夫君。チャールズ皇太子にダイアナ妃。そしてかつての国王、女王の人形。

英国人に次いで多いのは、これも当然かも知れないが、アメリカ人だ。アメリカ人と言っても、やはり著名人となれば、歴代の大統領ということになる。現在（一九九一年）のブッシュ以下、レーガン、カーター、フォード、ニクソンと並び、ケネディは違った処に展示されている。弟のロバートと、そしてたぶんジャクリーン夫人だろう女の人が兄弟二人に隠れるようにして立っている。そのスペースには他にも二人が居る。リンカーンとキング牧師だ。どうやら非業の死を遂げた人たちを飾っている場所かも知れない。

カナダの歴代首相も勿論あるが、私の知っている顔は現在の人以外いない。それだけ逆に言えば、アメリカ大統領は常に日本のマスメディアに取り上げられているということであり、カナダ首相が報じられることは少ないということだ。カナダに於いて日本の首相の名が知られていないのと同じだろう。

他には作家（シェークスピア等）、アインシュタイン、エジソン等の数学者、科学者が居て、そしてスポーツ選手、ベーブルースとカナダのアイスホッケー選手の人形がある。

一階の館内をぐるっと一回りしたところで、地下へ降りる階段を下る。ディズニーに出てくるお伽の世界の人形の数々が迎えている。しかしちょっと進んだ右手にゴム暖簾が垂れ下っている処がある。それから先は入るも入らないも当人次第という。実際何があるか、予備知識がなければ入ってはならない処、という風にも感じられる、その入り口のつくり方だ。

ゴム暖簾を分けて入る。もうすでに暗がりになっている。通路の照明は極度に落とされ、展示物にのみ当てられている。

最初に居るのはヒットラー。これから先に何があるかを暗示している。有名人の人形は彼だけで、あとは無名の囚人達。それは現実には目を背《そむ》けたくなるような、拷問の光景と共にある。

電気ノコギリで縦に人間を切り裂いてゆく、といったものから、ギロチン、鉄の鳥カゴ、釣り針の巨大なもので人間を刺し吊したもの、等々。かつてのヨーロッパ——イギリス、フランス——で実際に行なわれていた数々らしい。

しかし現代でもこれに似たような、非人間的な拷問が戦争や内戦、動乱の度に行なわれている。人間は何十年、何百年経っても憎しみを表すのにこのような愚かな方法しか取らない。悲しいことだが。

人形、といっても等身大であり、その切り口にこぼれる血の色は生々しい。瞳が絶望と苦痛を浮かべ、見る者に訴え掛けている。人間の作る恐れの極限の表情がそこにある。

それら展示物の並ぶ通路から、出口の扉を押して出る。見る者の暗く湿った気分を和らげるように、再びディズニーの世界がある。たぶんこのようなコーディネイトをしなければならないのだと思う。しっかりと計算された展示である。成程数分で気持ちは明るくなってゆく。

九時三十分には出て、帰路に向かわなければならない。納得と自嘲の繰り返しの旅行。納得というより、悪く言えば、自己欺瞞。

ビクトリアの町自体は多くを必要としないだろうが、ビクトリアのあるバンクーバー島全体を見物するのなら、とても一日や二日では間に合わない。一週間から十日は必要だ。そのことを思うと、ビクトリアのみを半日で過ごすということは、それはそれで納得せねばならないことだ。

ミニチュア・ワールドの建物の前に行き、ただ入口を見ただけで、そこをあとにする。それでいい。

バンクーバー／ユースホステル泊

宿には九時五十五分に戻る。そして荷物を取ってすぐに出る。戻りは市バスで行くことに決めている。時間はかかるが、その方が安上がりだ。ＰＣＬ《パシフィックコーチライン》の直行バスを利用すれば十九ドル七十セントかかるが、ローカルバスの乗り継ぎなら、その半分以下で行かれる。

これまで数回通い歩いたダグラス通りまで歩く。Johnson通りを行けば、いずれ突き当たる。

途中、信号待ちもあって、Blanshard通り、Yates通りと折れて行く。ダグラス通りのバス停に着いたのは宿を出て十七分後。その繁華な通りには多くの者が行き交っている。

待つこと二十分、ほぼ定刻に市バスは来る。七十番のそれ。フェリー乗り場の SWARTZ BAY に向かう。

各処に止まって行く。逆にそれが良い。高台の住宅地を経由して行くので、直行バスでは見られない光景が見られる。

約一時間かかってフェリー場に着くが（一・二五ドル）、ちゃんと市バスはフェリーの発着に合わせて運行されているようで、十五分前には着いている。バス停の目の前がフェリー切符売り場なので迷うことはない。これなら来る時も市バスで来ればよかったと、勝手なことを考える。

次のフェリーは正午発。実際に出港したのは十二時七分過ぎ。

フェリー内でどのように過ごすか。荷物のことが心配で、上甲板のたぶん救命用具が入っているのだろう BOX の上に坐って過ごす。日射しは強いが雨降りに比べればずっと良い。

周囲に多くの白人が来て、同じように時を過ごす。ただ違うのは彼等の多くが日光浴をしていることだ。男は上半身裸になってその陽光を浴びている。女もTシャツかタンクトップ姿で日に身体を向けている。全く周囲の景は違うが、あのナセル湖、アスワンハイダムからスーダンのワディハルファまでの船中を思い起こす。

一時間半後、TSAWWASSEN に着く（五・二五ドル）。ここでも Foot Passenger の流れに沿って行く。何も迷うことはない。但し SWARTZ BAY もそうだったが、船着場から、バス停という

TSAWWASSENに着いたフェリー

か、外に出るまでの通路がかなり長い。五分近くも歩かなければならない。市バスの時刻もあって急ぎ足で行く。

だからこちら側でもFoot Passengerに合わせてバス時刻は決められていて、その乗客が乗り込み終わった頃が、その定刻に当たっている。

午後一時五十七分発だが、船からの降客がないとみて、五十五分には発つ。勿論こちらの時計と運転手の時計とにズレがあって、五十七分だったのかも知れないが。

ここからの市バスは、しかしダウンタウンへは行かない。途中のバス停で乗り換えなければ、そこへは行けない。そこへの道も工事中で、二車線のところ、一車線になっていて、乗り換え点のLander Exchangeまで二十八分かかる。

そこでさらに二十二分待つ。確かに直行バスと違って時間はかかる。だが取り立てて予定もない今日は、早くダウンタウンへ着かなければならないこともない。宿は予約してあるからだ。

六〇一番のバスに乗り換えて、見慣れたグランビル橋たもとで降りる。ここから四番にさらに乗り換える。一日二日居ただけで知った町となるのは嬉しいことだ。地図を見なくとも、人に訊かずとも動けるのだから。

グランビル橋の処で十六分待って、四番のバスに乗る。あとは宿近くのバス停で下車すればいい。

乗ってしまえば十七分でジェリコ公園の次のバス停に着く（一・三五ドル）。そこから慣れた足取りで七分。以前は満員で泊まれなかったＹＨに今日は泊まれる。

いくらかの心配はあったが、ちゃんとこちらの予約は記入確認されていて、時間を取られることもなく、その手続きは済む（二泊分の二十五ドルを前金で支払う）。

午後四時、町に出るには遅過ぎ、かと言って何もしないのはまだ日は高く勿体ない。歩いてスーパーマーケットへ行く——宿のフロントでそれが近くにあるかどうか訊けばよかったのだが。四番バスで、ここまで来る道中で、車中から見えた“Safeway”に行ってみようと無謀にも歩き出す。バスなら五分もかからないが、なかなかそこに辿り着かない。しかし歩き出した以上、戻る気も起こらず、歩み続ける。結局、四十分もかかってしまう。

そのスーパーで必要なものを買う。もうこの町から動かずとも良い。久しぶりにステーキを求める。翌朝と同昼の分も買い込む。いや翌夕の分も含まれている。食料品（生活必需品）には税金がかからないから、それだけを買っていればひどく安く上げることができる。

十ドル六十二セントの買い物だが、かなりの分量になっている。それを抱えて四十分歩かねばならないのはちょっとシンドイが、バスに乗るのなら初めから来ていない。重いのを抱えて歩くのもまた良い。知らぬ道を行くのも。

この宿、いままでのどのYHよりも良い設備をもっている。トイレ、シャワー、キッチンと、どれも最高である。部屋自体も、無料のロッカー（自分のカギを使用する）はあるし、二段ベッドだが頑丈に出来ていて、上の者の動きもあまり伝わらない。隣のベッドともスペースが空いていて、このような処なら一泊、十二ドル五十セントも決して高くない。

ガス台の火口《ひぐち》は二十四もあり、すべてが使用中《ふさがる》ということはまずない。作るのに待つ必要がない。ただ調理した者がその後片付けをしないので水槽《シンク》に洗っていない鍋やフライパン、食器等があってやりづらいことはあるが——一般的に白人はそれら食器類は食べ終わった後に洗う者が多く、どこのホステルでもこういったことになっていた——。しかし、これは宿の方の責任ではない。

バンクーバーの夜は暮れる。

ノース・バンクーバーへ

翌八月二十二日、買い物をする日。朝、四番のバスに乗ってダウンタウンへ行き、グランビル通りを過ぎてコルドバ通りに入った時、

『ああ、まだSeabus《シーバス》に乗っていなかった』

と思い、急拠乗ってみようとする。市バスの切符がそのまま利用できることも、そう思った理由（大きな）の一つだ。

小綺麗なモールを通るとシーバスへの道となる。切符を確認する人は居るが、よくは見ないので、それがなくても乗り込めるかも知れない——乗り込む者も居るかも知れない。

九時三十分、乗船。同四十六分出港。

遠去かるダウンタウンの方を見て、ふと香港を思い出す。あれより船自体は小さく、余程綺麗だけれど。

こんな風な処が日本のどこかの町にもあれば、ちょっとした息抜きにいいかも知れない。

内海というか、僅かに離れた処を往復する船。港の向こうには高層ビルが立ち並び……。

乗船時間は十二〜三分。スーツケースを抱えた紳士が急ぎ足で船内通路を歩いて行く。間違いなくビジネス圏なのだ。両者を結ぶ橋も架かっているが、何となく船で行く方が情緒があってい

カナダプレイスより，ノース・バンクーバーを望む

い。情緒という言葉が当たらないなら、ほんの一時、気分が変わっていいと思う。忙しい仕事の合い間にこんな、水の見られる時間というのもいいのではないか。電車ともバスとも違った気分を乗る者に与える。

船は八割方の客を乗せて、North《ノース》 Vancouver《バンクーバー》に着く。着いて、ダウンタウンに行く客を乗せてすぐに引き返す。ピストン輸送だが、客の減ることは日中にはない。常に客席の五割以上は埋まっている。ラッシュアワー時なら十割近い混みようだ。公共の乗り物だから、利潤の追求はしていない。その大まかな処がまたいい。自転車も乗り込めるのは如何にもカナダらしい。

船を降りてその通路を出ると Lonsdale Quay Market《マーケット》が右手にある。全く予定外のことだが、見物する。マーケットだから、何ものかが売られている筈だ。

一階は魚介類や果物、アクセサリー店に皮製品屋、そして軽食堂、パン屋などが並ぶ。シーフード店や果物屋に用はない。食べ物屋も今回は関係ない。目当てはアクセサリー店と皮製品屋。

二階に昇る。そこにも多くの商店が並ぶ。アフリカ、南米の国々の物品を売っている店。貴金属店、子供用品店、洋装品店、そしてアクセサリー店。

その中の一軒のアクセサリー店で買い物をする。ちょうど店内商品が五十パーセント・オフということで、それも魅力だった――だがそれは言われて判ったことであって、当初は予算と適ったものを置いてあったからだ――。髪止めを購入する。

時計を見ると、まだ十数分バス切符の有効時分は残っている。バスターミナルから出ているバスでGROUSE《グラウス》山へ行く。これも全く予定外のこと。全然そんなつもりはなかったが、より新たな代金を払わなくてもよいということから行ってみようと思う。

このトランスファー（通し切符）は規則では九十分間有効だが、その運転手によって百二十分与えていることもある。今日、ホステル近くのバス停から乗った運転手は百二十分与えてくれている。それ故にグラウス山へもそれで行けるのだ。

バスターミナルを出て、もっと時間のかかるものと思っていたが――何しろ〝山〟へ行くのだから――、僅か二十分弱で終点に着いてしまう。山と言っても勿論、その麓というか、ロープウエーの乗り場までである。

終点で下車する。しかしそのロープウェー（ゴンドラ）の乗車料金を見て乗るのを諦める。七ドル九十五セントもするのだから。これは邦貨千円である。ちょっと高いのではないか、それも学割でだ。一般の大人料金は十二ドル九十五セントという。

もし時間に余裕があれば、それでも乗っただろう。しかしたとえ乗って上へ昇っても、トレイルという小道がその山中にある訳だから、行けばどうしてもその道を歩きたくなる。しかし歩いて回る程、今の私には時間はない。

ならば行くこともあるまいと思い、そのゴンドラを見るにとどめる。いずれまた来る機会があった時には乗ろうと。

ゴンドラに限らず、ここまでの途中にあった〝カピラノの吊り橋〟も歩いて渡ってみたい。見処はすべて訪れたいが、現実にはその一端しか見られない。今回はこれで仕方ないと思う。十全にはどうしても見ることはできないのだから。

麓辺には次のバスまでの四十分間居る。ゴンドラに乗らなければそれで充分だ。十五分、いや二十分前からバスの来るのを待っている。

シーバス乗り場のマーケット辺に戻って三十分程、その辺りをウロつく。もう少し店屋を見ていたかったからだ。買いたいと思うナップザックは五十ドルと高い。まだ買えない。

港辺の公園で昼食がてら二十分程、小休止する。いつものようにサンドイッチ。中身も挽き肉と煮豆。英国系の処なのでチップス＆ビーンズとか、フィッシュ＆ビーンズがあり、必ずといっていい程、その食事には豆が登場する。そのトマト煮込みの豆をよく食べる。安上がりで美味しいのだ。日本に居たらまず食べはしないものだが。

午後一時四十七分、シーバスに乗ってダウンタウンに戻って来る。

本当は午前中に訪れなければならなかった日本領事館へ行く。期待はしていなかったが、便りは来ていた。嬉しいことは嬉しいが、でもちょっと拍子抜け。やはり途中の町で受け取りたかったからだ。日本から出したのは八月一日ということだから、エドモントン宛でも充分に受け取れたのだ。

しかしとにかくホッとする。無駄足を三度踏むことがなかったので。

ここの領事館の対応は前二回のオタワとエドモントンの中間といったところ。可もなく不可もなくというもの。突慳貪ではないが、親しみの籠ったものでもない。

しかしそういった対応をしてくれるのならまだマシだ。ごく普通なのだから。

返信用に、アエログラムを買っていたので出したかったが、その便りより本人（私）の方が早く日本に着いてしまうので、何も出さない。

次に航空券の予約の再確認をする為に航空会社をチェックする。インフォメーションで訊くが、ユナイテッド航空のオフィスは市内にはないと言う。電話番号を教えてくれるが、とても公衆電話から掛ける気はない。こちらの意を聞いてくれるかどうか判らぬが、ダメでもともと思い、カナダ航空のオフィスへ行く。その国の航空会社のオフィスに行けば、あるいは代行してくれるかも知れないと思ったからだ。そこは中心のグランビル通りに面してある。そこを訪ねる。

一応訊いてみる。インフォメーションで聞いた、オフィスのないことを言って、頼んでみる。すると中年の係の人は気安くそれを行なってくれる。航空券を見せると彼女はUA《ユナイテッド》のオフィスに電話してくれる。そして再確認できたことを語り、その再確認番号を教えてくれる。これで一安心する。あとは土産物店めぐりをすれば良い。

あちこちいつもなら歩くが、今は楽な方向に流れてゆく。最も近間にあるショッピングモール"Pacific Centre"に入る。

こういった処の値段は高いという先入観があるが、なかなかどうして、よく店々をチェックしてみると、ノース・バンクーバーよりも安い店がある。品数も豊富な店もある。

時間のないこともあって、他の商店街を探す気にもなれず、この地下と、一階と二階とを行ったり来たりする。大凡の値段をチェックして今日は帰る。明日丸一日、買い物に当てて、最後の調整をするつもりだ。

旅行の終了、日本へ

宿は二泊で出なければならない。従って、荷物を三日目には預かってもらわなければならない。

このことが気掛かりだったが、受付に居る人に言うと、「ＯＫ」と言う。受付カウンターの斜め前にある部屋が荷物保管場所だ。そこにリュックを預けると、市中に出て行く。

今日は買い物以外しない。いやできないだろう。

昨日と同じように、まずノース・バンクーバーに行ってみる。

昨日訪れたアクセサリー店で再び買う。でも今日は店員が違っていて――朝もオープンしたばかりなので、中年の婦人しか居ない。たぶんこの店のオーナーだろう――、何となく買いづらい。昨日は若くて笑顔の可愛い娘だったが。

髪止めを三つとネッカチーフ二枚とイヤリングを買う。すべてで二十三ドル、税金を入れると二十六ドル近くになる。国税と州税の双方を支払わなければならず、十パーセント以上のそれがかかる。

これはこの国のほとんどすべての場所でそうだったので驚きはしないが、こんなに税を取って本当に国家や州に入っているのだろうか、と思ってしまう。領収書を発行しない処も、なかにはあるのだから怪しいものだ。

トランスファーの有効時分内にシーバスに乗るべくマーケットを出る。残りの買い物はダウンタウンに戻ってからする。大体のあたりは昨日つけている。

Pacific Centre Mall 内で購入しようと思っている。たぶん手持ちのカナダドルでは足りなくなるだろう。土産さえ買わなければ日本で両替した分（千二百ドル＝約十五万五千円）で足りている

――まあいい計算だったと思う。一カ月余をそれだけで旅行して来たのだから。

今回は多くの買い物をしなければならず、一日がかりとなる。これも予定のうちのことだ。どんどん熟《こな》してゆかなければならない。

ダウンタウンに戻り、同モール内を行ったり来たりする。モールより外に出たのはAlberni《アルバーニ》通りにある免税店に行ったのと、マクドナルドに小休止に行った時だけである。

時間はあっという間に過ぎ、最後の買い物をしたのが午後五時五十分。そして市バス四番に乗り、ＹＨに戻ったのは六時三十七分。

土産物の購入に際して、新たに日本円で二万円と、米ドルで二十ドルを、カナダドルへと両替している。前者の両替は正午過ぎだったので、トーマスクックの支店で出来たが、後者の時には夕方五時半を回っていて、どの銀行も閉まっていて右往左往した。

大きなホテルを二～三軒当たるが、どこも泊まり客でなければダメと言う。それでも何とか訊き回っているうちに一軒だけ午後八時までやっているという銀行、「カナダトラスト銀行」の所在を知り、そこでやっと換えることができたのだった。

しかし考えてみればこの二十米ドル分の両替は、正確な情報さえ持っていれば必要ないものだった。つまり空港税の為の両替だったのだから。

インフォメーションの女の人は「それは四十ドルだ」と言い、これではあまりに高いと思い、

日本航空の事務所に行って確認したら、

「航空券をカナダ国内で購入していれば四十ドルだが、それ以外なら十九ドル」

と言う。

しかしこれも日本人との日本語での遣《や》り取りではなく、その内容に百パーセントの確信が持てなかったので、四十ドル分を用意することにしたのだった。つまり逆に言えば、十九ドルということが判然としていれば、新たな二十米ドルは不必要だったのだ。しかしこの時には、四十ドルかも知れないという気がいくらかあって、その両替をしていたのだった——後刻、空港で、それは全く余計なことと知る。空港税のようなものは何も取られなかったからだ。

宿の部屋に入って今朝まで寝ていたベッドを一応確認する。やはり誰も新たな者は入っていない。それで土産物を一旦そこに置くと、受付に行って預けておいたリュックを取り出す。土産物の整理をして手荷物をなるべく少なくする。すでにリュックには、新たには何物も入らぬ程に、様々なものが一杯に詰まっている。しかしそれでもうまく中身を動かして、空間を作って、そこに押し入れる。

この町で購入した皮のナップザックとスーパーのビニール袋とに何とか入れ分けて整理する。結構重いが移動は空港までだけだ。何とかなるだろう。

荷物の整理を終え、シャワーを浴び、そして階下の台所へ。残っている食料を食べなければならない。しかし昨夕食の豚のミンチが半ば腐っていたようで、腹の具合が良くない。空腹を感じないのだ。

主食のパンとかラーメンを食べず、セロリ、トマト、サラダ菜、玉ねぎ、人参を、サラダにして食する。それと二ℓパックのレーズンジュースの残り（三百㎖位）を飲み切る。牛乳は五百㎖位残っているが飲み切れない。ヨーグルトは一つ食べただけで一つは残す。リンゴもプラムも一つずつ残ったままだ。

牛乳は持って行けないが、他のものは空港まで運ぶ。大した重量にはならない。牛乳は前夜少しだけ言葉を交わした、前のベッドに眠るスコットランド人に、

「どうぞ、よかったら飲んで下さい」

と、メモを残して置く。飲むか捨てるかは、彼の判断である。

日の沈みかけた夕暮れの午後八時三十八分、宿を出る。八分歩いて、バス停で待つ。

九時ちょうど、四番のバスに乗り込む。このバスを待つ十五分程の間に日はすっかり没している。車のライトが行き交う。

ここからは二度の乗り換えをしなければ、空港に着かない。厄介だが、一ドル三十五セントで済むのだから。それに時間も充分あるのだから、市バスで行くことしか考えない。

ということもあってか、一回目の乗り換え地点、グランビル橋のたもとでも、二回目の乗り換え地点、70th通りのバス停でも、それぞれ十五分以上待たされる。

宿を出てから一時間半以上の十時を過ぎて、やっと空港に着く。フライトの定刻は明朝なのだから、それでも一向に問題はないが。

バスを降りた処から空港内に入ると、そこは3level《レベル》。空港案内板を確認して、UAのカウンターのある2レベルまで一つ下がる。そしてそのカウンター辺のベンチに坐って時を送る。

時を送る、と言っても午前零時を過ぎると周りに人影は無くなる。三つある荷物を固めて、その椅子に横になる。そして自然に眠りに落ちる。

時々荷物が気になって目が覚める。枕代わりの、皮のナップザックを手で触れ、その座席下に置いてあるリュック、その脇のビニール袋を見る。

夜中、三度も四度も見る。そして有ることを確認する度、ホッとする。

午前二時半頃までの二時間程は眠ったらしい。その後は三十分、四十分間隔で目を覚ましている。フロアを往き交うのは清掃をする人か、あるいはセキュリティ関係の人か。しかし眠りを妨げられるようなことはない。

四時五十分、危うく目を覚ます。近くには誰も居ないが、少し離れたUAのカウンターの方を見ると、行列をしている。搭乗開始時刻の一時間半前を切っている。この静けさをいいことに、これ以上眠っていたら、乗り遅れたかも知れない。眠っている時の一時間など、あっという間のことだから。

荷物を抱えて早速そちらへ行く。まだ五時前というのに多くの客が居る。そのほとんどは日本人だ。日本に飛ぶ便ではないというのに。

中学生か高校生の団体が居る。確かにどんどん日本という国も変わって来ている。これは何も今更始まったことではないが。

チェックインも簡単に済む（五時十五分）。危惧していた乗り換えの度の搭乗手続きの手間もなくて済むと言う。それらの手続きもここですべて終了したと言う。

バンクーバー→シアトル、シアトル→サンフランシスコ、そしてそこから東京への三枚の搭乗券が渡される。これで間違いなく予定通り、明日二十五日には日本に戻れるだろう。あとは乗り継ぎさえ間違えなければよい。

チェックインが済んでもすぐには先に進めない。荷物検査の方が、早朝故にまだそのスタッフが来ていないのだ。

十分待たされた五時半過ぎに開始される。それをコンベア上に乗せ、透視装置で中を覗き、問題がなければ所定の処へ運ばれて行く。こちらに来る時は、東京→サンフランシスコ間で荷物を一回取ったのだが、今回《もどり》はストレートに日本に運ばれて行くという。手間が省けていい。

次のイミグレーションも三分並んだが、問題なく通過する（五時三十分）。あとは搭乗ゲートへ行って、それを待つだけだ。

カナダ―アメリカ間は国際線といっても、両国ともそのような感覚はあまりなく、実際イミグレーションでも“US CUSTOMER”は、別に設けられたカウンターを通っていたのだから。

ＵＡ六二四便はボーイング七二七型機を使用している。百五十〜百六十人乗りか。

六時二分搭乗する。早朝にも拘らず、ほぼ満席に近い。離陸は同二十五分。

三十分後、シアトルに着陸。

乗り換え時間は四十分と短かい。飛行機における乗り換え時間〝一時間未満〟というのは、気が勢くものだ。無駄足は踏んでられない。

同じフロアの同じエリアに乗り換え便は駐機していて、少し歩いただけで、そちらの搭乗ゲートに行き着くことが出来る。

七時十分、搭乗。

同三十一分、動き出し、同五十分に離陸する。ＵＡ一七〇七便はボーイング七三七型機で七二七より大きい。こちらの方にはいくらか空席がある。しかし九割方は埋まっている。ここでも日本人がその半数近くを占めている。

アメリカ国内線だが、飛行時間は一時間四十分と六二四便よりは長く、朝食も出る。

飛行はここでも安定していて、何の不安もない。

九時三十二分、サンフランシスコに着陸する。乗り換えだが、ここでは二時間以上の間がある。

免税店で買い物をする。いやその前に、国際線への乗り継ぎ客に対する機内持込み手荷物の検査と、人間への身体検査がある。

そこを通れば、イミグレーションもない。アメリカ出国を表すものはない。当然入国を印すスタンプもない。

免税店で土産用の酒と煙草を買って、最後の搭乗を待つ。ここでも高校生のような団体と一緒だ。たとえ修学旅行であっても、若い時に外国を知ることは良いことだと思う。外国を理解する日本人が増える可能性は、そうでない頃に比べると高くなるように思えるから。

十時四十五分、搭乗。UA八一九便。ボーイング七四七型、さらに大きく（ジャンボ機）なる。日本への便だから当然だが、九割が日本人客だ。世界のどの都市からの便でも、それが日本行きなら、そのほとんどの席は日本人で占められている。確かにアジアにある不思議な国ということができるだろう。

午前十一時四十九分、離陸する。

三十七日間のカナダ旅行が後方に去る。

あとがき

これまでに、いくつかの国を旅行し、そのことについての、いくつかの文章を綴って来ています。

それらは皆、発展途上にある国々のものでした。

しかし今回は、所謂先進開発されている国のものです。

正直言って、このような国の行動記録を文章にして出しても、何も面白いことはないと思っていました。そうだからこそ、出すことに躊躇いがあり――今でもありますが――、後送《あと》りになっていました。

実際、内容的に途上国の旅行に比べると、トラブルも少なく、余程面白味に欠けるものですが、、、、、自分の旅行を先進国でするとどうなるのか、ということを著してみたく、進めて来ました。

これまで以上に、狭い範囲の人にしか興味を持たれないものですが、今回も〝出すことに意味がある〟、という自己満足から進めて来ました。

カナダは広い国であり、三十七日間では全く納得のゆく旅行はできませんでしたが、当時の状況の中では、可能な限りのものだったと得心しています。

カナダへの個人旅行を計画している人の、何らかの参考になれば幸いです。

こんな拙稿にも変わらぬ理解を示して下さり、多くの御好意を寄せて下さった学文社の三原さんにお礼申し上げます。

尚、この旅行を終えて帰国し、成田からの自宅への電話において、父がその一週間前に他界していたことを知らされました。

旅行前、入院先の病院で寝泊まりして、世話していたことを思い出し、半ば寝たきりで意識も混濁していたことを考えると、親不孝かも知れませんが、悲しみよりほっとしたというのが正直なところでした。百組いれば百組の態様の親子の姿があると思います。親の死に立ち合わなかったことを非難される方《むき》もあるかも知れませんが、私としてはこの旅行を悔いてはいません。

人は必ず一度は死を迎えるものです。父は父なりの人生を——私とは別な処で——全うしたと思っています。(合掌)

一九九九年十月

筆　者

鈴木　正行

1949年，東京生。

カナダ 37日

――バンクーバー－モントリオール往復行

◎検印省略

2000年９月25日　第一版第一刷発行

著　者　鈴木　正行

発行者　田　中　千津子

発行所　株式会社　学　文　社

〒153-0064　東京都目黒区下目黒３－６－１
電　話　03 (3715) 1501(代)
ＦＡＸ　03 (3715) 2012
振　替　00130-9-98842

印刷所　メディカ・ピーシー

ISBN 4-7620-0976-8

アジア西進 アフリカ以前

鈴木 正行

香港・タイ・インド・ネパール・パキスタン・イラン・トルコ・ブルガリア・ルーマニア
ユーゴスラビア・ハンガリー・オーストリア・スイス・ギリシャ・シリア

四六判並製カバー　本体一一六五円

インドシナの風 ベトナム、ラオス カンボジア小紀行

鈴木 正行

旅発ち・タイ・ベトナム・ラオス・タイ(二回目)・カンボジア・タイ(三回目)

四六判並製カバー　本体一四五六円

ヨルダン、イスラエル、そしてシナイ

12年目の入国

鈴木　正行

タイ・エジプト・ヨルダン・イスラエル・エジプト（二回目）・タイ（二回目）

四六判並製カバー　本体一二〇〇円

キューバ六日、そしてメヒコ、ジャマイカ

二つの豊かさ

鈴木　正行

メキシコ・キューバ・ジャマイカ・キューバ（二回目）・メキシコ（二回目）・アメリカ

四六判並製カバー　本体一三〇〇円

タイ、マレーシア、シンガポール、インドネシア、ビルマ、フィリピン紀行

東南アジア1983年

四六判並製カバー　本体一二〇〇円

鈴木　正行

タイ・マレーシア・シンガポール・マレーシア（二回目）・インドネシア・シンガポール（二回目）・マレーシア（三回目）・タイ（二回目）・ビルマ・タイ（三回目）・フィリピン